# İçedönük Çocuklar

## Anne Baba Akademisi

Bilinçli Bebek / Aletha J. Solter
Çocuğum Yemek Yemiyor / Carlos González
Çocuğunuzla Birlikte Büyümek / Naomi Aldort
Sarıl Bana Anne / Maria Luisa Ferrerós
Doğal Ebeveynlik / Dr. William Sears ve Martha Sears
Daha Sade Bir Hayat / Kim John Payne ve Lisa M. Ross
Seni Korkularınla Seviyorum / Maria Luisa Ferrerós
Çocuğunuza Kulak Verin / Aletha J. Solter
Önce Çocuklar / JoAnne Pedro-Carroll
Doğru Yiyecek Sağlıklı Çocuk / Kelly Dorfman
Ey Travma Bizden Uzak Dur! / Maggie Kline ve Peter A. Levine
Facebook Çağında Çocuk Büyütmek / James P. Steyer
Konuş ki Dinlesin Dinle ki Konuşsun / Adele Faber ve Elaine Mazlish
Kardeş Rekabeti / Adele Faber ve Elaine Mazlish

**İÇEDÖNÜK ÇOCUKLAR**

**Orijinal adı:** The Hidden Gifts of the Introverted Child

Workman Publishing Company, Inc. New York'un katkılarıyla yayımlanmıştır.
**Yazan:** Marti Olsen Laney
**İngilizce aslından çeviren:** Duygu Dalgakıran


**1. baskı** / Eylül 2015 / ISBN 978-605-09-2939-3
**Sertifika no:** 11940

**Kapak tasarımı:** Erbil Kargı
**İllüstrasyon:** Harry Bates
**Baskı:** Ana Basın Yayın Gıda İnş. San. Tic. A.Ş.
B.O.S.B Mermerciler Sanayi Sitesi 10. cad. No. 15 Beylikdüzü - İSTANBUL
Tel. (212) 422 79 29
Sertifika No: 20699

**Doğan Egmont Yayıncılık ve Yapımcılık Tic. A.Ş.**
19 Mayıs Cad. Golden Plaza No. 1 Kat 10, 34360 Şişli - İSTANBUL
Tel. (212) 373 77 00 / Faks (212) 355 83 16
**www.dogankitap.com.tr / editor@dogankitap.com.tr / satis@dogankitap.com.tr**

# İçedönük Çocuklar

Marti Olsen Laney

Çeviren: Duygu Dalgakıran

DK DOĞAN KİTAP

"Kendi içsesini dinlemek, dünyaya uyup özünle savaş halinde olmaktan daha iyidir."

**Michael Pastore**

Bu kitap dünyanın her yerindeki içedönük çocuklara ve durup onları dinleyen tüm yetişkinlere ithaf edilmiştir.

# İçindekiler

# Türkiye'den bir önsöz

Terapi ofisime pek çok ebeveyn, çocuklarının kendine güven sorunları olup olmadığını anlamak için başvuruyor. "Çocuğum çok içine kapanık, ona nasıl yardım ederim bilemiyorum" cümleleriyle başlayan gündelik hayat konuları; tıpkı zorla gidilen doğum günü partileri, ağlama krizleriyle sonuçlanan kalabalık oyun grupları, "Hadi oynasana, ismini söylesene" gibi sözlerin sarf edildiği sosyal ortamlar gibi.

Oysa çoğu zaman konu; içedönük bir ebeveynin kendi çocukluğunda yaşadığı zorlukları hatırlayıp, kendi çocuğunu da aynı zorlukları çekmesin diye itelemesi ya da dışadönük bir ebeveynin nasıl davranacağını bilememesi oluyor. Elinizde tuttuğunuz bu kitap, içedönüklüğün bir özgüven sorunu olmadığını anlamak ve böyle bir çocuğun iç zenginliğini nasıl destekleyeceğinizi öğrenmek adına ebeveynler için bir rehber niteliğinde.

Yazar, bir psikolog ve araştırmacı olarak; sinirbilim, psikoloji, beyin, stres, erken çocukluk, anatomi gibi farklı alanlardaki son dönem araştırmalarını bir araya getirerek ve kendi çocukluğunun içedönük geçmişini de göz önüne alarak bize içedönük dünyayı anlatıyor. "Derinlik, kişisel farkındalık, yakın ilişkiler kurma içedönüklüğün yönleri" diyor yazar ve devam ediyor: "İçedönük birinin odaklanma becerisi vardır. Dinleme eğilimi vardır. İnsanları daha iyi tanımaya yatkındır. Çocukluğumda dışadönüklerin kurallarına göre oynamak zorunda kaldığımda kendimi eksik hissettim ama kendi özelliklerimi kabul edebildiğim şartlar altında olduğumda başarılı oldum. Anne babalar için çocuğun çevresini ona göre ayarlamak basit bir düzenlemedir. Ama çocuk için bu, kendini ifade etme sıkıntısı çekmek ile kim olduğunu kabullenmek ve gerçek kimliğini ortaya çıkarmak arasındaki fark kadar büyüktür."

Bu kitabı okuduktan sonra çocuğunuzu daha iyi anladığınızı ve bir sürü farkındalığınız olduğunu hissediyor, ancak "Hadi, acele et" cümlelerini söylemeyi bırakamıyorsanız; kendiniz için yardım almanızı öneririm. Yardım eden her zaman bir terapist olmak zorunda değil; bazen sizi şefkatle dinleyen bir dostunuz, zorlandığınızı anlayan ve tavsiye vermeden acınızı paylaşan eşiniz, bir grup çalışmasındaki tecrübeleriniz de olabilir. Farkındalık başladıktan sonra iyileşme bir şekilde kendini gösteriyor.

Sevgiyle kalın.

**Nilüfer Devecigil**
**ndevecigil@hotmail.com**

# Yola çıkış

## İçedönük çocuk: Daha tedirgin adımlarla yürümek

*"Soğan halkalarının arasındaki simit gibiyim."*
–*Funny Girl* filminde Fanny Brice rolünü oynayan Barbra Streisand

Sizi; tanıdığım, birlikte çalıştığım ve içedönük çocukların pek çok özelliğini taşıyan bir çocukla tanıştırmak istiyorum.

Çok küçük yaşta bile, pek çok çocuğu coşturan doğum günleri gibi etkinlikler ona yorucu geliyordu. Birini ziyarete gittiklerinde daha en başından annesinin kolundan çekerek eve dönmek istiyordu. Anaokuluna gittiğinde diğer çocukları oyun oynarken izlemekten hoşlanıyordu, ama onlara katılmaya karar vermesi uzun zaman aldı. Resimlerde hafif sersemlemiş, sanki ağlamak ya da bir kapının veya çalının arkasına saklanmak üzereymiş gibi çıkıyordu.

Okul, ona rahat evini terk edip korkutucu, kafa karıştırıcı, devasa, sağır edici bir yere gitmek gibi gelmişti: Sınıf, aynı anda pek çok gösterinin yapıldığı bir sirk gibiydi. Öğretmeni güçlükle duyuyordu, hatta düşünemiyordu bile. Çarpım tablosunu evdeyken biliyordu ama herkesin önünde okuması istendiğinde sayılar aklından uçup gidiyordu. Her türlü kalabalık gruptan nefret ediyordu. Ona söz verilmesinden nefret ediyordu. İkinci sınıfta, okuldaki endişesini azaltan bir yöntem bulmuştu. Öğretmen sorduğu soruya cevap verecek birini bulmak için sınıfa şöyle bir göz gezdirirken "eğil ve saklan" taktiğini uyguluyordu: Bunun için "yanlışlıkla" kalemini yere düşürüyor ve sıranın altına dalıp kolay kolay bulunamayan kalemini arıyordu. Hızlı düşünen sınıf arkadaşlarından biri soruya cevap verdiğinde, o da mucize eseri kalemini buluyor ve yeniden doğruluyordu.

Okulda sessiz olsa da, evde annesinin kulaklarını patlatacak kadar çok konuşuyordu. Nasıl olup da bazen papağan gibi hiç susmadan konuşup bazen de söyleyecek hiçbir şey bulamadığını anlayamıyordu. Kendini Disney'in *Küçük Denizkızı* filminde deniz cadısı Ursula'nın sesini çaldığı Ariel gibi hissediyordu.

Bu küçük kız hakkında nasıl mı bu kadar çok şey biliyorum, çünkü size kendi çocukluğumu anlatıyorum.

Çoğu içedönük çocuk gibi ben de kendi iç ritimlerimle gayet uyumluydum, ama daha geniş sosyal dünyayla ilişki kurmak bana yorucu ve bunaltıcı geliyordu. Dünyayı tecrübe edişim beni kendimle ilgili bazı çıkarımlar yapmaya yöneltti. Oyunlara katılma konusunda kararsızdım, bu yüzden de tuhaf biri olduğumu düşünüyordum. Dersi bildiğim halde anında yanıt vermek konusunda kendime güvenemediğim için hafızamda bir sorun olduğunu ya da yeterince akıllı olmadığımı sanıyordum. Başkalarının yanında çok sessiz olduğum için insanlarla paylaşacak şeylerim olmadığını düşünüyordum.

İçedönük olmaya eğilimli çocuklar kendileri hakkında benzer çıkarımlar yaparlar. Ben de asıl bu noktada onlara yardım etmek istiyorum. Kendi tecrübem ve yirmi yıldan fazla sürdürdüğüm klinik çalışmalarımdan içedönük çocukların zekâ ya da hafıza bakımından bir sorunları olmadığını biliyorum. Sosyal ve akademik olarak kenara itilmemeleri gerekiyor. Üstelik başkalarıyla paylaşabilecekleri çok fazla şeyleri olabiliyor. Ama içedönük çocuklar açılmak için anne babalarının ve başkalarının desteğine ihtiyaç duyuyor. Kabul edin: Hızlı hareket eden, hazır cevapların makbul olduğu dışadönüklere açık bir dünyada yaşıyoruz. Öte yandan anne babalar, öğretmenler ve aile bireyleri içedönüklüğün doğasını anlayarak içedönük çocuklarının zihinsel güçlerini ve güçlü olan diğer kişisel özelliklerini tam anlamıyla kullanmalarına yardımcı olabilirler.



Bir an için çocukluğuma geri döneyim. Bir öğrenci olarak fazla çekici sayılmayacak yapıma rağmen tuhaf ama harika bir şey gerçekleşti: Çoğu öğretmenim benimle arkadaş oldu. Onlarla güncel olaylar, sınıftaki dengeler, derste işlediğimiz konular hakkında sohbet ettik. Onlara kendi hayat tecrübelerine dair sorular sordum ve anlattıklarını dinledim. Bir öğretmenim beni *Batı Yakasının Hikâyesi*'ne götürdü. Bir başkası operayla tanıştırdı ve bana bir *Aida* kopyası olan ilk opera kaydımı hediye etti. Geriye baktığımda bu öğretmenlerimin de geçmişte içedönük çocuklar olduğunu ve bende kendi özelliklerinin bazılarını gördüklerini tahmin ediyorum. Ama daha önemlisi, benim kurduğum bu ilişkilerden çıkardığım sonuçtu. İnsanlarla birebir vakit geçirdiğimde dünyada heyecan verici pek çok şeyin mümkün olduğunu gördüm.

Derinlik, kişisel farkındalık, yakın ilişkiler kurma içedönüklüğün diğer bir özelliğidir. İçedönük birinin odaklanma becerisi vardır. Dinleme eğilimi vardır. İnsanları daha iyi tanımaya yatkındır. Çocukluğumda dışadönüklerin kurallarına göre oynamak zorunda kaldığımda kendimi eksik hissederdim, ama kendi özelliklerimi kabul edebildiğim şartlar altındaysam başarılı olurdum. Anne babalar için çocuğun çevresini ona göre düzenlemek basittir. Ama çocuk için bu, kendini ifade etme sıkıntısı çekmek ile kim olduğunu kabullenmek ve gerçek kimliğini ortaya çıkarmak arasındaki fark kadar büyüktür.

## İçedönük çocuğunuza destek olmak

İlk kitabım *Introverted Advantage*'den (İçedönüklüğün Avantajları) sonra pek çok okur, okuduklarının içlerinden nasıl yankılandığını söyledi. Çoğu "Keşke bunları çocukken bilme şansım olsaydı" dedi. "Bu kitap, beni seneler boyunca 'Bende ne sorun var' diye düşünmekten kurtarırdı. Pek çok kişinin büyürken kendini yanlış anlaşılmış ve görünmez hissetmiş oluşuna dair dinlediğim hikâyeleri beni çok üzüyor ve hayal kırıklığına uğratıyor. Keşke aileleri, öğretmenleri, danışmanları onların içedönük doğasını anlasaymış ve onlara yardım edebilseymiş. Böyle bir yabancılaşma ve yalnızlığı yaşamış olmaları çok trajik, çünkü bu gereksiz yere yaşanmış bir acı.



İçedönük çocukların ilgili anne babaları bana çocukları büyürken onlara nasıl destek olacaklarını soruyorlar. Yardım edebilecek konumda olanlar yardımcı olmayı istiyor ama çocuklarının neye ihtiyacı olduğunu ve bunu onlara nasıl sunabileceklerini bilmiyorlar. Ayrıca dışadönük çocuklarına bakarken zorlanan içedönük anne babaları da dinliyorum. Benim amacım içedönükler ile dışadönükler arasındaki mesafeyi kapatmak, anne babalara ve çocuklarla ilgilenen diğer bireylere içedönüklüğün dilini ve bu dili nasıl konuşacaklarını öğretmek. İnsanların içedönük torunuma verdikleri tepkilere bakıyorum, psikoterapi seanslarımda içedönük çocukları, onların anne babalarını dinliyorum ve kendi yolumu bulmaya çabalarken yaşadığım sıkıntıları hatırlıyorum.

Anne babaların ve içedönük çocuklarla çalışan diğer yetişkinlerin ilk endişesi şu oluyor: "Eğer oldukları gibi kalırlarsa dışadönük bu dünyada başarılı yetişkinler olabilirler mi? Onları biraz daha dışadönük olmaya zorlamak gerekmez mi?" Ve benim cevabım oldukça yüksek sesle verilmiş –içedönük birine göre yüksek diyelim– bir HAYIR oluyor. İçedönük bir çocuğa başka bir kişilik empoze etmeye çalışmak, sadece onun kendine güvenini daha da azaltır, suçluluğunu ve kim olduğuna dair duyduğu utancı artırır ve içedönüklüğüne onu daha da sıkıştıracak utangaçlığı ekler. İçedönük çocuklar gerçekten küçük mucizedirler. Onları oldukları gibi kabul edin. Ama onların doğal olarak sahip oldukları kaynakları desteklerseniz yeteneklerinin gelişmesini sağlarsınız. İçedönük olmak kendine güveni olmamak demek değildir. Kendine güvenen içedönük çocuklar anlam, derinlik ve yaratıcılık dolu yetişkin hayatlarına sahip olacaklardır.



Öte yandan genellikle içedönük çocuklar geç açılır. Bunun nedeni zihinsel uyumluluklarını yöneten beyin fonksiyonlarının daha geç olgunlaşmasıdır. Bu "içedönük beyinler" sanat ve yıllar boyunca eğitim gerektiren kariyerlere yatkındır. İçedönükler bilim, mimari, eğitim, teknoloji, tek başına yapılan spor dalları, psikoloji, görsel, edebi ve dramatik sanatlar ile –ister inanın ister inanmayın– askeriye alanında başarılıdırlar. Bu, onların muhteşem odaklanma yeteneği ve konuları derinlemesine keşfetme isteğinden kaynaklanır. Genel kanının aksine içedönük kişiler CEO, satışçı, aktör, televizyon programcısı, ünlü sanatçı, sporcu ve politikacı da olabilirler. İçedönükler başarılı olurlar. Ama yetişkinler onların güçlü yanlarını belirlemelerine yardım ederse ve bu yeteneklerini geliştirmeleri için onları desteklerse çocukluk yıllarını acı ve kafa karışıklığıyla geçirmek zorunda kalmazlar. İçedönük çocuklar yeteneklerini geliştirecek desteği gördüklerinde herkes kazanır; bu dünyayı daha zengin bir yer haline getirir.

## Bu kitap için nasıl araştırma yaptım?

*"Kendi gerçek benliğiniz yüzünden, siz sizsiniz, başka kimse değilsiniz."* –Dario Nardi

İlk kitabım yayımlandıktan sonra ABD'nin ve Kanada'nın her yerinden pek çok içedönük kişiyle buluştum ve konuştum. Ayrıca dünyanın pek çok yerinden binlerce içedönük kişi e-postalar gönderip düşüncelerini benimle paylaştı. Ayrıca anne babalarla, öğretmenlerle ve en önemlisi onların eşsiz tecrübelerini dinlemek için içedönük çocuklarla görüştüm.

Bu sırada son yapılan akademik çalışmaları da inceledim. Araştırmalara göre, tüm kişilik özellikleri incelendiğinde bir kişinin içedönük ya da dışadönük oluşunun zaman içinde en çok devamlılık gösteren özellik olduğu belirlendi. Bu kişisel özelliğinin dayanıklılığı bir başka soruyu akla getiriyordu: İçedönüklüğü ya da dışadönüklüğü psikolojik olarak destekleyen öğeler nelerdir? Bir kişinin içedönük ya da dışadönük olmasının altında yatan süreçleri belirlemek için binlerce araştırma yapıldı. Önceden elimizde mizaç tespit etme aracı olarak sadece teoriler ve *Myers-Briggs Type Indicator* (MBTI) gibi kişilik testleri vardı. Şimdi ise beynin ve bedenin nasıl çalıştığını anlamak, araştırmak ve haritalandırmak için manyetik rezonans görüntüleme (MR), pozitron emisyon tomografisi (PET), beyin hasarlı hastaların verileri ve uzun vadeli çalışmalar gibi kesin bilimsel araçlara sahibiz.

İçedönüklüğün kaynağına ve doğasına ışık tutan bu çalışmalar benim için gerçekten hayranlık verici. İçedönüklerin böyle olmalarının arkasında psikolojik nedenler olduğunu kanıtlıyor ve içedönük birini dışadönük hale getirmeye çalışmanın sadece yıkıcı değil aynı zamanda nafile bir çaba olduğuna dair savunduğum görüşü de destekliyorlar. İçedönük pek çok kişi başkalarına kolay gelen sosyal etkileşimlerin kendileri için zorlayıcı olmasından utanç duyar. İçedönüklüğün bu bilimsel temeli içedönük çocuklara ve anne babalarına onlarda hiçbir terslik olmadığını ve yaşadıkları zorlukların bir beceri ya da çaba eksikliği olmadığını kanıtlıyor.

On binlerce fizyolojik ve psikolojik araştırma (medyanın dikkatini çekecek kadar sansasyonel olmadıkça) halka ulaşmıyor. Bu nedenle fizyoloji, anatomi, nöroloji, eğitim, stres azaltma, yaratıcılık, erken çocuk gelişimi, psikanaliz, genetik, bilişsel bilim, evrimsel psikoloji, bağımlılık ve sosyoloji gibi pek çok alanda yapılmış çalışmaları kitabımda sizlere aktarmak için elimden geleni yaptım.

Her içedönük çocuk eşsiz olduğu halde içedönük çocuklar pek çok ortak özelliğe sahiptir. İçedönük çocukların çok zengin bir iç dünyaları vardır ve onları anlamak inanılmaz bir yolculuğa çıkmak gibidir. İçedönüklüğün dilini konuşmayı öğrenmek zor değildir ama ödülü harikadır. Çocuğunuz güçlü yanlarını geliştirdiğinde, içedönük biri olarak kendisinin normalden de iyi olduğu sonucuna vardığında ve dışadönük dünyada ilerlemeyi öğrendiğinde sizin de anne babalık tecrübeleriniz zenginleşecektir.

**İçedönük olduklarına şaşıracağınız on iki kişi**

*"Koca kulaklı olup ünlü olan pek çok kişi var."*
—*Dumbo* filminden



Aktörlerin, ünlülerin, başkanların ve halk tarafından tanınan pek çok kişinin dışadönük olduğunu düşünebilirsiniz. Ama iyi yerlere gelmiş ve gazetelerin birinci sayfalarında gördüğümüz pek çok kişi mizaç olarak içedönüktür. İşte bunlardan on ikisi:

- Johnny Carson. *The Oregonian*'a göre "Carson içedönüktü, komedyenlik yeteneği olağanüstü olan bir Ortabatılıydı."
- Diane Sawyer. "İnsanlar hem içedönük olup hem televizyonda olamayacağınızı düşünür. Ama haksızlar."
- Warren Buffett (Berkshire Hathaway, INC'in ortağı ve CEO'su). "Warren Buffett araştırmacı tipte bir içedönüktür." (*The Warren Buffet Way*, Robert Hagstorm)
- Julia Roberts. Öğle yemeği aralarında çoğunlukla kestirir ve "Bu beni daha nazik bir insan yapıyor" der.
- Johnny Depp. Ona Fransa'ya neden taşındığı sorulduğunda "Basitlik, gerçekten. Orada üstüme spotlar tutulmuyor" diye cevap verir.

İçedönük çocuklar için en yaygın tehlike kendi iç dünyalarında kaybolmaları ve dış dünya tarafından görmezden gelinmeleridir. Anne babalar içedönük çocuklarıyla konuşmayı ve onları gerçekten dinlemeyi başardıklarında bu çocuklar kendi iç düşünceleri ile sosyal dünya arasında daha kolaylıkla hareket etmeyi öğrenirler. İçedönük çocuklar kendi aile ortamlarında oldukları gibi kabul edildiklerini ve rahat olduklarını hissederlerse, kendilerine inanır ve güçlü bir özgüven geliştirirler. Böylece içlerinde yeşeren dünya ile dış dünya arasında daha rahat hareket ederler. "Enerji depolarını" nasıl dolu tutacaklarını ve etraflarındaki uyaranlarla nasıl başa çıkacaklarını bilirler. İçedönük çocukların davranışlarını ve onların potansiyellerine ulaşmalarına nasıl yardım edeceğinizi anlamak için okumaya devam edin.

- Michael Dell (Dell Computer Corporation'ın eski CEO'su). *Business Week* dergisinde kendini "aşırı içedönük" olarak tarif eder.
- "Jacqueline Kennedy. "O sizi anlar, dinler ve söylediklerinizin dünyanın en önemli şeyi olduğunu hissettirirdi." (*What Jackie Taught Us*, Tina Flaherty)
- Bill Gates. Altıncı sınıftayken dışadönük annesi onun terapiye ihtiyacı olduğunu düşünüyordu. Oğlunun bodrumda neden bu kadar uzun süre kaldığını anlamıyordu. Ona ne yaptığını sorduğunda oğlu sinirle "Düşünüyorum" diyordu. ("In Search of the Real Bill Gates", Walter Isaacson)
- Steve Martin. "O artık bir sanat erbabı, zihnini ve ruhunu tazelemek için kendini saatlerce resimle dolu bir odaya kapatmasıyla biliniyor. Çok içine kapalı ve kendi iç dünyasını gözlemleyen biri." (*Steve Martin: The Magic Years*, eski dostu Morris Walker)
- Keanu Reeves. *Entertainment Magazine*'e göre "O Hollywood'un en içedönük aktörüdür."
- Audrey Hepburn. Rex Reed'e verdiği röportajda şöyle der: "Ben içedönük bir insanım."
- Joan Allen: "Kariyerim roket gibi fırlamadı. Mizacıma göre gayet iyi ilerledi" der. Şirketinin adı "Little by Little."

# 1 Farklılıkların değerini bilmek

*"Onun bakış açısıyla bakmadıkça bir insanı asla gerçekten anlayamazsın."*

–Harper Lee

# 1

# Bacanızdan aşağı içedönük bir çocuk mu bırakıldı?

## İçedönüklük nedir, ne değildir?

***"Kişi kendi kişiliğine dair düşüncelerinde karanlıktadır. Kişinin kendini anlaması için başkalarına ihtiyacı vardır."***

—Carl Jung

10 yaşındaki Matthew ilk bakışta çift karakterli bir çocuk gibi görünebilir. Evini ve köpeklerini seviyor. Bir yığın şeyle ilgileniyor. Özellikle de doğa ve hayvanlar söz konusu olunca. Tanıdığı bir ortamda enerjik ve konuşkan olabiliyor. Onu ziyarete gelen birine kuşların eşlerine nasıl saldırdığını ya da bakmaya başladığı üç günlük tayı mutlulukla anlatıyor. Ama başka ortamlarda epeyce sessiz. Bedeni ve yüzü kaskatı. Bir şeylere katılmadan önce izliyor ve gözlemliyor. Matthew okuldan sonra arkadaşı Sam'le oynamaktan hoşlansa da geç saate kadar okulda kalmaktan hiç hoşlanmıyor, çünkü ödevlerini kalabalık bir yer olan beden eğitimi salonunda yapmak zorunda kalıyor ve "Konsantre olamıyorum" diye söyleniyor.

Matthew mizaç çizgisinin içedönüklük ucunda yer alıyor. Doğal enerjisi, kavrayışı ve kararları kendi düşünce, duygu ve fikir dünyasından içine akıyor. Bir şeyleri uzun uzadıya düşünmeyi seviyor, çünkü bu onu uyarıyor ve ona enerji veriyor. Düşündüklerini ve tecrübe ettiklerini paylaşmayı seviyor. Ama çok fazla dış aktivite enerjisini tüketiyor.

Austin de 10 yaşında. Tam göründüğü gibi bir çocuk. Annesi onu okuldan aldığı andan itibaren o gün olanlardan bahsediyor. Eve dönerken arabanın camından arkadaşlarına sesleniyor. Kendini ifade etmeyi seven, konuşkan bir çocuk. Onu yeni bir şeyler denemeye ikna etmek çok kolay. Austin annesiyle eve gittiğinde programlarının ne olacağını merak ediyor. Arkadaşı Aaron onlara gelebilir mi? Evde oturmak için çok güzel bir gün! Bir şey kaçırmamak için ödevlerini mutfak masasında yapmayı seviyor.

Austin mizaç çizgisinin dışadönüklük ucunda yer alıyor. Enerjisi dış dünyaya, etkinliklere, eşyaya ve insanlara akıyor. Kendini uyaracak bir şeyler bulmak için etrafı tarıyor. Uzun süre yalnız kalmak enerjisini tüketiyor.

Çoğu insan içedönükler ile dışadönüklerin şöyle olduğunu düşünür: Bir partide içedönük kişi gölgelerde saklanır, duvar diplerinden yürür, dışadönük kişi ise kafasında şapka yerine parlak bir abajurla tüm sohbetlerin merkezi olur. Ama içedönükler ve dışadönükler ille de davranışlarına göre tanımlanamaz. Bu sözcükler kişinin enerji kaynağını ve dünyaya olan yönelimini yansıtır. Matthew de Austin de parlak ve sempatik çocuklar. İkisi de bulundukları duruma göre canlı, sessiz, neşeli ya da keyifsiz olabilirler.



İçedönüklük aslında çocuğunuzun genetik yapısına dayalı, doğuştan sahip olduğu bir mizaçtır. Mizaç başlı başına kişilik değildir, birinin hayatı boyunca bazı durumlardaki tepki ve davranışlarını yöneten özelliklerin bütünüdür. İçedönükler daha ziyade küçük, baş edilebilir dozda uyaranı tercih eder, dışadönüklerse daha fazla hareket ve heyecan ararlar. İçedönük biri konuları derinlemesine incelerken dışadönük biri pek çok farklı şey denemeye eğilimlidir. İçedönük biri tepki vermeden önce duygularını "işlemek" için zamana ihtiyaç duyar. Bir kişinin mizacı isteğe göre değişmez. Ama çocuğunuzun mizacını anlamak, onun güçlü yanlarını geliştirmenize ve sıkıntısını en aza indirmenize yardımcı olur.

Yaşadığımız toplumda dışadönükler içedönüklerden üçte bir oranında fazladır. Diğer yandan, kişi her zaman bunlardan biri ya da diğeri olmak zorunda değildir. Çoğu kişi hem içedönük hem dışadönük eğilimlere sahiptir. Çizgiyi bir uçta tam içedönükler diğer uçta tam dışadönükler olarak düşünmek faydalıdır, çoğu insan bu çizginin ortalarındadır. İçedönüklüğü ve dışadönüklüğü sağ eli ve sol eli kullanmaya benzetebiliriz. Solaklar da sağ ellerini kullanabilirler ama sol elleri baskındır. Elbette bu benzetme bizi sadece bir yere kadar götürür. Önceden de söz ettiğim gibi içedönüklük ve dışadönüklük bir çizgi üstündeki konumlardır. Bazı içedönükler daha fazla içine kapalıdır, bazıları ise daha az. Aynısı dışadönükler için de geçerlidir. Enerji yükselişlerine ve akışlarına göre bazı içedönükler bir günden diğerine daha az ya da daha çok içe kapanık olabilirler. Yine de bu benzetmeyi seviyorum, çünkü hepimiz "yanlış" elimizi uzun süre kullanmak zorunda olmanın nasıl bir şey olduğunu hayal edebiliriz. İçedönüklerin dışadönük dünyanın beklentilerini karşılamaya çalışması da bunun gibidir.

## Enerji meselesi

İçedönük bir çocuğun dışadönük çocuktan en büyük farkı; enerjisini nasıl sağladığı, nasıl harcadığı ve sakladığıdır. Her birimiz bazı durumları enerji verici, bazılarını ise yorucu buluruz. İçedönük çocuk enerjiyi kendi içinden alır. Canlılığı ve dengeyi hissetmek için duygu, düşünce ve kavrayışlara ihtiyaç duyar. Çok fazla dış uyaran –hareket, gürültü, gevezelik– onu tüketir ve kendini bitkin hissetmesine neden olur. Buna karşın dışadönük çocuk enerjisini dış dünyadan alır. Onu en çok etrafının insanlarla ve hareketle dolması mutlu eder.



Ben içedönükleri enerjilerini muhafaza eden, rezervlerini doldurabilmek için belli bir ikmal süresine ihtiyaç duyan şarj edilebilir pillere benzetiyorum. Dışadönükler ise enerjilerini harcar. Onlar için durmak yoktur. Hem içedönük hem dışadönük çocuklar doğal eğilimlerini dengelemeye ihtiyaç duyarlar. İçedönük bir çocuk güvenini kaybetmemek ve kendi kafasının içinde kaybolmamak için dış dünyayla etkileşim kurmaya ihtiyaç duyar, dışadönük çocuk ise rahatlayacak ve düşünecek zaman ayırmazsa kendini olduğu yerde dönüp dururken bulur.

Herkesin hem içedönük hem dışadönük şekillerde işleyen nörolojik sistemleri vardır. Eğer çocuğunuzun bu kapasitesi olmasaydı, kendi içinde ne olup bittiğini anlayamaz ya da dış dünyaya uyum sağlayamazdı. Vücudumuzdaki sistemler tahterevalli gibidir, biri yukarıdayken diğeri aşağıdadır. Tüm sistemlerimizin kalkıp harekete geçmemizi sağlayan bir açma ve durmamızı sağlayan bir kapatma düğmesi vardır. Bir taraf harekete geçmesi için çocuğu hızlandırır, diğer taraf ise kendini yenilemesi için sakinleştirir. Düşünceli bir anne baba çocuğuna enerjisini nasıl yenileyeceğini öğretmekte, iç ve dış uyaranları dengelemekte yardımcı olabilir.

## İçedönüklük fikri nereden çıktı?

***"Bir tohum ekmek, umut dolu bir harekettir."***

–Anonim

Tarih boyunca insanlar mizaç bilmecesini çözmeye çalıştılar. Hippokrates döneminde Yunanlar insan davranışlarının belli kalıplara uygun olmaya eğilimli olduğunu fark ettiler. Bunun bedende ve beyinde bazı sıvıların mevcut oluşuna ya da olmayışına bağlı olduğu sonucuna vardılar. *Safralar* dedikleri iğrenç ama iç organlarla ilgili dört maddede karar kıldılar: kan, balgam, sarı safra ve kara safra. Bunları da dört unsurla ilintileyerek (sırasıyla ateş, su, hava, toprak) mizacın ve hastalıkların vücutta bu maddelerin/unsurların dengeli olup olmamasına bağladılar. Erken dönemde insan doğasını inceleyenler bazı insanların dışa odaklı, düşünmeden hareket eden ve hızlı; bazı insanlarınsa içe odaklı, kararlı ve daha yavaş olduğunu belirlediler. Bu mizaç farklılığı Yunan yazar Ezop'un klasik fablı *Tavşan ile Kaplumbağa*'da da resmedildi. Hatırlayacağınız üzere tavşan ile kaplumbağa bir yarış yapmaya karar verirler. Tavşan hızlıdır ve kazanma konusunda kendine fazlasıyla güvenir. Kolayca kazanabileceğini bilir ve tembellik eder. Kaplumbağa ise ağır ağır ilerler ve herkesi şaşırtarak yarışı kazanır. Bu evrensel hikâye bize insanlar arasındaki mizaç farklılıklarının eski zamanlarda da fark edildiğini gösteriyor.



Yirminci yüzyılın ortalarında psikoloji testlerinin gelişmesiyle kişisel özelliklerin ve eğilimlerin tutarlı ve kalıcı olduğu doğrulandı. İnsan mizacının incelenen diğer boyutları şunlardı: açık görüşlü-dar görüşlü olma, duygularla-düşüncelerle hareket etme, nevrotik ya da zihinsel olarak sağlıklı olma, asabi-rahat olma, saldırgan-uyumlu olma. Minnesota Multiphasic Personality Inventory (MMPI), California Psychological Inventory (CPI) ve Myers-Briggs Type Indicator (MBTI) gibi testler milyonlarca okulda, işyerinde ve klinik ortamda uygulandı. Ancak mizaç diye bir şeyin olduğunu kabul etmek başka, onun nereden geldiğini anlamak başka bir şey.

Bugün biliyoruz ki Yunanlar beyin ile beden arasında bağlantı kurarken doğru yoldaydılar. Genler beynimizin düzenlenişini etkiliyor. Ve beynimizin düzenlenme şekli de –kimyasallar, akımlar ve baskın taraflar– bedenimizin tepkilerini etkiliyor. Sonuç, çeşitli mizaçların kendilerini çocuk davranışlarında göstermesi oluyor.

İçedönük ve dışadönük çocukların fiziksel bağlantılarındaki farklar, çok önemli farklılıklara neden oluyor.

**Bilgiyi nasıl işledikleri.** İçedönükler bilinçdışı ve karmaşık bilgileri bir araya getirmek için daha uzun bir beyin yolağı kullanırlar. Sonuç olarak bilgiyi işlemeleri dışadönüklere göre daha çok zaman alır. Ama içedönükler edindikleri yeni verilere uygun daha duygusal ve entelektüel içerik dahil etme becerisine sahiptiler.

**Bedenlerinin nasıl işlediği.** İçedönükler için bedenlerini hareket ettirmek daha zordur, çünkü sinir sisteminin bilinçli düşünce kısmına daha hâkimdirler. Diğer bir deyişle "Hareket et bedenim!" diye bilinçli bir karar vermeleri gerekir.



**Kullandıkları hafıza sistemi.** İçedönükler genellikle kısa süreli hafızadan çok, uzun süreli hafızalarını kullanırlar. Bu onlara malzeme bakımından zenginlik sağlar, ama bunları beynin her tarafındaki depolardan geri çağırıp işlemeleri zaman alır.

**Nasıl davrandıkları.** İçedönükler alışmadıkları durumlarda tereddütlü olmaya eğilimlidirler. Acil durumlarda donup kalabilir ve kilitlenebilirler.

**Nasıl iletişim kurdukları.** İçedönükler duygu ve düşüncelerini topladıktan, işledikten ve bunlar üzerinde bir sonuca vardıktan sonra konuşurlar.

**Dikkatlerini nasıl topladıkları.** İçedönükler oldukça iyi gözlemcidirler ve onları ilgilendiren şeye çok yoğun bir şekilde konsantre olabilirler.

**Enerjilerini nasıl topladıkları.** İçedönüklerin yeniden şarj olmak için az uyaranın bulunduğu bir ortama ihtiyaçları vardır.

## İçedönüklük ne değildir?

İçedönüklük kavramı ortaya çıktığından beri yanlış anlaşılmıştır. Bir bakıma bu kavram daha ortaya çıktığı anda değiştirilmiştir. 1900'lerin başlarında önemli psikanalist ve düşünür olan Carl Jung, Alfred Adler ve Sigmund Freud birlikte çalışıyorlardı. Jung; Freud ve Adler'in hastalarının semptomları hakkındaki karşıt görüşlerinden yola çıkarak kişilik tiplerine dair bir teori oluşturdu ve içedönük ile dışadönük kavramlarını buldu. Jung'a göre Adler hastanın iç dünyasına yoğunlaşırken, Freud dış dünyanın ve onun etkileri üzerinde duruyordu. Jung; Adler'in yaklaşımını içedönük, Freud'un eğilimini ise dışadönük olarak adlandırdı. Jung, her iki referans noktasının da doğru olduğunu ve doğuştan gelen, sağlıklı mizaçları yansıttığını düşündü.

Sonra üçü fikir ayrılığına düştü. İçlerinde en çok göze çarpanları olan Freud, fikirleriyle mücadele ettikleri için Jung ve Adler'e kızdı. İkisi de içedönük adamlar olduğundan içedönüklüğü olumsuz bir bakış açısından yazmaya ve "kendiyle çok meşgul olma", "dünyayı görmezden gelme", "narsist olma" şeklinde tanımladı. Ne yazık ki bu terim bugün hâlâ yanlış anlaşılmaya devam ediyor. (Bu sırada Adler, Freud tarafından yine önemsenmeyen ve çok önemli bir buluş olduğu sonradan anlaşılan "aşağılık kompleksi" teorisini geliştirdi.)



Beyin hakkındaki araştırmaların yeni yeni filizlendiği bu dönemde utangaçlık, sosyal korku, hassasiyet, otizm ve Asperger sendromu, duyu bütünleme bozukluğu, disleksi, dikkat eksikliği, dikkat eksikliği ve hiperaktivite gibi terimler ile çocukların hayatlarını etkileyen diğer problemler hakkında bir kafa karışıklığı ve anlaşmazlık söz konusuydu. İçedönüklük bu durumlardan bazılarıyla birlikte anıldığında bunlar henüz tam olarak anlaşılmamıştı. Şunu biliyoruz ki, bu sorunlara sahip olanlar kesinlikle sadece içedönükler değildir. Belki de çocukların beyin fonksiyonlarına bu kadar odaklanılması günümüzde çocuklara yüklediğimiz beklentilerin bir sonucu. Muhtemelen sadece beynin bilgileri alış ve verişinin farklı yollarını yansıtıyorlar. Bu durumların ortak özellikleri beynin ya da bedenin aşırı ya da az çalışması ve entegrasyon eksikliği gibi görünüyor.

Söz ettiğim bozukluklar, bedenin en önemli sistemlerinin işleyişini içine alıyor. Bunlar dikkat sistemi, uyarılma sistemi, duyusal girdi yolları, otonom sinir sistemi, motivasyon sistemleri ve duygulardır. İçedönüklüğe ve dışadönüklüğe genetik olarak yatkınlık bu sistemlerin pek çoğunu etkileyebilir ve bu nedenle içedönüklük çocuklarda bu özel durumlarla karıştırılabilir. Oysa içedönük bir çocuğu patolojik hale getirmemek için içedönüklüğün ne olduğunu anlamak önemlidir.

İçedönüklüğün ne olduğu –ve ne olmadığı– konusunu aydınlatabilmek için içedönüklükle ilgili bazı mitleri düzeltelim.

## Mit: İçedönük çocuklar utangaçtır

Gerçek: İçedönüklük sık sık utangaçlıkla karıştırılır. Buradaki yanlış anlama içedönüklüğün sadece sosyalleşme yönüne bakmaktır. İçedönük olmak çocuğun tüm mizacını, dolayısıyla hayatının tüm alanlarını etkiler. Bu özellikler içedönük birinin nasıl sosyalleşmeyi tercih ettiğini belirler. İçedönük birinin sosyal davranışları utangaçlık gibi görünse de aynı değildir.



İçedönüklüğün aksine utangaçlık enerji ihtiyaçlarıyla ya da farklı sosyalleşme biçimlerinden hoşlanmakla ilgili değildir. Utangaç biri geniş bir grupta olduğu kadar tek bir kişinin yanında da kendini rahatsız hissedebilir. Utangaçlık ile içedönüklük arasındaki temel fark, bilginin sosyal durumlarda nasıl işlendiğidir. Utangaç çocuklar ileriye yönelik olarak endişe duyarlar. Diğer çocukları inceler ve onlardan olumsuz tepkiler almayı beklerler. Utangaçlar daha sosyal olmayı isterler ama sosyal durumlarda kendilerini rahatsız hissederler ve başkalarının onlardan hoşlanmadığını düşünürler. İçedönükler de dışadönükler de utangaç olabilirler.

Utangaçlık evrensel bir tecrübedir. Neredeyse hepimiz zaman zaman kendimizi utangaç hissederiz. Yine de kesinlikle bazılarımız diğerlerinden daha utangaçtır. Bunun arkasında genetik öğeler olabilir ama genellikle çevreye ve tecrübeye bağlıdır.

**Bazıları içedönüklüğü farklı çocukluk problemleriyle karıştırabilir**

Yıllarca insanların içedönüklüğü çocuklukta görülen bazı bozukluklarla karıştırdığını gördüm. Oysa çoğu durumda içedönükler dışadönüklere nazaran bu problemlere karşı daha savunmasız değildi. Bu problemlerden bazıları şunlardı:

- Duyu bütünleme bozukluğu
- Aşırı hassasiyet
- Dikkat eksikliği / Dikkat eksikliği ve hiperaktivite bozukluğu
- Otizm ve Asperger sendromu
- Sosyal endişe ve diğer endişe bozuklukları



Utangaç çocukların onları zayıf düşüren bir aşağılanma, utandırılma ve eleştirilme korkusu vardır. Duygularını açığa vurmazlar, yabancılara karşı temkinlidirler ve başarısız olma ihtimalinin bulunduğu durumlardan çekinirler. Öğretmenleri, aile üyeleri ve yaşıtları utangaç çocuklara kötü davranabilir. Utangaç çocuklar çoğunlukla reddedilir, dalga geçilir, uğraşılır ya da görmezden gelinirler. Ne yazık ki bu tür davranışlar onların korkularını ve başkalarının onları sevmediğine dair inançlarını güçlendirebilir.

Utangaçlık konusunda önde gelen uzmanlardan biri olan Bernardo Carducci, *The Shyness Breakthrough: A No-Stress Plan to Help Your Shy Child Warm Up, Open Up, and Join the Fun* (Utangaçlığın Keşfi: Utangaç Çocuğunuzun Isınmasına, Açılmasına ve Eğlenceye Katılmasına Yardım Edecek Stressiz Bir Plan) adlı kitabında içedönüklük ile utangaçlık arasındaki farkı şöyle açıklıyor: "İçedönükler mutlaka utangaç olacak diye bir kural yoktur. Başkalarıyla başarılı bir şekilde ilişki kuracak özgüvene ve sosyal becerilere sahiptirler, sadece kendilerini şarj etmek için biraz mahremiyete ihtiyaç duyar ve yalnızlığın tadını çıkarırlar. Utangaçlar ise fark edilmek, sevilmek, kabul edilmek isterler ama sosyal ilişkilerle başa çıkmalarını sağlayacak becerileri, düşünceleri, duyguları ve davranışları eksiktir.

İçedönük kendindeki bu temel özelliği değiştiremez. Oysa utangaçlık eğilimleri kendine güvenin artmasıyla belirgin bir şekilde azaltılabilir. Eğer içedönük çocuğunuz utangaçlığa meylediyorsa onun bununla başa çıkmasına yardımcı olabilir ve utangaçlığını azaltabilirsiniz. Çocuğunuza utangaçlık ile içedönüklük arasındaki farkı anlatın. Ona sosyal durumlarda daha rahat etmesi için yardımcı olacağınızı söyleyin. İlk kez karşılaştığınız insanlara karşı arkadaşça ve rahat bir tavır sergileyerek ona model olmak için elinizden geleni yapın. İçedönük çocuğunuz sizi izledikten sonra yaşıtlarıyla ilişki kurarken kendini daha rahat hissedebilir.

## Mit: İçedönük çocuklar arkadaş canlısı değildir

Gerçek: İçedönük çocuklar da arkadaş canlısı olabilirler. Sadece içlerinde bulundukları her durumda bunu ifade edecek ideal duruşu yakalayamayabilirler. Örneğin Matthew, bu bölümün başında tanıştığınız, 10 yaşındaki içedönük çocuğumuz inanılmaz derecede arkadaş canlısıdır. İnsanları tanıdıktan sonra onlarla konuşmaya bayılır. Gürültü ve kalabalık yüzünden çok bunaldığı beden eğitimi salonunda pek cana yakın görünmeyebilir. Ama onu evde yakalarsanız ya da ona hayvanlarla ilgilendiğinizi söylerseniz size karşı oldukça sevecen olacaktır.

Anne babalar, çocuklarının arkadaşça davranma şeklini başkalarının anlamasına yardımcı olarak ya da çocuklarının arkadaş canlısı olduklarını ifade edebilecekleri senaryolar hazırlayarak köprüler kurabilirler.

## Mit: İçedönük çocuklar başka insanlarla ilgilenmez

Gerçek: İçedönük çocuklar başkalarıyla epeyce ilgilidir. Sadece aynı anda çok fazla insanı kaldıramazlar. İçedönükler çoğunlukla diğer insanlarla birebir, onlar hakkında çok şey öğrenebilecekleri durumlarda bir arada olmayı tercih ederler. Küçükken ben de bu yöntemi kullanırdım. Genellikle bir grup içinde sosyalleşmem zor olurdu ama insanlar özellikle de dikkatli öğretmenlerim benimle birebir konuşur konuşmaz hemen canlanırdım. Kendimi onların hikâyelerine, tecrübelerine kaptırırdım ve bu anlaşılırdı. İçedönükler çok iyi dinleyicidirler. Bunun nedeni genellikle başka insanların ne diyeceğiyle içtenlikle ilgilenmeleri ve onları gerçekten dinlemeleridir.

### Mit: İçedönük çocuklar yalnızca kendileriyle meşguldür

Gerçek: İçedönükler kendi duygu ve düşüncelerine odaklansalar da, başkalarının duygu ve düşünceleriyle de inanılmaz ilgilidirler. Farklılıklara karşı hoşgörülüdürler. İçedönüklerin yalnızca kendileriyle meşgul olduklarının sanılması ironiktir. Araştırmalara göre, içedönüklerin grup içinde işbirliğiyle çalışma becerisi dışadönüklere göre daha yüksektir. Dışadönükler başkalarıyla birlikte olmayı sevdiklerinden daha insan canlısı olarak düşünülürler. Ama bu genellikle insanlardan hoşlandıkları ya da onlarla ilgilendikleri için değil kendilerini iyi hissetmek için insan içinde olmaya ihtiyaç duyduklarındandır.

## İçedönüklüğü erken fark etmek



*"Her yetişkinin, ona öğretecek bir çocuğa ihtiyacı vardır; yetişkinler böyle öğrenirler."* –Frank A. Clark

Kişinin mizacı genellikle küçük yaşta belli olur. Araştırmalar çoğu çocuğun ilk dört aydaki mizaç özelliklerine bağlı kaldıklarını gösteriyor. Çocuğunuzun bebekliğini düşünün ve onu "Yüz Hektar Ormanı"nda nereye koyacağınıza bakın. *Winnie-the-Pooh* karakterleri ikon haline gelmiştir, çünkü herkese tanıdık gelen insan davranışlarını yansıtırlar. Çocuğunuz Tiger gibi zıp zıp zıplıyor muydu? Piglet gibi gergin miydi? Pooh gibi yemeğe odaklı mıydı? Christopher Robin gibi sakin miydi? Yoksa gözlemci Owl gibi sessiz miydi?

**Kim derdi ki?**

Araştırmacılar (çok fazla vakitleri olmuş olmalı), dillerine bir damla limon sıkıldığında içedönük çocukların dışadönüklere göre daha fazla tükürük salgıladığını buldular.

## İçedönük ve dışadönük çocuğu neye göre ayırt edersiniz?

*Çocuğunuz...*

- Yavaş konuşuyor ve doğru sözcüğü bulmak için ara sıra duraksıyor mu?
- Çoğunlukla sessizken, rahat olduğu ortamlarda geveze mi?
- Sosyal olaylarda yoruluyor ve sonrasında sessizlikte şarj olmak için zamana ihtiyaç duyuyor mu?
- Görünüşü ve sesi bazen tereddütlü çıkıyor mu?
- Etkinliklerden biraz uzak kalıp olan biteni gözlemliyor mu?
- Yeni durumlara yavaş uyum sağlıyor mu?
- Bir iki samimi arkadaş edinip diğerlerine tanıdık muamelesi mi yapıyor?
- Bazen ilgisiz, sıkılmış ve bunalmış görünüyor mu?
- Sözü kesildiğinde konuşmayı bırakıyor mu?
- Kalabalık içindeyken bedenini kasıp donuk bakıyor mu?
- Konuşurken başka tarafa bakıyor ama dinlerken göz teması kuruyor mu?
- Yorgun, bunalmış ya da rahatsız olduğu zamanlarda susuyor mu?

***Eğer öyleyse çocuğunuz içedönük olabilir.***
*Çocuğunuz...*

- Hızlı ve yüksek sesle konuşuyor mu? Hatta gerginken bu daha da artıyor mu?
- Sık sık konuyu değiştirmeyi seviyor mu?
- Bir konu hakkında bildiğinden daha çoğunu biliyor gibi görünmeyi seviyor mu?
- Konuştuğu kişiye yakın duruyor mu?
- Başkalarının sözünü kesiyor mu?
- Dinlerken başka tarafa bakıyor mu?
- Mimiklerini ve beden dilini çok sık kullanıyor mu?
- Uzun cümlelerle ya da bir konu hakkında uzun uzun konuşulduğunda sıkılıyor mu?

- Bir sohbet çok uzun sürerse kaçıyor mu?
- Çoğu kişinin arkadaşı olduğunu düşünüyor mu?
- Yeni durumlara kolay uyum sağlıyor mu?
- Uyarıcı aktivitelerden sonra kendini şarj olmuş gibi hissediyor mu?
- Yalnız başına çok vakit geçirirse şikâyet ediyor ya da bitkin görünüyor mu?

***Eğer öyleyse çocuğunuz dışadönük olabilir.***

Bebek Oliver'a bir bakalım. Etrafını izliyor, kara gözleriyle her şeyi inceliyormuş gibi görünüyor. Sanki her şeyi içine çekiyor, baktığınızda onun beyninde dönen çarkları görüyor gibi oluyorsunuz. Başka bebekler kadar kollarını ve bacaklarını oynatmıyor, özellikle de yabancı bir ortamdaysa. Bazen onu anlamak zor olabiliyor. Oliver'in neye ihtiyacı var? Çoğunlukla sakin bir çocuk, ama bazen aniden gözyaşlarına boğulabiliyor ve onu sakinleştirmek hiç kolay olmuyor. Rutini seviyor ve çok fazla değişiklik onu üzebiliyor. Çok fazla oyuncak verildiğinde, çok fazla yabancıya, yeni yüze maruz kaldığında içine kapanmış görünüyor, uykuya dalıyor, ağlıyor ya da kucaktan inmek istemiyor. Etraf gürültülüyse ya da herkes koşturuyorsa irkiliyor. Tedbirli; yeni bir oyuncak gördüğünde ona hemen uzanmıyor.



Farklı yaşlarda içedönüklük kendini farklı şekillerde gösterebilir. Örneğin anaokulu yaşına gelmiş bir çocuk yeni durumlara yavaş alışabilir. Anaokulunda kendini rahat hissetmediği kişilerin yanında hemen konuşmayabilir. İlkokulda konuyu çok iyi bilmedikçe sınıfta konuşmayabilir. Ortaokulda başka çocuklarla birlikte çalışmak ve oynamak yerine kendi başına çalışmayı ve oynamayı tercih edebilir. Lisede birileriyle çıkmaya daha geç başlayabilir, bunun yerine araba sürmek gibi farklı şeylerle ilgilenmeyi seçebilir.

İçedönük çocuğunuzun bebekliğinden beri dışadönüklük beklentileriyle nasıl uğraştığını anlamak onun mücadelesini takdir etmenize yardımcı olabilir. Belki ilk günden itibaren davranışlarınızı onun ihtiyaçlarına göre ayarladığınız ya da belki buna ihtiyacı olduğunu düşündüğünüz için onu bazı konularda zorladınız. Çocuğunuzun mizacını anlamak iki taraf için de güç mücadelelerini ve sinir bozukluklarını azaltır. Mizacımız bizi neyin heyecanlandırdığından nasıl iletişim kurduğumuza, zorluklarla nasıl başa çıktığımıza kadar pek çok şeyi belirler. Ve bu çok erken dönemde başlar.

TEST

## Çocuğunuz içedönük mü?

**Çocuğunuz içedönüklük dışadönüklük çizgisinin neresinde? (Ve siz neresinde yer alıyorsunuz?) Aşağıdaki ifadeleri doğru ve yanlış olarak işaretleyin (eğer genelde doğruysa doğru, değilse yanlış deyin) sonra doğru cevaplarınızı toplayın.**

Benim çocuğum:

1. Odasında ya da en sevdiği yerde kendi başına vakit geçirerek enerji toplar.
2. Bir kitap ya da proje ilgisini çekiyorsa yoğun bir şekilde konsantre olur.
3. Konuşurken ya da bir şeyle uğraşırken sözünün kesilmesinden, hoşlanmaz, nadiren başkalarının sözünü keser.
4. Oyunlara katılmadan önce bir süre gözlemlemeyi tercih eder.
5. Kalabalık yerlerde ya da başkalarıyla uzun süre aynı mekânı paylaştığında rahatsız olur, hele de yorgunsa...
6. Dinlerken göz teması kurar ama konuşurken gözlerini kaçırmaya eğilimli olur.
7. Özellikle yorgun olduğunda ya da kalabalık bir çocuk grubundayken yüzü ve bedeni sabit, neredeyse ifadesiz olur.
8. Bazen sorulara geç, tereddütlü, basit cevaplar verir.
9. Bir soruya cevap vermeden önce düşünecek zamana ya da bir şeyi dile getirmeden önce prova yapmaya ihtiyacı olur.
10. Konu onun özel olarak ilgilendiği bir şey değilse, konuştuğundan fazla dinler. Eğer öyleyse, hele de rahat bir ortamdaysa durmadan konuşur.
11. Bilgi ve başarılarıyla övünmez, belli ettiğinden çok daha fazlasını anlar.
12. Çok fazla etkinlikle dolu bir program onu heyecanlandırmaktan çok bunaltır.
13. Genellikle kısık sesle arada sırada duraklayarak konuşur, bazen doğru sözcüğü bulmakta sıkıntı çeker.
14. Kendi kavrayışlarına, fikirlerine, düşüncelerine, hislerine ve tepkilerine çok fazla önem verir.
15. İlginin merkezi olmaktan hoşlanmaz.

**16.** Bir kalıba uymaz: Evde ya da rahat ettiği başka yerlerde çok geveze olup, başka bir yerde çok sessiz olabilir ya da bir gün çok enerjikken diğer gün çok bitkin olabilir.

**17.** Sınıf arkadaşları tarafından sessiz, sakin, çekingen, içine kapanık ve soğuk bulunabilir.

**18.** İyi bir gözlemcidir ve bazen başkalarının –özellikle yetişkinlerin– hiç görmediği ayrıntıları fark eder.

**19.** Tutarlılığı sever, ona uyum sağlaması için yeterli zaman verildiğinde en iyi sonucu alır.

**20.** Belli bir proje ya da sınav için son tarihler verildiğinde endişeye kapılır.

**21.** Etrafta çok fazla şey olup bitiyorsa ya da televizyon veya video izlerken uyuyakalabilir.

**22.** Bir iki yakın arkadaşı vardır ama pek çok çocuğu tanır.

**23.** Kendini yaratıcı bir şekilde ifade etmeye, sessiz, hayal gücü gerektiren oyunlara eğilimi vardır.

**24.** Partilerden ya da grup olarak yapılan etkinliklerden sonra bunlardan zevk almış olsa da kendini tükenmiş hisseder.



## Doğru cevapları toplayın. Eğer sonuçlar:

**17-24 arasındaysa:** Çocuğunuz içedönük. Enerji akışının devamlı olmasına yardımcı olmanız gerektiğini anlamanız çok önemli. Enerji depolamaya ve bu enerjisini dış dünyada bilinçli bir şekilde harcamaya ihtiyacı var. Bunu yapmayı öğrenirken yardımınıza ihtiyacı olacak. Ayrıca onun mizacını anladığınızı ve kabul ettiğinizi göstermeniz de önemli.

**9-16 arasındaysa:** Çocuğunuz çizginin ortalarında. Hem sağ hem sol elini kullanabilenler gibi çocuğunuz hem içedönük hem de dışadönük. Hem yalnız kalmaya hem dışarıda ve insanlarla birlikte olmaya ihtiyaç duyması onun kendini yıkılmış hissetmesine neden olabilir. Enerjik hissettiği zamanlarda dışarıda etkinlikler yaparak, şarj olmaya ihtiyaç duyduğunda ona sakin bir ortam sunarak çocuğunuzun kendisi için en uygun programı yapmasına yardımcı olabilirsiniz.

**1-8 arasındaysa:** Çocuğunuz dışadönük. Dış dünyadaki her şey, etkinlikler ve insanlar ona enerji veriyor. Onu meşgul tutmaya gayret edin, ama aynı zamanda rahatlamanın ve içe bakışın da önemini anlamasına yardımcı olun.

**Eğer hâlâ çocuğunuzun (ya da bir başkasının) içedönük mü yoksa dışadönük mü olduğundan emin olamıyorsanız kendinize şunu sorun:** Kendini yenilenmiş hissetmek için çoğu zaman etrafındaki uyaranları azaltıp tek başına (ya da özel bir kişiyle) kalacağı bir zaman yaratmaya ya da sessizce düşünmeye ihtiyaç duyuyor mu? Öyleyse çocuğunuz daha çok içedönük demektir. Bu içedönüklerin insanlarla olmaktan hoşlanmadıkları anlamına gelmez, sadece yalnız başlarına zamana ihtiyaçları vardır. Aynı şekilde eğer biri stres altındayken içine kapanıyorsa, daha ziyade içedönük demektir. Eğer çocuğunuz genellikle enerjikse ve çoğunlukla dışarıda yapılan aktivitelere ihtiyaç duyuyorsa muhtemelen dışadönüktür.

## Konunun özü

- ✓ İçedönüklük de dışadönüklük de tamamen normal mizaçlardır.
- ✓ İçedönükler ve dışadönükler çoğunlukla aynı durumlara farklı tepkiler verir.
- ✓ Kendi mizacınızı ve çocuğunuzun mizacını anlamanız anne babalığı daha kolay hale getirir.

# 2

# İçedönüklük ve dışadönüklük doğuştandır

## Beyin fizyolojisi içedönük ya da dışadönük mizaçlar yaratır

*"Meraklı bir zihin için tüm dünya bir laboratuvardır."* –Martin Fisher

4 yaşındaki ikizler Jashua ve Rachel anaokulundan sonra anneleriyle birlikte eve dönüyorlar. Annesi kapıyı açarken Jashua, "Merhaba!" diye sesleniyor. "Baba, baba, biz geldik!" diye bağırıyor Rachel. Babaları öğle yemeğine eve geldiği için çocuklar çok heyecanlı. Koşarak oturma odasına giriyorlar ama karşılarında tanımadıkları uzun boylu adamı görünce oldukları yerde kalakalıyorlar. Babaları gülümseyerek beklenmedik bir misafirleri olduğunu, eski okul arkadaşlarından birinin şehre geldiğini söylüyor. Jashua gözlerini ayakkabılarına dikmiş halde olduğu yerde duruyor. Rachel "Adın ne?" diye ileri atılırken o biraz geri gidiyor. Jashua bir yandan bu yabancıyı gözetleyerek bir köşede dolanıyor. Babasının, annesinin ve Rachel'in bu cana yakın adamla konuşmalarını dinliyor. Bir süre sonra Jashua cesaretini toplayıp babasının kucağına oturuyor, sonra da hep birlikte eğleniyorlar.



Neden iki kardeş farklı tepki veriyor? İlk kitabım *Introverted Advantage* (İçedönüklüğün Avantajları) için araştırma yaparken psikoloji, fizyoloji, nöroloji alanında yapılmış binlerce çalışmayı inceledim ve yüzlerce içedönük insanla görüştüm. İki kişinin aynı durumda farklı tepki vermesinin beyinlerinin ve bedenlerinin farklı şekilde tasarlanmış olmasından kaynaklandığı sonucuna vardım. Daha ayrıntılı ifade etmek gerekirse, içedönükler ve dışadönükler iki bakımdan dünyaya farklı geliyorlardı:

1) İçedönüklerin ve dışadönüklerin beyni onları iki farklı nörotransmitter (sinir taşıyıcısı) yolağa gönderiyordu.

2) İçedönükler ve dışadönükler sinir sisteminin iki farklı yanını kullanıyordu. O zamandan beri nöroloji alanında yapılan pek çok yeni, heyecan verici araştırma da bunu doğruladı ve içedönükler ile dışadönüklerin fizyolojisini daha iyi anlamamızı sağladı.

## Mizacın öğeleri

*"Beynin bir anlık hareketinde asırlar gizlidir."*

–Emily Dickinson

Çocuklar dünyaya geldikleri ilk günden itibaren belirgin mizaç eğilimleri gösterirler. Ama bu eğilimlerin gerçekten doğuştan mı, yoksa yetiştirilmeyle alakalı mı olduğu sorusu geçmişten beri tartışma konusu olmuştur. Artık nöroloji, bu doğuştan mı, yetiştirilmeden mi sorusuna evet ve evet diye cevap veriyor. Evet, çocuklar belli bir mizaçla doğarlar ve evet anne babaların bu mizaca göre onları nasıl büyüttüğü hayati önem taşır.



Pek çok bilimsel araştırma kişinin ne derece içedönük ya da dışadönük olduğunu ortaya koyduğu gibi bazı özelliklerinin ciddi anlamda genetik geçmişine bağlı olduğunu söylüyor. Üstelik bu incelenen kişisel özellikler arasında en kalıtsal olanları, içedönüklük ve dışadönüklük özellikleri. Bir başka deyişle Ezop yüzyıllar öncesinden haklıydı: Bazı çocuklar tavşan gibi hızlı ve dürtüsel, diğerleri ise kaplumbağa gibi yavaş ve istikrarlıdır.

Ama nasıl olur da genler içedönük bir çocuk yaratır? Haydi öğrenelim.

### Enerji sıvıları

Harvard'lı bir araştırmacı ve *The Long Shadow of Temperament* (Mizacın Uzayan Gölgesi) kitabının yazarlarından biri olan Jerome Kagan beyin kimyasının mizaçta önemli bir rol oynadığını söylüyor. Herkesin beyninde kimyasallar ve altmıştan fazla (en azından şimdilik tanımlananlar bunlar) nörotransmitter var, ama her çocuğun genleri onun kendi özel nörotransmitter karışımını belirler.

Bir çocuğun genleri onun beynindeki kimyasalları ve nörotransmitterleri yapan formülleri kodlar. Bu formüller yüzde 99,9 herkeste aynıdır. Bu yüzden insanların belli kişisel özellikleri vardır ve belli davranış kalıplarına göre hareket ederler. Ama bizim genetik kimyasal karışımlarımızın tarifindeki o yüzde 0,1'lik farklılık, boyumuzun uzunluğundan saçımızın rengine kadar kişisel farklılıklarımızı ya da hangimizin büyük bir piyanist olacağını belirler.

Yani yapbozun ilk parçası, çocuğunuzun beynini idare edecek nörotransmitterleri belirleyen, milyonlarca yıllık DNA'nın gizlendiği (Emily Dickinson'ın şiirinde dediği gibi) genlerimizdir.

Beyin hücreleri ya da nöronlar, zihnin ve bedenin çalışması için birbirleriyle iletişim kurmak zorundadır. Gözünüzün önüne Sistina Şapeli'nin tavanındaki Tanrı'nın Âdem'e uzandığı sahneyi getirin. Parmakları birbirine neredeyse dokunuyordur. Beyin hücreleri de böyledir. Birbirlerine neredeyse dokunurlar. Hücrelerin arasındaki boşluklara sinaps denir, bütün olay burada başlar ve biter. Mesajlar bir hücreden diğerine buradan taşınır.



Bu sinapslar ya da "ihtimal boşlukları" yapbozun ikinci parçasıdır. Nörotransmitterlerin milyarlarca yol üzerinden geçerek hücreler arasında bağlantı kurmalarını sağlarlar. Ama nöronların kilitlerine sadece bir nörotransmitterin anahtarı uyar. Anahtar, hücrenin kilidine uyduğunda hücreye ya "ateş et" ya da "ateşi kes" sinyali verir. Eğer hücre ateş ederse beynin o bölgesi harekete geçer ve çocuk belli bir davranışı sergilemeye başlar. Eğer etmezse o bölge uyumaya devam eder ve davranış etkinleşmez.

## Beyin yolakları

Yapbozun üçüncü parçası ise her çocuğun temel nörotransmitterinin sürekli bazı hücreleri açıp kapatırken farklı beyin yolakları izlemesidir. Birlikte ateşlenen nöronlar beyinde sık kullanılan yolların ağlara dönüştüğü hücre zincirleri oluşturur. Bilim adamları bu nörotransmitteri ve ağları haritalandırarak hangi işlevleri etkilediklerini belirlemişdirler. Bazı yolakları diğerlerinden daha fazla kullanmak onların kendi eşsiz tasarımına uygun olarak hücreleri bağlayışı çocuğun mizacını belirler.

## İçedönüklerin ve dışadönüklerin en sevdikleri nörotransmitterler

*"Hayatın esas tıbbi tanımı beyin aktivitesidir...*
*Bu, daha dolu dolu bir hayata ulaşmanın ilk adımıdır."*
**–Dr. Eric Braverman**

Harvard'da psikiyatri profesörü olan J. Allan Hobson yapbozun sonraki parçası iki spesifik nörotransmitter olan asetilkolin ve dopamin hakkında epey çalışma yapmıştır. Hobson'a göre bu iki temel kimyasal "enerji sıvısı" hayati beyin fonksiyonlarını ve böylece davranışları ciddi şekilde etkiler. Bunlar beynin tüm seviyeleri arasında bağlantı kuran iki temel akımdır. Asetilkolin; beyindeki konsantre olma, şuur, alarm halleri, uyku ile uyanıklık arasındaki geçişler, bilinçli hareketler ve hafıza gibi hayati işlevleri idare eder. Dopamin yolakları beyindeki en güçlü ödül sistemlerini temsil eder. Birtakım karmaşık beyin fonksiyonlarını kapatır ve bilinçsiz hareketlerin önünü açar, böylece çocukları şimdi yap sonra düşünürsün mantığıyla harekete geçirirler.



## Zihin ile beden arasında köprü kurmak

Yapbozun bundan sonraki parçasını önde gelen beyin araştırmacıları Stephen Kosslyn ve Oliver Koenig, *Wet Mind* (Islak Akıl) adlı kitaplarında açıklamışlardır. İki araştırmacı da asetilkolin ve dopaminin sinir sistemini tetiklediği konusunda hemfikirdirler, üstelik bunların beyin ile beden arasındaki temel bağ olduğunu ortaya koyarlar. Ancak otonom sinir sisteminin karşıt taraflarında işlediklerini belirtirler. Dopamin sempatik sinir sistemini etkinleştirir, asetilkolin ise parasempatik sinir sistemini çalıştırır. Sempatik sinir sistemi "savaş ya da kaç" sistemidir; parasempatik sinir sistemi ise "dinlen ve sindir" sistemidir. Elbette araştırmalar içedönüklerde, asetilkolini temel nörotransmitter olarak kullanan parasempatik sistem mi tarafının baskın olduğunu gösterir. Ben buna "frene basma" sistemi diyorum. Dışadönüklerde ise sinir sisteminin dopamini temel nörotransmitter olarak kullanan sempatik sinir sistemi tarafı baskındır.

Ben buna "gaza bas" sistemi diyorum. Birazdan bu iki sisteme geri döneceğim.

## Denge kanunu

Mizaç yapbozunun son parçası ise çocuğunuzun iç "set sayıları"dır. Genlerimiz bedenimizde bizi hayatta tutan set sayıları yaratır. Set sayılarını bir evin termostatlı ısıtma ve soğutma sistemine benzetebiliriz. Kendiniz için en uygun sıcaklığı –örneğin 20 dereceye– ayarlarsınız. Eğer evinizin sıcaklığı bunun altına düşerse ısıtıcınız devreye girer ve evi ısıtır. Eğer fazla ısınırsa klimanız devreye girer ve evi belirlediğiniz sıcaklığa indirir. Çocuğunuzun bedeni de böyledir, belli aralıklar içinde kalarak homeostazı korur. Bedenin sıcaklık, kan basıncı, kan şekeri, nabız gibi pek çok işlevi için set sayıları hayatidir. Set sayıları belirli aralıkların dışına çıkıldığının işaretini verir ki beden dengeyi korumak için harekete geçsin. Örneğin çocuğunuzun vücut sıcaklığı yükseldiğinde bedeni terleyerek, yavaşlama ve üstünü çıkarma isteği vererek onu serinletmeye çalışır.



**Denge Kanunu**

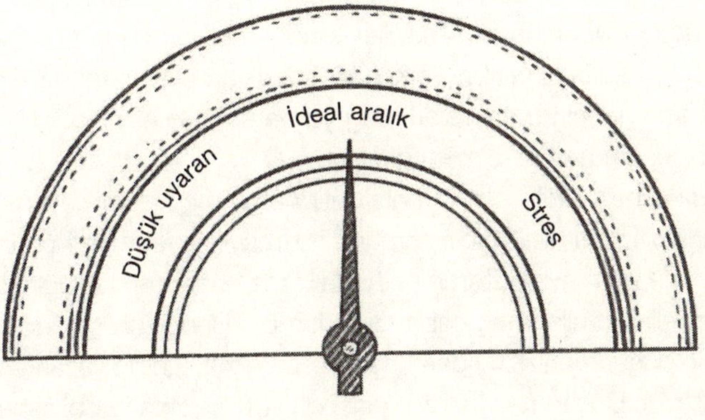


**İçedönükler de dışadönükler de kendi set sayısı aralıkları içinde bulunduklarında dengelerini korurlar. Kısa bir süreliğine bu aralığın dışına çıkabilirler ama uzun süre bu aralığın dışında kaldıklarında strese girerler.**

Beyin araştırmacısı Allan Schore, mizacın çocuğun doğal içedönüklük dışadönüklük çizgisinde set sayılarının hangi noktalarda olduğuna göre şekillendiğine inanıyor. Genetik olarak belirlenen set sayısı bir insanın beyin ve beden işlevlerinin hangi noktada en az çabayla en iyi olduğudur. Bu çizgi tahterevalli gibidir. Bir çocuk çok fazla gerilmeden ve enerji harcamadan set sayısı aralıklarında küçük düzenlemeler yapabilir. Bir kişinin ne kadar süre için olursa olsun kendi set sayısı aralığının dışında bulunmaya çalışması çok stresli ve yorucudur.

Bir çocuğun içedönük mü yoksa dışadönük mü olduğu, enerjisini idare eden sistemlerindeki set sayılarının hangi noktalarda olduğuna bağlıdır. İçedönük biri bir gün iyice dinlenmiş ve gayet canlı olabilir ama yeterince şarj olmazsa ertesi gün kendini çok bitkin hissedebilir. Hayatında yeterince aktivite olmaması ise neredeyse her zaman enerjik olan dışadönükler için gerçekten zor olabilir.

Bu enerji eşitsizliği içedönükler için muazzam bir darbedir. İçedönük birinin dış dünyada yaptığı her şey onun enerji harcamasını gerektirir. Dışadönük birinin dış dünyada yaptıkları ise ona enerji verir. Bu ayrıntı, içedönüklerin dış dünyada olmayı tecrübe edişlerinde büyük fark yaratır.



İçedönüklük ve dışadönüklük siyah ve beyaz değildir. Kimse sadece bir tarafta ya da diğerinde değildir. Hepimiz bazen çizginin iki yanında da bulunuruz. Ama set sayılarımız tarafından belirlenmiş baskın taraflarımız vardır. Tıpkı tüm çocukların yazarken sağ ellerini ya da sol ellerini kullanmaları, sağ ya da sol beyinlerinin, sağ ya da sol gözlerinin baskın olması gibi...

Bu kavramı daha somut hale getirmek için şu alıştırmayı deneyin: Baskın olmayan elinizle bir paragraf yazmayı deneyin ve bunun baskın elinizle yazmaya nazaran ne kadar fazla enerji gerektirdiğini görün. Baskın elinizi kullanmak çaba gerektirmez. Bilinçli bir şekilde bunun üzerine düşünmeniz bile gerekmez. Ama diğer elinizle yazarken yazınız bozulur. Düşünmek bile zor gelebilir. Aynı şekilde futbol sahasında baskın olmayan ayağınızı kullanmak size iyi bir şut getirmeyecektir.

## İçedönüklerin ve dışadönüklerin ödül yolları

*"Bir kişinin gerçek karakterini anlamak, onu diğerlerinden ayrıştırmak, onu tanımak demektir."* –Herman Hesse

İçedönüklerde baskın nörotransmitter olan asetilkoline daha yakından bakalım. Asetilkolin beynin uzun süre odaklanma ve konsantre olma becerisini tetikler. Uyanık olduğu zaman da beyin konsantre olsun diye bedeni yavaşlatır. Aynı zamanda bilinçli bir şekilde hareket eden kaslara kalkıp gitmesini de söyleyebilir. Paradoksal olarak asetilkolin aynı zamanda uyuduğumuzda bedeni hareketsiz kılar ve REM uykusu sırasında beyni ateşler. REM uykusu sırasında beyin gün içinde olduğundan bile daha aktiftir.

### Beyindeki sıvılar

Pek çok nörotransmitter ve diğer kimyasallar beynimizin içinde pek çok kolu olan bir nehir gibi akar. Her bir nörotransmitter türünün kendine ait bir görevi vardır ve bunun sonucunda farklı davranışlar, düşünceler ve duygular ortaya çıkar.

Nörotransmitterler beyin hücresini ya harekete geçirir ya da durdurur. Nörotransmitterlerin bir beyin hücresi zincirini harekete geçirmesi bir dizi domino taşının devrilmesine benzer. Durdurduklarında ise taşlar devrilmez.

Önemli nörotransmitterler ve görevleri şunlardır:

**Asetilkolin "Bunun hakkında düşünelim" der.** Bu; düşünmenin, konsantrasyonun ve bilinçli hareketin yıldızıdır. Uyarılmayı, dikkati, farkındalığı, idrak ederek öğrenmeyi, uykuyu ve uyanıklığı idare eder. İçedönüklerin en çok kullandıkları, "frene bas" sinir sisteminin nörotransmitteridir. Asetilkolin eksikliği öğrenmeyi ve bilişsel işlevleri engeller, hafıza kaybına neden olabilir. Alzheimer hastalığında ilk olarak asetilkolin nöronları bozulamaya başlar.

**Dopamin "İyi hissettiriyor, öyleyse yap" der.** Bu en ödüllendirici nörotransmitterdir. Dopamin; hareketi, zevki ve eylemi düzenler. Özellikle yeni bir şey karşısında hissedilen heyecan için esastır. Dopamin dışadönükler için en temel nörotransmitterdir ve "gaza bas" sinir sistemi tarafından salınır. Ayrıca tüm nörotransmitterler arasında en çok bağımlılık yapandır.

**Enkefalin ve endorfin "Acı hissetmiyorum" der.** Aynı ağrı kesiciler gibi acıyı ve stresi azaltır, yüzeysel bir sükûnet verir. Stresle başa çıkmak için etkinleştirilirler. Bunlar da bağımlılık yapabilir. Acı çekerken, rahatlama alıştırmaları ve coşkulu sportif egzersizler yaparken ve acı biber yerken salınır.

**Serotonin "Ne çok az ne çok fazla" der.** Bu sıvı, uykuyu tetikler ve ruh halinizi, sükûnetinizi etkiler. Yine de karmaşık bir nörotransmitterdir. Onsuz uyanık olamazsınız ve dikkatinizi toplayamazsınız ama çok fazlası da yorulmanıza ve yine odaklanamamanıza yol açar. Dürtüleri hafifletir. Saldırganlığı, depresyonu, endişeyi ve dürtüsel davranışları bastırırken sükûneti sağlar. Serotonin antidepresanlarda kullanılan en önemli nörotransmitterdir.



**GABA "Sakinleş" der.** Bu beyindeki en yaygın durdurucu nörotransmitterdir. GABA'nın (gamma aminobütirik asit) düşük olması beraberinde saldırganlığı ve şiddeti getirir. Şiddet içerikli görüntüler izlemek GABA seviyesini düşürür. GABA duyguları bastırır ve çoğunlukla endişe tedavisinde kullanılır.

**Glutamat "Parti yapalım" der.** Glutamat beynin en temel harekete geçirici sıvısıdır. O olmadan hızlı ve net düşünmek mümkün değildir. Eğer çok fazla olursa ve sürekli salınırsa metamfetamin ve kokain kullananlarda olduğu gibi beyni yakar. Öğrenmek için nöronların arasında bağ kurma ve uzun süreli bellek için hayati öneme sahiptir.

**Norepinefrin "Sonradan üzüleceğine güvende ol" der.** Bu alarm zilidir. Tehlikeyi fark eder ve beynin adrenalin salgılayarak tepki vermesini sağlar. Adrenalin gerilim, heyecan ve enerjiyle ilişkilidir. "Gaza bas" sinir sistemi tarafından salınır. Fiziksel, zihinsel uyarılmayı artırır ve harekete geçmeyi sağlar.

UZUN, İÇEDÖNÜK ASETİLKOLİN YOLAĞI

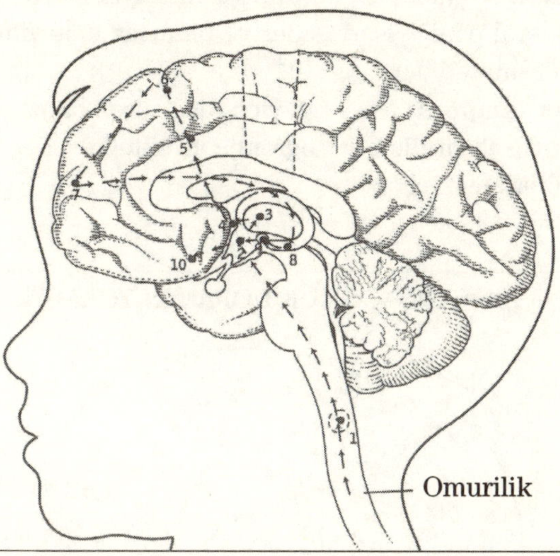


1. **Retiküler aktivasyon sistemi** – aktivatör: Asetilkolin ön dikkat sistemini aktive eder, "ilginç bir şey var" işareti verir.
2. **Hipotalamus** – düzenleyici: Beden fonksiyonlarını düzenler ve sinir sisteminin frenleme tarafını aktifleştirir.
3. **Ön talamus** – röle istasyonu: Dış uyaranı alır, azaltır ve beynin ön tarafına gönderir.
4. **Sağ ön insular** – entegrasyon: Empati ve içebakış gibi duygusal becerileri kombine eder, duygusal anlamlar yükler, hataları fark eder ve kararlar verir. Daha yavaş olan "ne" ya da "neden" görsel ve işitsel yollarını entegre eder.
5. **Sol orta singulat** – sosyal sekreter: CEO bölgesine olan girişlerin önceliklerini belirler. Duygular otonom sinir sistemini tetikler.
6. **Broca alanı** – sol lob: Konuşmayı planlar ve kendi kendine konuşmayı aktive eder.
7. **Sağ ve sol frontal loblar** – CEO'lar: Beynin yüksek derecede aktif olduğu sırada asetilkolin beta dalgaları ve anlık mutluluklar yaratır. Fikirleri ve hareketleri ayırır, planlar ve seçer. Beklentileri geliştirir. Sonuçları değerlendirir.
8. **Sol hipokampus** – sağlamlaştırıcı: Asetilkolin uzun vadeli

anıları toplar, kişisel olarak etiketler ve saklar.

9. **Amigdala** – tehdit sistemi: Korku, anksiyete ve öfkeyle ilgilidir. Sosyal paniğe işaret eder ve olumsuz deneyimlerin depolanmasını tetikler.
10. **Sağ ön temporal lob** – işleyici: Kısa süreli hafızayı, duyguları, duyusal girdileri ve öğrenmeyi entegre eder. Gönüllü kasları tetikler.

KISA, DIŞADÖNÜK DOPAMİN YOLAĞI

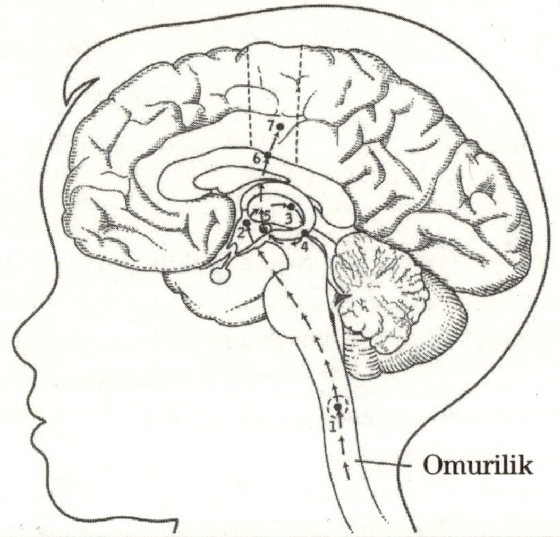




1. **Retiküler aktivasyon sistemi** – aktivatör: Dopamin alfa beyin dalgalarını, anlık mutlulukları aktif hale getirir ve her türlü hareketi algılayan arka dikkat sistemini tetikler.
2. **Hipotalamus** – düzenleyici: Beden fonksiyonlarını düzenler ve sinir sisteminin "gaza basma" tarafını aktifleştirir.
3. **Sağ ve sol arka talamus** – röle istasyonu: Daha yüksek çağrışım alanları için dış uyaranları yükseltir.
4. **Sağ arka insular** – entegrasyon: "Nerede" ve "ne zaman" görsel alanları dahil olmak üzere beynin bazı bölgelerini hızlı işitsel yolakla entegre eder.
5. **Sol amigdala** – tehdit sistemi: Gerçek ya da gerçek gibi algı-

lanan korku, anksiyete ve öfkeyi tetikler. Dopamin düşü den hareket etmeye neden olur.

6. **Sağ ve sol ön singulat** – sosyal sekreter: Parti merkezi, ko nuşmayı başlatır ve bitirir, başkalarına ilgiyi tetikler, kokteyl partileri için iyi olan dikkati hızla farklı yöne çevirme becerisini sağlar. Dış dünyaya, zevke, neyin yeni ve heyecan verici olduğuna odaklanır. Duygusal sinyallere dayanarak, otomatik sinir sistemi ve konuşma başlatılır ve durdurulur.
7. **Sağ ve sol temporal loblar** – işleyici: Duyguları, dış duyusal girdileri ve öğrenmeyi işler ve entegre eder. İşler bellek burada çalışır. Kasları hareket ettirmek için motor alanlara mesajlar gönderir.

Az anlaşılan ama oldukça önemli olan bir gerçekse asetilkolinin bir başka ödül sistemini etkinleştirmesidir. Hemen göze çarpmaz ama oldukça güçlüdür. Asetilkolin yolağı beyin sapından yola çıkarak öğrenmeye dayalı görme ve işitme özelliklerini uyararak yönetici beyin fonksiyonlarının olduğu frontal loba kadar gelir. Beyin ile bedenin frenleme sistemi arasında karşılıklı bir döngü oluşturarak gidip gelir. Araştırmacılar farelerin asetilkolin yolağı tarafından uyarılmak için yemek ve seksten vazgeçtiklerini buldular. İnsan beyni asetilkolin tarafından uyarıldığı zaman kişi kendini uyanık hisseder, yaptığı şeyden zevk alır ve rahatlar. Kafamızı kullandığımızda asetilkolin, güçlü ama hassas mutluluk araştırmacılarının *"hap hits"* (anlık mutluluklar) adını verdiği güçlü ama hassas tatmin ve keyif duyguları hissetmemizi sağlar. Bu da, içedönük bazı kişilerin çalışmaktan, örneğin hayatları boyunca bir böceği araştırmaktan nasıl derin bir tatmin duyabildiklerini açıklıyor. Dışadönükler için bu çok hafif, fark edilemeyecek kadar küçük bir ödül olurdu.

Dopamin, çok sayıda güçlü dopamin ödül yolunu etkilediğinden, genellikle beyindeki en büyük ödül yolağı olarak bilinir. Dışadönükler esasen oldukça tatmin edici güzel duygular sağlayan dopamin yolaklarından birinin üstünde gidip gelirler. Bu ödüller yenilik arayan davranış biçimlerini, hızlı eylemleri ve onlardan daha fazla elde etmek için çabuk hareket etme isteğini getirir. Dopamin yolakları bağımlılığı destekler, çünkü hızlı ve yoğun haz sağlar.

opamin darbesi endişeye ve fazla uyarılmaya

## ük yolaklar

Johnson ve meslektaşları pozitron emisyon tomografi-
ullanarak içedönük ve dışadönük kişiler üzerinde beyin görüntüleme araştırması yaptılar. *American Journal of Psychiatry*'de yayımlanan çalışmaları dışadönüklerin ve içedönüklerin beyinlerinin farklı bölgelerinde farklı miktarda kan akışı olduğunu gösterdi. Dışadönüklerin, frontal loblardaki davranışları kontrol etmeye yarayan sistemlerinde daha az kan akışı varken beynin gerisindeki, duyumsal ve duygusal uyaranlara karşı yoğun bir açlığın geliştirildiği kısımlarda daha fazla hareket söz konusuydu. İçedönüklerin frontal loblarında –ki burası davranışları kontrol etmenin ve harekete geçmeden önce düşünüp plan yapmanın merkezidir– daha fazla kan akışı vardı.

Doktor Johnson ve diğer araştırmacılar bize asetilkolin ve dopamin yolaklarının detaylı bir haritasını sunuyor.



## Frene ya da gaza basmak

*"Her bedenin bir hikâyesi vardır."*

–Dr. G.'nin televizyon şovundan

Beyin bir elektriksel aktivite topudur. Çocuklar büyürken, beyinleri elektriksel aktiviteyi kullanarak ve düzenleyerek düşünceleri, duyguları ve davranışları durduran ve harekete geçiren yolaklar ve ağlar yaratırlar. Bebeğinizin elini etrafında salladıktan sonra sonunda su kabını nasıl tuttuğunu hatırlıyor musunuz? Yolaklar geliştikçe çocuğun enerjisini odaklama becerisi artar ve böylece fiziksel, entelektüel ve psikolojik kontrol kazanırlar. Çocuklar büyüdükçe bedenlerinden ve çevrelerinden duyusal veriler toplar, değerlendirir ve daha sofistike ve uygun yanıtlar geliştirirler. Uygun bir yanıt koşmak, yürümek veya konuşmak gibi dış bir eylem ya da bir fikre, düşünceye veya duyguya sahip olmak gibi iç bir eylem olabilir. Beyin ve beden her zaman bu yanıtların hızlı ve doğru olması ihtiyacını dengelemeye çalışır.

## OTONOM SİNİR SİSTEMİNİN EYLEMLERİ

Dışadönüklerin "gaza bas" sistemi — İçedönüklerin "frene bas" sistemi

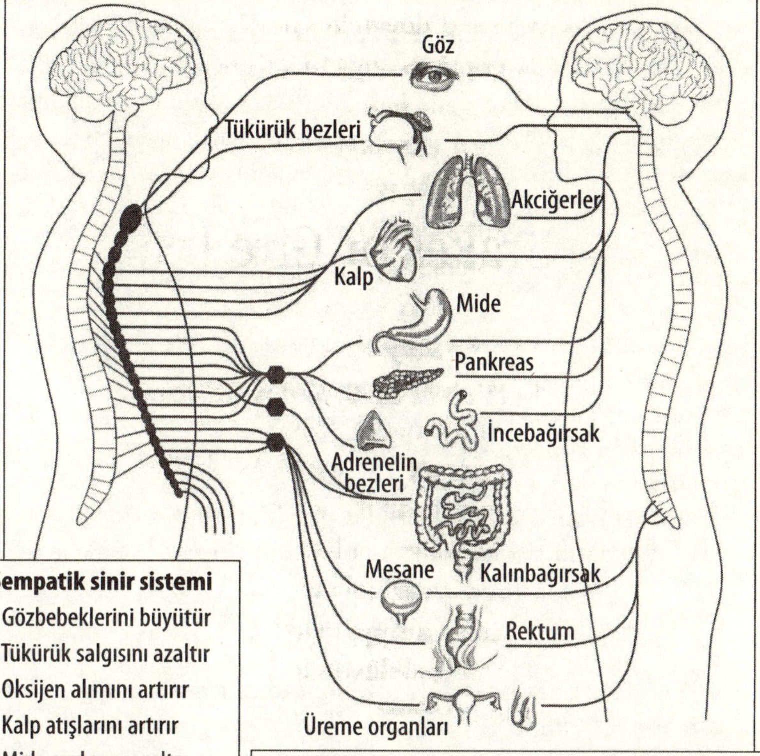


**Sempatik sinir sistemi**

- Gözbebeklerini büyütür
- Tükürük salgısını azaltır
- Oksijen alımını artırır
- Kalp atışlarını artırır
- Mide sıvılarını azaltır
- Adrenalin üretimini uyarır
- Sindirimi yavaşlatır
- Mesaneyi gevşetir
- Rektumu daraltır

**Parasempatik sinir sistemi**

- Gözbebeklerini küçültür
- Tükürük salgısını artırır
- Oksijen alımını azaltır
- Kalp atışlarını azaltır
- Mide sıvılarını artırır
- Sindirimi hızlandırır
- Mesaneyi daraltır
- Rektumu gevşetir
- Cinsel işlevleri etkinleştirir

Sinir sisteminin iki tarafı da bizim farkındalığımızın dışında çalışan karşıt işlevlere sahiptir. "Frene bas" sistemi belirli organları hedef alan ve daha yavaş hareket eden sinirleri tetikler. Kaslar gevşer, norepinefrin ve enerji depolanır, yiyecekler metabolize edilir, atıklar boşaltılır ve birleşme gerçekleşebilir. Asetilkolin kan akışını hızlandırır, etkinliği ve uyanıklığı artırır. Hızlı hareket eden sinirler "gaza bas" sistemini uyarır. Gövde ve uzuvlar savaş ya da kaç sistemiyle harekete geçer. Oksijen artar, glikoz kaslara enerji verir, yakıt sağlamak için norepinefrin ve adrenalin salgılanır. Düşünme alanları kapatılır ama beynin arkasında dopamin uyanıklığı artırır.

## İçedönüklerin beyin ve beden anatomisi

*"Bedenin esas işlevi beyni taşımaktır."* –Thomas Edison

İçedönüklerin beyni oldukça aktiftir. Frontal loblarında daha fazla kan akışı ve aktivite vardır, ayrıca beta beyin dalgalarını daha hızlı kullanırlar. Asetilkolin yolağı uzundur ve bilgileri depolayıp kullanabilmesi için gece boyunca işlemesi gerekir. Bu yolak duygusal merkeze (amigdala) en son ulaşır, bu yüzden içedönüklerin duygusal tepkileri genellikle sonradan gelir. Beyin yakıtını çok hızlı yaktığından bedenin enerjisini muhafaza etmek için "frene bas" sistemini çalıştırır.

**İçedönüklerin beyinleri epey meşguldür, işte bunun sonuçları:**

- Konuşurken göz temasını azaltırlar.
- Dinlerken göz temasını artırırlar.
- Derin bilgileriyle etraflarındakileri şaşırtırlar.
- Dışarıdan gelen ilgi ve uyaranlardan çekinirler.
- Yorulduklarında ya da stres altında olduklarında donuk ve ilgilerini kaybetmiş gibi görünürler.
- Uyumak için beyinlerini kapatmakta zorlanırlar.

**İçedönükler asetilkolinin uzun yolundan giderler, işte bunun sonuçları:**

- Bir düşüncenin ortasından konuşmaya başlarlar.
- Çok aktif içsesleri vardır.
- Beynin önceden planlama ve planlama işlevlerini kullanırlar.
- Beynin daha çok zaman alan duygusal ve karar alma alanlarını kullanırlar.
- Tanıdık olan şeyden keyif alırlar.
- İyi bir şekilde öğrenmeleri için belli bir bağlam gerekir.
- Mizah duyguları iyidir ama bunu yalnızca çok yakınlarındaki kişiler görebilir.
- İçsel ödüller beklerler.
- Çok canlı rüyalar görür ve bunlardan bahsederler.
- Konsantre olduklarında dış dünyayı tamamen kapatırlar.
- Özellikle yorgun olduklarında sözcükleri bulmakta zorlanırlar.

- Bildiklerini bulup çıkarmayı öğrendiklerinde iyi bir hafızaları vardır.
- Bildiklerini unutuyormuş gibi görünürler.
- Kafalarının içinde insanlarla konuşurlar, hatta bazı şeyleri söylemedikleri halde yüksek sesle söylediklerini sanabilirler.
- Üzerine uyuduktan sonra kavrayışları, düşünceleri ve duyguları netleşir.
- Bazı şeyleri kişisel olarak tecrübe ederler.
- İlgilendikleri bir şeye sahip olmak onlara tatmin ve mutluluk verir.
- Düşüncelerinin ve duygularının bilincine varmak için yazarlar ya da güvendikleri biriyle konuşurlar.

**"Frene bas" sistemini etkinleştirmek içedönükler için şu demektir:**

- Sabah güne başlamak zor gelebilir.
- Stres altında donup kalabilirler.
- Yavaş yürümeye, konuşmaya ve yemeye eğilimlidirler.
- Yumuşak bir sesleri olabilir.
- Yeni durumlarda rahat etmek için zamana ihtiyaç duyarlar.
- Tereddüt eder ve kendi kendilerine hayır derler.
- Hemen hemen her zaman yemekleri metabolize edişleri ve kan akışları kollar ve bacaklar yerine temel organlara doğru olduğundan, beden sıcaklıklarını ve protein alımlarını düzenlemeye ihtiyaç duyarlar.
- Enerji toplamak için az uyaran olan ortamlarda dinlenmeleri gerekir.
- Elleri ve ayakları daha soğuk olur (gece boyunca uyuyabilmek için çorap giymeleri gerekebilir).
- Genellikle yoğun bir şekilde konsantre olabilmek için enerji toplamaları gerektiğinde bedenlerini sabit tutarlar.
- Bedenlerindeki içsel duyarlılıkların daha farkında olduklarından, acıyı daha çok hissedebilirler.
- Rahatlamış, sakin ama tetikte görünürler.
- Kişisel alanlarına önem verirler, insanların onlara fazla yakın olması enerjilerini tüketir.
- Sosyal etkinliklerden keyif alırlar ama bitkin düşerler.
- Tetikte olur ve gözlem yaparlar.

Yanıtlar sinir sisteminin üç kolu tarafından taşınır. Merkezi sinir sistemi beyin ve omurilikten oluşur. Çevresel sinir sistemi bedenden mesajlar toplayıp beyne ileten sinir grubudur. Sonuncusu ise bedenin bilinçsiz işlevlerini kontrol eden otonom sinir sistemidir. Beyin muazzam miktarda bilgiyi işler, hız ve doğruluk ihtiyacına göre değerlendirdikten sonra bedene omurilikten otonom sinir sisteminin iki koluna nasıl tepki verileceğine dair talimatlar verir.

Otonom sinir sistemi bedenin kalp atışı, sindirim, solunum gibi kendi düzenlediği işlevlerini koordine eder. Bu da beyni görme, ko-

**Dışadönüklerin beyin ve beden anatomisi**

Dışadönük birinin beyninde içedönük birine göre daha az içsel uyaran vardır. Bu yüzden dışadönükler sürekli yeni uyaranlar toplamak için dış dünyayı tararlar. Hızlı ödül sistemlerini doldurmak için pek çok yeni veri gerekir, tanıdık olandan çabuk sıkılırlar. Kimyaları "gaza bas" sistemini tetikler ve onlar da basar.

**Dışadönükler sürekli olarak yeni veriler ararlar, işte bunun sonuçları:**

- Dinlenme zamanını pek sevmezler, eyleme ihtiyaç duyarlar.
- Konuşurken göz temasını artırırlar ve dinlerken azaltırlar.
- Dikkatlerini çeken bir eyleme doğru çekilirler.
- İlgiden, konuşmaktan ve etkinlikten keyif alırlar.

**Kısa dopamin yolağı dışadönükler için şu demektir:**

- Düşünmeden konuşurlar.
- Onları o anda istedikleri şey motive eder.
- Hızlı düşünmelerini sağlayan iyi bir kısa süreli hafızaları vardır.
- Çabuk öğrendiklerini çabuk unutabilirler.
- Süreli sınavlardan iyi sonuç alabilir ve bu baskıdan hoşlanabilirler.
- Etkinlikler, tartışmalar, yenilikler ve partiler onları canlandırır.

nuşma, duyma, düşünme, hissetme ve bilinçli davranışlarla uğraşabilmesi için rahatlatır.

Otonom sinir sisteminin iki kolu vardır: Parasempatik ve sempatik sinir sistemi. Parasempatik sinir sistemi bizim dinlenip yenilenme yanımızdır. Bu, çocuğunuzun "frene bas" sistemidir. Savaş ya da kaç sistemi ise hareket yanımızdır. Bu, çocuğunuzun "gaza bas" sistemidir. Bu birbirine karşıt iki yönlü bir sistemdir ve biri açılınca diğeri kapanır.

Dışadönükler, sistemin "gaza bas" tarafında, içedönükler de evde, "frene bas" tarafında daha rahat ederler. Aradaki farkı çocukları-

- Bağımlılıklara daha yatkındırlar.
- Çok fazla olumlu geri dönüş isterler.
- Ödüllendirilmeye ihtiyaç duyarlar.
- Yaparak ve konuşarak öğrenirler.
- İsimleri ve yüzleri içedönüklerden daha iyi hatırlayabilirler.
- Kişisel bilgilerini paylaşırlar.
- Kolay öğrenirler.

**"Gaza bas" sistemini etkinleştirmek dışadönükler için şu demektir:**

- Sabah yataktan fırlarlar.
- Stres altında endişeli ve huzursuz olurlar.
- Hızlı yürümeye, konuşmaya ve yemeye eğilimlidirler.
- Yüksek sesle konuşabilirler.
- Enerji toplamak için etkinliğe ve diğer çocuklarla etkileşime ihtiyaç duyarlar.
- Acıdan daha çok söz edebilirler.
- Uyumaları için tüm uyaranları kapatmaları gerekir.
- Hiçbir şey yapmamak onları rahatsız eder.
- Eğer yavaşlamazlarsa fiziksel sorunlarla karşılaşabilirler.
- Aktif ve cana yakın görünürler.
- Hareket ve spordan hoşlanırlar.
- Yüksek bir enerji seviyeleri vardır, sık yemek yemeleri gerekmez.
- Dikkat sorunları olabilir.

nıza hayır derken görebilirsiniz. İçedönük bir çocuğun dışadönük bir hareket yapması ona heyecan verir. Diyelim ki kızınız küçük kardeşinin topunu aldı ve siz de ona kesin bir "Hayır, onu geri ver" cevabıyla karşılık verdiniz. Duygusal vitesleri onu frenler, yavaşlar ve topu geri verir. Eğer çok sert bir şekilde ya da çok sık hayır derseniz bu onun çok fazla kapanmasına neden olur. Böyle azarların ardından içedönük bir çocuk ne motive olur ne de bir daha enerjisini sinir sisteminin daha uyarıcı (ve rahatsız) olan "gaza bas" tarafında harcamak ister.

Dışadönük bir çocuk heyecanlıysa ve siz ona hayır derseniz durmaya karşı direnebilir, çünkü "frene basmak" istemiyordur. Ama eğer sınırlar koymazsanız, doğru işleyen bir duygusal vites geliştiremez. Bir şeyi fazla yaptığında, diğerlerine ayak uydurması ya da dinlenmesi gerektiğinde kendi kendini sakinleştiremez. Eğer sık sık onu sınırlandırmak gerekiyorsa enerjisini başka bir yöne akıtmak gerekir, aksi halde öfkeye ve isyana döner. Basket atmak, trambolinde zıplamak ya da top fırlatmak dışarıda yapılacak güzel fiziksel aktivitelerdir.



## Bagaj ve kaput

*"İnsan beyni pek çok ürünü olan bir fabrikadır."*

–Rita Carter

Uyarıcı unsurlar beynin içinde dönüp durur. Veri girişi, veri çıkışı... Beyin dışarıdan gelen uyaranları alır, onları var olan anılarla dokur ve kavrayışlar yaratır. Bunlar beynin içinde dönüp durarak daha karmaşık şeyleri de toplar ve sonunda bir düşünceye ya da eyleme dönüşür.

Çoğumuz beynin sol ve sağ yarımkürelerini biliriz ama beyin aynı zamanda bir fissür tarafından ön ve arka diye de ayrılır. Bu çoğunlukla beynin yapmak ve olmak arasındaki farkını ifade eder. Bu ayrıca içedönük ve dışadönük işlevlerin arasındaki çizgidir. İçedönükler, beynin yapmayı idare eden ön tarafında yani kaputta daha aktiftir. Dışadönükler ise beynin olmayı idare ettiği arka tarafında yani bagajda daha aktiftir. Beklenenin tam tersi değil mi? Sanki yapmak değil olmak içedönüklere daha uygunmuş gibi görünüyor.

Ama dış dünyayı algılama ve bilinçli olmayan eylemler beynin "olma" tarafının bir parçası. Düşünmek, karar vermek ve bilinçli eylemler ise beynin "yapma" tarafının bir parçası. Konu beyne gelince "eylem" daha geniş bir anlama sahip. Buradaki hareket düşünme, hissetme, hayal etme, kasların bilinçli ya da bilinçsiz hareketi anlamına geliyor.

## Farkları nelerdir?

Dışadönük bagaj beyin, dışarıdan içeriye akan duyumsal veriler toplar. Temel işlevi bu verileri seçerek, kodlayarak, eski duygular ve anılarla karşılaştırarak kavrayışa çevirmektir. Eylemler bu kavrayışları temel alır. Bu eylemler, beynin arka tarafında hızlıca geliştirilen bilinçsiz otomatik tepkilerdir.

Bagaj beyin, yeni kavrayışını içedönük kaput beyne, yani beynin en çok evrimleşmiş ve en karmaşık kısmına gönderir. Kaput beyin –bazı beyin araştırmacıları tarafından beynin CEO'su da denir– düşünür ve plan yapar. Örüntüler kurar, düşünür, dengeler, eylem öncesinde, süresince ve sonrasında bunları doğrular. Bu da kişinin gelecekte olacağını düşündüğü ve geçmişte olmuş şeyler hakkında düşünmesini sağlar. İçedönükler genellikle bir şeyi gerçekten yapmadan ne yapabilecekleri ya da ne yapmış olabileceklerini zihinsel olarak denerler.



Karmaşık duygular ve farkındalık gibi işlevler beynin sağ frontal bölgesindedir. Sol frontal bölgede ise karmaşık kararlar alınır. Burası beynin en son gelişen kısmıdır –yirmili yaşların ortaları– ve muhtemelen bu nedenle içedönükler çoğunlukla sonradan açılırlar. Frontal loblar öncelikle plan yapmaya rehberlik eder. Kendi kendimizle konuştuğumuz, davranışları gözümüzün önüne getirdiğimiz, bazı eylemleri seçip bazılarını engellediğimiz, alternatifler belirleyip hedefler koyduğumuz yer burasıdır. Planlama bölgesi bir ya da iki tercihte bulunur ve onları geliştirerek düşüncelere çevirir. Dış eylemler gerektiğinde bilinçli hareketler için gereken talimatlar verilir.

Bagaj ile kaput arasındaki iletişim hattı sıkışırsa problem çıkar. Eğer çocuklara kendi rahat alanlarından dışarı çıkmaları konusunda yardımcı olunmazsa, otomatik işleme biçimleriyle devam ederek herhangi bir ilerleme kaydetmeden oldukları yerde dönüp dururlar. Dışadönük bir çocuk için bu durum çok fazla dürtüsel eylem içinde olması ve karmaşık seçimler yapmak için durup düşünmemesidir. İçedönük bir çocuk ise fikirleri ve eylemleri dış dünyada denemek yerine sonsuza dek kafasında evirip çevirir.

Bagaj ve kaput beynin birbirini destekleyen güçlü yanlarına bir örnek: "Ben toplanıyorum" diyorum kocam Mike'a. Tatile çıkmamıza birkaç gün var. Bana şüpheli gözlerle bakıyor. Dolabıma bakıyorum ve almak istediğim kıyafetleri seçiyorum. Tatilden bir gün önce mavi valizimi yatağın üstüne koyuyorum. Dolabın önünden geçerken bazı şeyleri alıp valize koyuyorum. Aynı gün önceden seçtiğim kıyafetleri de valize yerleştiriyorum. Henüz yola çıkmamıza çok vakit olsa da hazırım. Kaput işime yaradı.

Şimdi bagaj beyne gelelim. Tatile çıkacağımız gün. Ben palmiye ağaçlarını ve dalgalı okyanusu gözümün önüne getiriyorum. Havaalanına gitmemize bir saat var ve Mike daha hazırlanmadı. Valizini açıp yatağa koyuyor. Dolaptan bazı kıyafetleri valizin içine atıyor. Valizini üstüne oturarak zar zor kapatıyor; artık havaalanına gitmeye hazır. Bagaj beyin gerekli anda çabuk ve kararlı davranabilir. Bu acil durumlar için de iyi bir şeydir.



## Orman ve ağaçlar

*"Rengârenk bir orman bir ateş kadar muhteşemdir, tek bir ağaçsa dans eden bir alev gibi kalbi ısıtır."* –Hal Borland

Beynin belli başlı dört kısmı insanların hayatla nasıl başa çıktıklarını belirler. Bu kısımlar hem bağımsız hem de bir arada çalışır. İçedönüklerin daha çok kullandığı frontal kısımla dışadönüklerin daha çok kullandığı arka kısımdan söz ettik. Şimdi iki kısmı daha dikkate alacağız: sağ ve sol yarıküre.

Dışarıdan bakıldığında iki yarıküre neredeyse aynıdır ama işleyiş biçimleri tamamen farklıdır.

Her çocuk iki yarıküreden birinde baskındır. Eğer içedönük çocuğunuz sol beyinliyse, daha mantıklı ve ciddidir. Sözcükleri kolayca bulabilir, daha enerjiktir, daha yargılayıcıdır ve sosyal becerileri

BEYNİN SAĞ VE SOL YARIKÜRELERİ

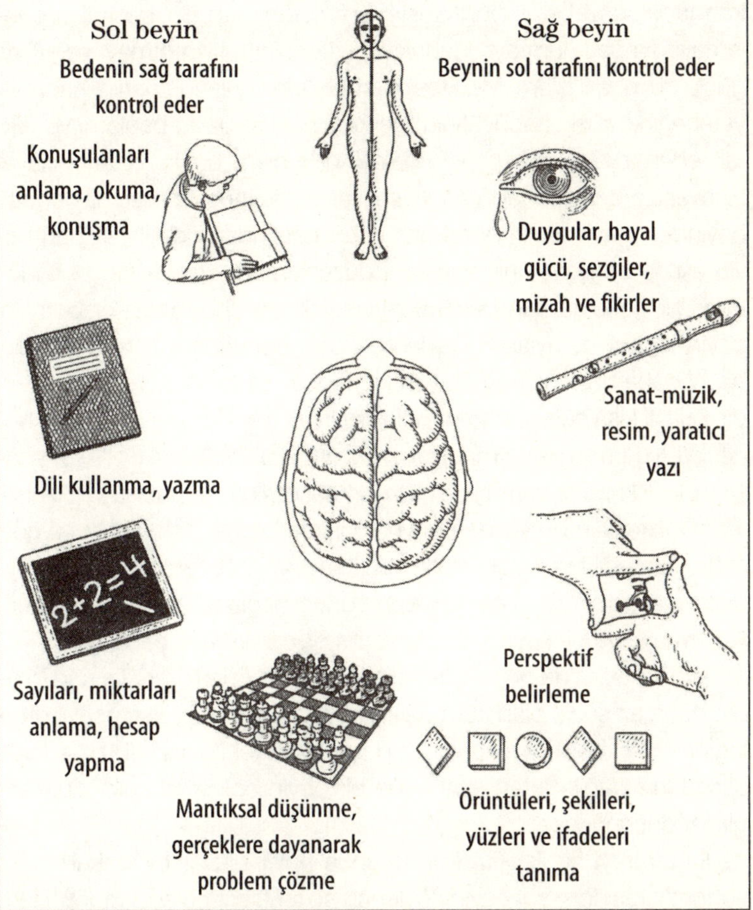


çok gelişmiş olmayabilir. Sağ beyinli içedönük bir çocuğun sosyal becerileri ve sanatsal yetenekleri daha gelişmiştir ama konuşurken kendine güvenemeyebilir ve sık sık kendini bunalmış halde bulur.

Beynin her iki tarafı da bilgiyi farklı bakış açılarından işler. Sağ beyin tüm ormanı, sol beyin tek tek ağaçları görür. Sağ beyin bilgiyi sentezler, sol beyin değerlendirir. Her ne kadar herkes sağda ya da solda baskın olsa da amaç onları bağlayan bir köprü olan *corpus callosum*'un iki yarıküre arasındaki iletişimini ve işbirliğini geliştirmektir. Birlikte çalışarak iki yarıküre birleştirilmiş tecrübeler üretir.

Sağ beynin temel işlevi dikkati büyük resme çevirmek ve oradaki karmaşık sosyal ve duygusal işleyişi fark etmektir. Bu, başkalarını anlamayı, empati kurmayı, içebakışı ve kendini teskin etmeyi sağlayan güçlü duygusal işlemcidir. Resimleri zihinde canlandırmanın, sanatsal yeteneğin, müzik kabiliyetinin merkezidir. Sağ beyin bağlamı ve tekrar eden dizileri görür ve normal dışı olanı bulup çıkarır. Hayat hikâyenize dair hatırladıklarınız sosyal ve duygusal belleğinizde, sağ beyinde ve asetilkolin nörotransmitter tarafından depolanır. Sağ beyin ayrıca otonom sinir sistemini düzenlemede de büyük rol oynar. Eğer bir çocukta sağ beyin baskınsa dil becerileri kısıtlı olabilir. Sol beyin kişisel detaylara odaklanır. Çoğu çocuğun ve yetişkinin sol beyni daha baskındır. Sol beyin için dopamin temel nörotransmitterdir, bu da kısa süreli hafızanın işlemesini sağlar. Temel işlevleri, dil becerileri, yorumlama ve mantık çerçevesine oturtmaktır. Sol beyin basit ve hızlı kararlar vermek için duyumsal verileri yoğunlaştırır. Çizgisel ve mantıksaldır; bu yüzden beyni tonlarca bilgiyle doldurmaz ve görmek istemediklerini eler. Ya da yeni bir şeyi önceden bildiği şeye uydurmaya çalışır. Sol beyin neden-sonuç bağlantıları kurmaya, sınıflandırmaya ve bir şeyleri doğru-yanlış diye ayırmaya bakar.



Biz Amerika'da genellikle sol beyne fazla önem verir ve sağ beynin daha az sözel olan karmaşıklığını eksik buluruz. Evrimsel psikologlar farklı beyin fonksiyonlarından evrimleştiğimizi, bu nedenle dikkatimiz dağılmadan aynı anda bir beyin bölgesini kullanabileceğimizi düşünürler.

İki taraf iyi bir iletişim kurduğunda neler oluyor bir bakalım: Bir sohbet sırasında, sol beyin söylenen sözcükleri, ne söylendiğini fark eder. Sağ beyin nasıl söylendiğini kaydeder. Sağ beyin duygusal iletişimi, ifadeleri, tonlamaları, jestleri seçer ve bunları nüanslara, anlama ve objektif sözcüklerin kurduğu bağlara ekler. Birlikte, iletişimin sözlü ve sözsüz tüm seviyelerinde senkronize bir şekilde işbirliği yaparlar. Sağ ve sol beynin birlikte çalışmasına bir çocuğun kompozisyon yazması gibi de bakılabilir. Sevdiği konuyu seçmek ve bu konuyla ilgili fikirler bulmak için sağ beynini kullanır, sonra sol beyniyle bir plan çıkarıp bunları mantıklı bir şekilde organize ederek yazar.

### Beyinle ilgili gerçekler

- Beyin prematüre olarak doğar. Doğum sırasında beynin yüzde 25'i gelişmiştir. Hem duyguları hem düşünceleri idare eden frontal loblar 30 yaşına kadar tam olarak gelişmez.
- Genler beyin gelişimini etkiler, uygun şartlarda ve beyin geliştikçe aktive olmaya devam ederler.
- Bebekleri kucaklamak ve sakinleştirmek fiziksel ve duygusal gelişimlerini hızlandırır.
- Beyin anlaması gereken şeyin haritasını çıkarır. Biri omzunuza dokunduğunda omzunuzun nerede olduğunu bilirsiniz, çünkü bedeninizin içsel bir haritası çıkarılmıştır.
- Çoğu beyin fonksiyonumuz bilinçsizdir, yani farkındalığımızın dışındadır.
- Şuurlu olmak çaba gerektirir.
- Beyin gelen bir veriyi böler ve beynin değişik yerlerinde depolar, onu yeniden aklımıza getirirken birleştirmemiz gerekir.
- Beynin farklı işlevleri vardır ama bunlar birbirine bağlıdır.
- Her duyunun bir hızlı ve basit yolu, bir de uzun ve karmaşık yolu vardır.
- Beyin sürekli hız ya da doğruluktan birini seçmek arasında gidip gelir.



## Tabağın tamamı

*"Yeteneğinizin kurumasına asla izin vermeyin, başarılı olmak için doğa sizin ne olmanıza niyetlenmişse o olun."*

–Sydney Smith

Şimdi bütüne bakalım ve çocuğunuz büyüyüp geliştikçe beyindeki bu dört kısmın aktivitesinin nasıl artıp azaldığını görelim.

On sekiz ay, bir bebeğin hayatında önemli bir dönüm noktasıdır. Beyindeki bazı bölgeler bir taraftan diğerine geçer, böylece bebek bazı fonksiyonları azaltıp diğerlerine yönelebilir. Önce sağ beyin, amigdalanın arkası ve sempatik sinir sistemi gelişir ve bebeğin ilk on sekiz ayı boyunca baskın olur. Bu, bebeğe yüksek duygusal tepkisellik verir, bunlar anne babasını uyarmasını, hayattan zevk almasını ve onu yürümeye teşvik eden merakı verir. 1,5 yaş civarında sol beyin, hipokampusun ön tarafı ve parasempatik sinir sistemi fonksiyonunu artırmaya başlar. Bu çocuğun tuvalet eğitimi, din-

## Hatıralar neden yapılır?

Anıları kaydetmek beynin en önemli işlevlerindendir. Çocukların türlü türlü bilgiyi hatırlaması gerekir; arkadaşlarını tanımayı, hangi köpeğin arkadaş canlısı olduğunu, oyunun kurallarını, ayakkabılarını nasıl bağlayacaklarını ve tabii okulda öğrendikleri onca şeyi... Aşırı bilgi akışını engellemek için beyin, uzun ve kısa süreli hafıza kullanarak karmaşık ama zekice bir bilgi ve anı depolama sistemi geliştirmiştir. Kısa süreli hafıza dakikalıktır; fotoğraf karesi gibi görüntüleri, arka arkaya yedi sayıyı, harf ya da sözcükleri hatırlamaya yarar. Çabuk düşünmeyi sağlar. Bu anıların yüzde doksan dokuzu unutulur. Uzun süreli hafıza ise hikâyeleri ve becerileri hatırlamaya yarar. Bisiklete binmeyi hatırlamak gibi... Ayrıca tanıdık olan şeyleri de fark eder ve duygular ile tecrübeleri eşleştirir.

Genellikle dışadönük çocuklar kısa süreli hafızalarını daha sıklıkla ve kolaylıkla kullanırlar. İçedönük çocuklar ise daha ziyade uzun süreli hafızayı kullanırlar. Bunun nedeni iki tip hafızanın da beyindeki yerleridir. Kısa süreli hafıza dışadönüklerin baskın yolaklarının, uzun süreli hafıza içedönüklerin baskın yolaklarının üzerindedir. Tüm anıların hatırlanması için güçlendirilmeleri ve bulunup çıkarılmaları gerekir. Bu, dışadönüklere tuhaf gelse de içedönükler sık sık bazı hatıraları oldukları yerden bulup çıkarmakta zorlanırlar, çünkü onların uzun süreli hafızalarını tetiklemek için özel teknikler gerekir. Öğrenilen bilgileri hatırlamak gerektiğinde zihinleri birden bomboş gibi gelebilir. Bu yüzden özellikle sözlüye kaldırılmak çocuklar için zorlayıcı olabilir.

leme, dil gelişimi gibi şeyler için yavaşlamasını sağlar ve gelişen hafıza da bunlara destek olur.

Buna karşın duygusal ve görsel sağ yarıküre ilk üç yıl boyunca baskın olmaya devam eder. Az önce söylediğim gibi bazı çocukların sağ beyinleri tüm hayatları boyunca baskındır. Bir çocuğun sağ beyninin baskın olduğunu fark etmenin müthiş bir yolu şudur: 2-3

Çocuğunuzun uzun süreli hafızasındaki bilgiye daha hızlı ulaşmasına yardımcı olmak için ona anıların yapboz parçaları gibi beyninin birçok yerine yerleştirildiğini açıklayın. Bunu bir saklambaç oyununa dönüştürün. Çocuğunuza örneğin "uçurtma" sözcüğünü söylediğinizde ne düşündüğünü sorun. Yapbozun parçalarını birleştirip onunla bağlantılı hatıralarına ulaşabiliyor mu? Uçurtmayla ilgili anılar, uçurtmanın rengi, onu tutmanın verdiği his ve sonunda uçurtmanın hissettirdiği heyecan olabilir.

Ya da çocuğunuza arkasına yaslanıp rahatlamasını ve her türlü görüntünün, sesin, hissin ve diğer duyumsal anahtarların yüzeye çıkması için zihnini serbest bırakmasını söyleyin. Ona okyanusun kokusunu, pizzanın tadını, paten kayma hissini, kuzeninin görüntüsünü hatırlamanın pek çok başka hatıra zincirini çözeceğini açıklayın. Ve içedönük çocuğunuza bir soru sorduğunuzda onun cevabı düşünceleri ve duyguları arasında aramasına izin verin. Ona "İyice düşün ve aklına geleni söyle" deyin. Çocuğunuz bir şeyi nereye koyduğunu hatırlayamıyorsa, ondan evin içinde dolaşmasını isteyin. Bu mekâna dair hafızasını etkinleştirecektir.

İçedönük çocuğunuzun kısa süreli hafızasını güçlendirmesine yardım etmek için ona bir görüntü ile bir sözcük arasında bağlantı kurmayı önerin. Jack'i hatırlamak için gözünün önüne Jack and Jill'i getirsin. Yeni bir arkadaşın ismini yüksek sesle söylemek ve onu bir filmdeki ya da kitaptaki karakterle ilişkilendirmek onun kısa süreli hafızada daha uzun süre kalmasını sağlar. Kâğıt oyunları ya da kısa süreli hafıza gerektiren başka oyunlar da faydalı olabilir. Çok fazla çalışma gerektirse de çocuğunuz yavaş yavaş bilgileri bellek bankasından daha hızlı çıkarmayı öğrenecektir.

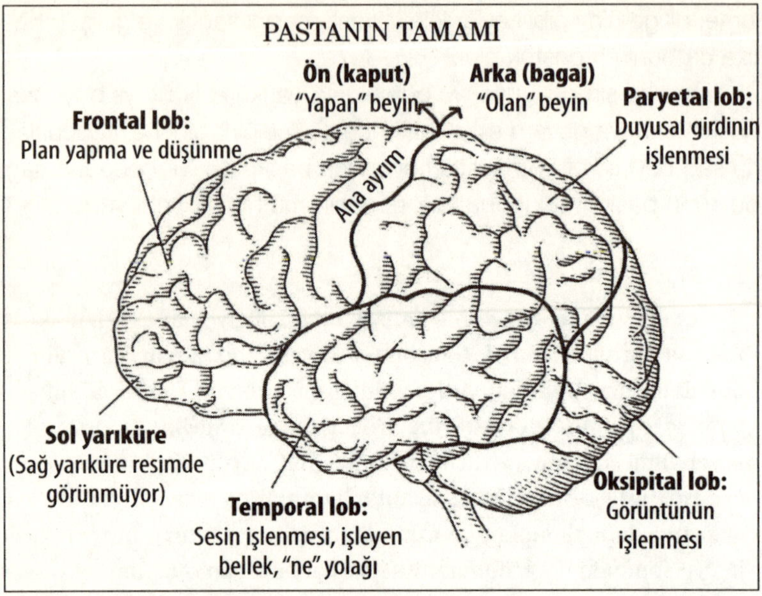




**Beyin sol ve sağ olarak iki yarıküreye bölünebilir. Bunları *corpus callosum* adı verilen bir köprü birbirine bağlar. Ana ayrım beynin ön ve arka kısmını ayıran çizgiyi belirler (kaput ve bagaj). Beyin ayrıca dört ana lobun görevleri üzerinden de tarif edilir: Temporal, frontal, paryetal, oksipital.**

yaş civarında beynini sol yarıküresiyle daha iyi bağlantı kurabilmek ve dil becerisini geliştirebilmek için kendi kendine yüksek sesle konuşur. İçedönük bir çocuk daha az aktif olan sempatik sinir sistemi nedeniyle yürümek ve konuşmak konusunda daha tereddütlü olabilir. Dışadönük bir çocuğun daha az aktif parasempatik sinir sistemi onun birini dinlemek için yavaşlaması ve dil gelişimi konusunda sorun olabilir.

Çocuğunuzun doğuştan gelen özelliklerini değiştiremeseniz de onun beyninin dört kısmını basit bir şekilde kullanmasını sağlayabilirsiniz. Çocuğunuza kendi hayat hikâyenizi anlatıp onu da kendi hayat hikâyesini anlatması için cesaretlendirebilirsiniz. Anlamlı bir anlatı oluşturmak ve bunu paylaşmak beynin dört kısmını da kullanmayı gerektirir. Hikâyeleri paylaşmak içedönük kişisel dünyamız ile dış dünyadaki insanlar arasında köprü kurmayı sağlar. İnsan başkasının hikâyesini dinleyip zenginleştikçe ve karşısındaki de onun hikâyesini dinliyor diye ona şükran duydukça aralarındaki bağlar güçlenir.

Bu özellikle içedönük çocukların anne babaları için önemlidir. Dışadönük çocuklar hayatlarını dış dünyada yaşar, güncel duyumsal bilgilere göre, hızlı konuşup düşünüp hareket ederek işler ve kısa süreli hafızalarına göre hareket ederler. Onların da konuşmaya ve hikâyelerini paylaşmaya ihtiyaçları olabilir ama paylaşmasalar da bu yine de sorun olmaz. Diğer yandan içe bakış ve temel bir sosyal beceri olan başkalarını örnek alma konusunda eksik kalacaklardır.

Ancak içedönükler kendi içlerinde yaşarlar ve onları çekecek birine ihtiyaç duyarlar. İçedönük bir çocuğu dinleyen ve söylediklerini bir yankı gibi ona yansıtan bir anne baba olmazsa kendi düşünceleri içinde kaybolabilirler. Düşünceleri ve duyguları tutarsızlaşabilir. Ve tecrübelerini baskın bellek sistemleri olan uzun süreli bellekte depolamamaya başlarlar. İçedönüklerin onları dinleyen biri olduğunu bilmeleri gerekir. "Seni duyuyorum, düşüncelerin ve hislerin gerçek ve önemli. Onları dış dünyada kullanmak üzere organize edebilirsin." İçedönükler aynı zamanda içsel kavrayışlarını dış dünyada denemeye ihtiyaç duyarlar. Bu onların hem içsel yeteneklerini hem de beyinlerinin diğer kısımlarını güçlendirir.



## Konunun özü

✓ İçedönükler ve dışadönükler farklı beyin yolakları ve sinir sisteminin karşıt taraflarını kullanırlar.

✓ Çocukların davranışları beynin ön, arka, sağ ya da sol taraflarında baskın olmalarına göre değişir.

✓ Tüm çocuklar beyinlerinin daha az baskın taraflarını da kullanırlar ama bu daha çok çaba gerektirir ve çok etkili olmayabilir.

# 3 İçedönüklerin dış dünyadaki avantajları

## Çocuğunuzun saklı yeteneklerini öne çıkarmayı öğrenin

*"Kültürümüz sadece dışadönük olarak yaşamayı bir erdem haline getirdi. Bir merkez aramak için içe yapılan yolculukları göz ardı ettik. Sonunda merkezimizi kaybettik ve onu yeniden bulmamız gerek."*

–Anaïs Nin

İki çocuk annesi Jeannette, 8 yaşındaki oğlu Colin'i beyzbol sahasında izlemeye dayanamadığını itiraf ediyor. Colin takıma daha yeni katılmış ve henüz sadece birkaç maç yapmış. "Takım arkadaşları heyecanla sahaya koşarken onun geri durması çok canımı sıkıyor" diyor. O ve kocası "Acaba motivasyonu mu eksik" diye düşünüyorlar. Colin vuruş yerine geldiğinde yeterince hırslı görünmüyor. Steve Martin'in *Parenthood* (Çılgın Aile) filmindeki oğlu gibi top hızla yanından geçerken yavaşça sopasını sallıyor.



Boşanmış bir baba olan Jeff, 11 yaşındaki kızı için endişeli. "Molly insanlarla konuşurken onların gözüne değil yere bakıyor" diyor. "Yavaş konuşuyor ve bazen doğru sözcüğü bulmak için duraksıyor. O sırada geriliyorum, çünkü çocukların onun söylemek istediği şeyi dinlemeyi bırakacağını düşünüyorum. Bazen araya girip cümlesini bitiriyorum. Muhtemelen bu yapılacak en kötü şey, çünkü bir daha konuşmak istemeyebilir."

Çoğu anne baba dışadönük bir dünyada yaşadığımızı biliyor ve içedönük çocukları için endişeleniyor. Gerçek şu ki, kültürümüzde içedönük olmak değerini yitirdi. "Çok konuşmak" ve "çabuk kaynaşmak" gibi dışadönük yetenekler günümüz toplumunda kıymetli oldu.

Bir şeyler yapmaya, dışarı çıkmaya, sesini yükseltmeye, kazan-

### Erkek dediğin...

İçedönük tüm çocuklar bir miktar ayrımcılığa maruz kalır ama erkek çocuklar kızlara göre daha çok zorluk yaşar. Kültürümüz okuma gibi yalnız etkinlikleri seven, saldırgan olmayan, sessiz erkek çocuklarına bayılmaz. Erkek olmak güya tanımı itibariyle iddialı, proaktif, maceraperest ve korkusuz olmak demektir. Bu tanıma uymayan herkes şüphe uyandırır. Çocuklara yönelik televizyon şovu yapan Fred Rogers için yapılan şakaları hatırlayın. Tek "suçu" ilgili ve şefkatli bir erkek olarak mükemmel bir rol model sunmak olduğu halde çok feminen, çok kibar ya da homoseksüel (ki değildi) diye dalga geçilirdi.

Araştırmalar gösteriyor ki içedönük kızlar nazik, sessiz, düşünceli olarak tarif edilirken aynı özellikler erkek çocuklarda zayıf, pasif ve tembel olarak adlandırılıyor. Eğer içedönük bir erkek çocuğunuz varsa onun nitelik ve yetenekleri konusunda kendine güvenmesini sağlayın. İçedönüklüğünün getirdiği güçlü yanları kullanabileceği aktivitelere katılması ve dış dünyada bir özelliği olması için onu cesaretlendirin. Örneğin dövüş sanatları dersleri almasını, fotoğrafçılık ya da bilim kulübüne katılmasını, bir enstrüman çalmasını önerin. Harika bir dansçı olduğu için lisesinde çok popüler olan içedönük bir çocuk biliyorum. Bütün partilere çağrılıyordu. Kim bilir, sizin içedönük çocuğunuz da büyüyüp bir Steven Spielberg, Bill Gates, Tiger Woods ya da Tobey Maguire olabilir!



maya ve başarmaya değer veriyoruz. Amerika'nın da böyle tuttuğunu koparan, yeni ortamlara ve durumlara kolayca uyum sağlayan insanlar tarafından kurulduğu söylenebilir. Bu yüzden içedönük olmanın bir birey için ne anlama geldiğine bakılmaksızın bu mizaçta bir çocuk birtakım kültürel önyargılarla karşılaşabiliyor.

Sosyologlara göre Kuzey Amerika'nın kültürel ideali; grup tarafından kabul görme, iddialı olma ve dış dünyada başarı... Bu aktif olma ve dışarıda olma standartları her kuruma, eğitim sistemine ve içedönük çocukların karşılaştığı tüm ortamlara hâkim.

Giderek daha çok çocuk küçük yaşlarda anaokulu ya da oyun grubu gibi grup aktivitelerinde vakit geçiriyor. Bu, küçük yaşlarda evde daha rahat olan ve yaşı ilerledikçe grup ortamlarına daha kolay ayak uyduracak olan içedönük çocuklar için zorlayıcı bir şey. Pek çok okul alışma sürecinde anne babaların okulda kalmasına ve küçük çocuklarına yardımcı olmasına izin vermiyor. Pek çok anne baba okulda kalıp içedönük çocuklarına yardımcı olmalarının gerekli olduğunu anlamıyor. Tamamen sosyalleşmeye vurgu yapan bir kültürden dolayı anne babalar ve bazen okul çalışanları tüm çocuklar için asıl hedefin arkadaş edinmek ve popüler olmak olduğunu düşünüyorlar. Anaokulu çağında bile!

Bir kişinin içinde bulunduğu kültürle uyumlu olması özgüvenini doğrudan etkiler. Amerikan toplumunda küçük çocuklar bile dışadönüklük hakkındaki yargılardan kaçamıyor. Çocuklarını çok prestijli bir anaokuluna gönderen bir anne babayla konuştum. Okul idaresi, sınıfta kimin kiminle oynadığına dair bir ilişki tablosu çıkarmış ve bunu 4 yaşındaki Jill'in anne babasına göstermiş. Müdür, ilişki çizelgesine göre Jill'in sadece bir çocukla oynadığını söylemiş ve anne babaya çocuğun sosyal becerilerini geliştirmesine yardım etmesini önermiş. Jill anne babasına şöyle demiş: "Bayan Terry, Hannah ve benim başka çocuklarla da oynamamız gerektiğini söylüyor. Ama Hannah mumyalar hakkında bilgisi olan ve benimle arkeologculuk oynamayı seven tek çocuk. Bunun nesi yanlış?"



Tüm kültürler dışadönüklere yönelik değildir. Araştırmacılar toplumları "düşük bağlam" ve "yüksek bağlam" diye ayırırlar. Düşük bağlamlı kültürlerde ideal olan gerçekliğin ve somut detayların bulunduğu dış dünyaya odaklanmaktır ve direkt iletişim tercih edilir. ABD, Almanya, İsviçre düşük bağlamlı kültürlere örnek olarak verilir. Bu kültürler insanlara, nesnelere, hızlı kararlara, hareketlere ve çabasız bir şekilde dost canlısı olmaya odaklıdır. Kişi karşısındakinin söylediğini bir bulmaca gibi çözmeye gerek kalmadan anlamalıdır.

Oysa yüksek bağlamlı kültürlerde sağduyu, sözsüz ipuçları ve incelikler kıymetlidir. Japon, İskandinav ülkeleri, Amerikan yerli kabileleri ve Çin kültürü yüksek bağlamlı kültürlere örnek olarak gösterilir. Bu toplumlar izlenimler, fikirler ve duygulardan oluşan iç dünyaya değer verir. Daha yavaş ama planlı hareketler, karmaşık sosyal davranışlar tercih edilir. Böyle kültürlerde insanlar çok yönlüdür ve düşük bağlamlı bir kişiye oldukça gizemli gelirler. Yüksek bağlamlı kültürde bir "bakış" çok fazla şey anlatabilir.

Araştırmalar dışadönük mizacın Batı toplumlarında norm olduğunu doğruluyor. İçedönükler kendi iç dünyalarına odaklandıkları için –dışadönük birinin daha az ulaşabildiği bir yer– dışadönüklere mistik gelirler. Dışadönükler içedönükleri hatta içedönük çocukları iddiasız, soğuk, pasif, sinsi ve çekingen bulabilirler. Bu içedönük çocuğa davranması gerektiği gibi davranmadığı ve onda bir sorun olduğu mesajını verir.

Öğretmen ve araştırmacı Bonnie Golden dışadönüklerin kültürel normlara uydukları için kendilerine güvendiklerini ortaya koymak üzere bir çalışma yapıyor. 258 içedönük ve dışadönük yüksekokul öğrencisine duyguları ile okulda, aile ilişkilerinde arkadaşlarıyla ve kendi içlerinde kendilerine ne kadar güvendikleri hakkında sorular



**Mizaç çeşitliliği bir avantaj mıdır?**

*New York Times* yakın zamanda İngiltere, Almanya, Hollanda, Fransa ve California Üniversitesi Berkeley'den araştırmacıların yaptığı beynin nörobiyolojisi ile kişisel özellikler arasında bağlantı kuran ve *Neuroscience and Biobehavioral Reviews* dergisinde yayımlanan bir çalışmayı haber yaptı. Araştırmacılar neden doğal seleksiyonun tüm türlerde standart bir kişilik üretmediğini ve neden doğanın her zaman belli bir aralığı desteklediğini merak ediyorlardı. Bunu anlamak için genler ve çevrenin kişilik özelliklerini nasıl şekillendirdiğini incelediler. Hayvanların da insanlar gibi belli özellikler aralığına sahip olduğunu ve bunlardan en belirgin olanının da içedönüklük dışadönüklük çizgisi olduğunu gözlemlediler. İnsanların ve hayvanların tepkilerinin genlerinde belirlenmiş olarak belli bir aralık içinde olmasının çevresel farklılıklarda yaşama şanslarını artırdığı sonucuna vardılar.

Almanya'da Dr. Kees van Oers'in araştırmasına göre, yiyeceğin az olduğu yıllarda cesur dişi baştankara kuşlar çekingen

soruyor. Beklendiği üzere dışadönükler kendilerine daha fazla güveniyor. Dışadönüklerin kendilerine güvenlerini yükselten esas şart, hedefleri tutturmak. İçedönüklerin kendilerine güvenlerini yükselten esas şart ise, takdir edilmek.

Bu içedönük bir çocuk yetiştirme bağlamında ne anlama geliyor? Isabel Myers *Gifts Differing* (Yeteneklerin Farklılığı) adlı kişilik türlerini konu alan kitabında dışadönüklüğün bir tür mizaç olarak kabul edilmek yerine sağlıklı bir sosyalleşmeyi başarmak olarak görülmeye başladığını söylüyor. Sonuç, Batı kültürlerinde içedönüklerin cezalandırılması.

Anne baba olarak size iki kat iş düşüyor. Birincisi içedönüklük kavramını dışadönük olmayı başaramama değil, başka bir mizaç olarak yeniden tanımlamalısınız. Bu çocuğunuzun kendini olduğu gibi kabul etmesi ve ihtiyaçlarını utanmadan dile getirebilmesi için çok önemli. İkincisi –sonraki bölümlerde bunun üstünde duraca-



olanlara göre daha başarılı oldular ama çekingen erkeklerin cesur olanlara göre hayatta kalma oranı daha yüksek oldu. Yiyeceğin fazla olduğu yıllarda ise sonuçlar tam tersiydi. Van Oers yiyecek az olduğunda cesur dişilerin enerjilerini kullanıp yiyecek buldukları, çekingen erkeklerin fazla dövüşmedikleri için az enerji harcadıkları sonucuna vardı. Yiyecek çok olduğundaysa cesur erkekler dövüşüyor ve çekingen dişiler mücadelenin dışında kalabiliyordu.

Hayvanları incelemek araştırmacıların kişilik üzerinden çevre ve genlerin etkisini anlamasını sağladı. İnsanlardan daha kısa ömürleri olduğu için böyle hayvanların nesilleri daha kısa sürede takip edilebiliyordu. "İnsan anneler doğan bebeklerini değiştirmenize izin vermeyecektir, bu da iyi bir araştırma olurdu" diyor sırtlanları inceleyen Dr. Samuel Gosling.

Tüm bu araştırmacılar insanlar ve hayvanlarda kişilik çeşitliliğinin büyük ölçüde beyin yapısı ve işleyişinden kaynaklandığını tespit ediyor. Aynı insanlar gibi hayvanların da mizaçları var ve hayatları boyunca değişmiyor.

ğız– çocuğunuza dışadönük dünyada parlaması için ihtiyacı olan araçlara sahip olmasına yardımcı olmalısınız.

Belki de bir anne babanın yapacağı en önemli şey, çocuğunu kendi mizacıyla kabul ettiğinizi göstermek. Paradoksal bir şekilde oldukları gibi kabul edilmek içedönük çocuklara bir şeyler denemek için özgüven kazandırıyor ve dışadönüklük becerileri geliştirmelerini sağlıyor. Golden'ın araştırmalarında içedönüklerin kendilerinin de söylediği gibi başkalarının onları anlamasına ve takdir etmesine ihtiyaç duyuyorlar.

## İçedönükler bize ne sunuyor?

*"Düşüncelerinizi değiştirin ki dünyanız değişsin."*

**–Norman Vincent Peale**

İki içedönük kişi birbirinin aynı olmasa da yaşayışlarında bazı benzerlikler vardır. Ne yazık ki yaşam biçimlerinin çoğu zaman yanlış anlaşıldığını ve değersizleştirildiğini gördük. Ama dışadönükler içedönüklere bakarak çok şey öğrenebilir.



Dışadönükler içedönüklere göre üçte bir oranında çoğunluğa sahip. Amerikan kültürü yapmaya, olmaktan daha çok değer veriyor. Hatta bu kültürde aşırıya kaçmanın bile kıymetli olduğunu söyleyebiliriz. İçedönüklerin ise yapmak ve olmak arasında bir denge kurmaya ihtiyaçları var. Bu şekilde son sürat bir eylem içinde dönüp duran dışadönükler için çıpa olabilirler. İçedönükler bize bir şey yapmadan önce durup düşünmeyi hatırlatır.

İçedönükler insan davranışı çizgisindeki aralığı genişletir ve bize yalnızca tek bir olma biçimi olmadığını gösterir. Belli bir içedönük denge olmadığı takdirde dışadönükler çok fazla dışa dönebilir ve tamamen başkalarının düşüncelerine bağımlı olabilirler. İçedönükler dışadönüklere insanın kendi muhasebesini yapmasının önemini gösterir ve hepimize herkesin katkıda bulunacak bir bakış açısı olduğunu hatırlatır. Dışadönükler başkalarına göre davranmaya çok fazla kapılarak arada sırada durup kendi ihtiyaçlarını ve inançlarını dikkate almaları gerektiğini unutabilirler.

Dışadönükler bazen düşünmeden davranabilirler. İçedönükler

duruşun ve içe bakışın önemini bilir. Planlı olmaları, harekete geçmeden önce bir süre durmanın faydalarını gösterir. Bize yavaşlamayı, enerjimizi muhafaza etmeyi, kendimizi toparlamayı hatırlatırlar. Dışadönüklerin bile ara sıra velvelenin içinden çıkıp biraz dinlenmeye ihtiyaçları vardır ve içedönükler onlara bunu kendilerini hem güvende hissedip hem zevk alarak nasıl yapacaklarını gösterebilirler. İçedönükler derinliği olan bir şeye odaklanmaktan hoşlanırlar ve iyi düşünülmüş fikirler üzerinden uzun vadeli hedefler koyarlar. Sonuçları değerlendirmeyi ve hemen bir sonraki mücadeleye girişmek yerine başardıkları şeyin keyfini çıkarmayı severler. İçedönükler bize aynı zamanda anı nasıl yaşayacağımızı gösterirler. Armudun üstündeki pembelikten, hanımelinin kokusundan ve bahçede öten kuşların şarkısından keyif alınacağını kanıtlarlar. Bize sessiz olmayı ve iç dünyamıza kulak vermeyi hatırlatırlar.

## İçedönük çocuğunuzun sahip olduğu avantajları kullanmasına yardım edin



*"Bilgelik, gerektiğinde kendinizi zor durumlardan kurtarma becerisidir."* –Doug Larson

Doğuştan sahip oldukları özellikler içedönük çocukların aşağıdaki on iki avantajın keyfini çıkarmasını sağlar. Anne babalar çocuklarına yardımcı olursa onlar da kendi potansiyel dayanıklılıklarının ve beyin güçlerinin farkına varırlar. Eğer bu avantajları kucaklar ve onları olumlu bir şekilde kullanmayı öğrenirlerse içedönük çocukların önlerinde tatmin edici bir hayat olacaktır.

### 1- İçedönüklerin zengin bir iç dünyası vardır

"Tanrı'ya inanıyor musun?" diye soruyor 7 yaşındaki Adam görüşmemizde. "Benim ailem dindar değil ama arkadaşım Kesah her pazar kiliseye gidiyor." Adam'ın dine olan ilgisine cevap veriyorum ve "Evet inanıyorum, anlaşılan sen de Tanrı'yla ve diğer insanların neye inandığı konusuyla ilgileniyorsun. Dünyanın her yerinde insanların değişik dini inançları var." "Düşünüyorum" diyor. Kafasının içinde dönen küçük çarkları görüyor gibi oluyorum. "Eminim, neye inanacağına karar vereceksin" diye ekliyorum.

İçedönük çocuklar içlerinde bir dünya olduğunu bilir. Bu onlar için her zaman var olan canlı bir şeydir. Başkalarının onayını beklemek yerine onları yönlendirmesi için kendi iç kaynaklarına bakarlar. Maddi dünyadan uzak kendi iç bahçelerinde karmaşık duyguları ve düşünceleri bir yapboz gibi birleştirmeye odaklanırlar. Bir şeylerin ne anlama geldiğini, neden önemli olduğunu bilmek isterler. Büyük sorulardan korkmazlar. Kendi davranışları üstünde düşünürler. Pek çok şey gibi bu da iki tarafı keskin bir bıçaktır: Bu içedönüklük onların iç kaynaklarını zenginleştirse de, kendilerini yalnız hissetmelerine neden olabilir.

İçedönük çocuklar kendilerini ve çevrelerindekileri anlamak isterler. Gözlemcidirler ve diğer çocukları izlerler. Yaşıtlarının baskılarına karşı daha az savunmasız olurlar, çünkü kendi iç düşüncelerini ve duygularını temel alırlar. Sürüye katılmak yerine kendi değer ve standartlarına göre karar verirler.



Anne babaların ve içedönük çocukların hayatlarındaki diğer önemli kişilerin onların duygularını ve düşüncelerini ifade etmelerine yardımcı olmaları çok önemlidir. İçedönükler başkalarıyla konuşma tecrübesi olmadan kendi iç dünyalarına nasıl değer vereceklerini, ona nasıl güveneceklerini ve onu nasıl idare edeceklerini bilemezler. Benzer zihin yapısına sahip çocuklar ve yetişkinlerle yeterince etkileşim halinde olmazlarsa diğer çocukların onların tecrübe ettikleri şeyleri yaşamadıklarını, kendilerine has düşüncelerinin onları diğerlerinden ayırdığını düşünmeye başlarlar. İçedönük çocuklara duygularını ve düşüncelerini diğer çocuklarla paylaşma fırsatı verilirse kendilerini daha az yalnız hissederler.

Çocuğunuzun iç dünyasına değer verin. Düşünceleri ve duyguları hakkında onunla konuşun. Ona fikirlerini sorun ve ona cevap verecek yeterli bir zaman tanıyın. İçedönüklerin niyeti anlama ve başkalarıyla olan bağları konusunda hassas olduklarını unutmayın. İlgilendiği bir alana katkıda bulunmaya gönüllü olun, ona başka bir ülkeden bir mektup arkadaşı bulun. Eğer dindar değilseniz, ruhani düşünceleri ve soruları hakkında onunla konuşacak bir din adamı ya da akıl hocası bulun. Fark ettiği her şeye anlam verin, doğaya olan ilgisini onaylayın, yalnızlık hissini azaltın ve ona içindeki şefkati yönlendirecek araçlar sunun.

## 2- İçedönükler gülü nasıl koklayacaklarını bilir

Isabella'nın annesi Marcie'nin babasına şöyle diyor: "Tek duyduğum şey, 'Marcie'nin evine gitmek istiyorum, çünkü onun tamamen kendine ait bir odası var' cümlesi." Isabella odasını iki gürültücü dışadönük kız kardeşiyle paylaşıyor ve Marcie'nin odasındaki sessizliği ve huzuru seviyor. Marcie odasını bir tapınak gibi görüyor ve orada saatlerce kendi başına vakit geçirebiliyor: İki tropik balığını izliyor, doğa çizimleri koleksiyonuna bir şeyler ekliyor. Bazen de en iyi arkadaşlarının evine gelmesinin tadını çıkarıyor. Isabella Marcie'nin sakin ve huzurlu mekânında enerji topluyor.

İçedönük çocuklar bize durup gülü koklamayı gösterir. Küçük şeylerin, pek çok insanın fark etmeden geçtiği ayrıntıların keyfini çıkarırlar. Onların bir şeyin muhteşem olduğunu görmeleri için davulla zurnayla duyurulmasına gerek yoktur. Çoğunlukla bir şeylerle meşgul olmak için evden çıkmaya bile ihtiyaç duymazlar. 

Klasik bir film olan *To Kill a Mockingbird* (Bülbülü Öldürmek) genç Scout'ın eski puro kutusu sahnesiyle başlar. Onun kutsal alanına davet ediliriz. Kutunun içinde madeni paralar, bilyeler, boya kalemleri, boncuklar, bebekler, bir armonika ve bir cep saati vardır. Scout'ın hayatta küçük şeylere önem verdiğini ve bunların onu rahatlattığını anlarız. (Scout'ı oynayan içedönük bir aktris olan Mardy Badham bu filme çalışmanın sanki üstünde cam bir kavanoz varmış ve herkes onu izliyormuş gibi hissettirdiğini söyler. Badham başka hiçbir filmde oynamaz.)

İçedönükler çok fazla havalı maddi şeye ihtiyacımız olmadığını, yavaş adımların ve hayatın basit zevklerinin tadını çıkarmayı hatırlatırlar. İçedönük çocuğunuza güzel bir yürüyüşün, fıskiyenin altından koşarak geçmenin, oturma odasında battaniyelerden çadır yapmanın, en sevdiği filmi bininci kez izlemenin ya da evde oturup boyama yapmanın keyifli olduğunu anladığınızı gösterin. Zaman zaman yavaşlayın ve onunla birlikte bir şeylerin tadını çıkarın. İçedönük çocuklar bize gerçek hayatın bu anlarda gizli olduğunu gösterir.

## 3- İçedönüklerin öğrenme sevgisi vardır

"Satürn'ün halkalarının neden yapıldığını biliyor musun?" diye soruyor Justin ofisime girerken. Bir hafta önce bir bilim kitabından birlikte Satürn resimlerine baktık. "Sanırım Pasadena'daki Jet Propulsion Laboratory'nin internet sitesinde resimleri var" diyorum. "Bakmak ister misin?" "Evet!" diyor görülmemiş bir heyecanla. Halkaların yakından çekilmiş fotoğraflarına "Vaay", "Ooof" diyerek bakıyoruz. 8 yaşındaki Justin onların dizilişiyle ilgili çok zekice sorular soruyor. Onun sorularından ben de Satürn hakkında pek çok şey öğreniyorum.

İronik olan şu ki, Justin'in anne babasının onu bana getirmelerinin nedeni zekâsından endişeleniyor olmaları... Okuldaki durumu pekiyi olmasa da Justin sınıfının dışadönük tarzını ve burada yoğun uyaranları tolere etmekte zorlanıyor.

İçedönük çocukların büyük bir kısmı genellikle üniversiteye gider. Burada tamamen farklı bir şekilde öğrenmenin tadına varabilirler, çünkü öğrenme biçimleri yükseköğrenimde onlara daha uygundur. Üniversitedeki eğitim, profesörlerin derslerini dinlemek, sınavlarda kompozisyon şeklinde cevaplanacak sorular olması, karmaşık konuları araştırmak, kendi kendini motive etmek ve kendi seçtiği konuda öğrenim görmek gibi nedenlerle içedönüklerin güçlü yanlarına daha uygundur. Üniversite aynı zamanda çok okuma ve iyi yazma becerisi gerektirir ve içedönük çoğu kişi iyi yazar. Genellikle kimsenin haberinin olmadığı günlükler tutarlar. Okumaktan da keyif alırlar. İçedönük çocuklar stres altında olmayacak şekilde yüksek sesle okumayı, içlerinden okumayı ya da birinin onlara bir şey okumasını (veya kasetten dinlemeyi) severler.



İçedönük çocuğunuzun öğrenme merakını destekleyin. Onlar beyinlerini dolduracak pek çok bilgiye ihtiyaç duyarlar. Öğrendikleri yeni şeyleri sürekli olarak kendi kişisel tepkileriyle karşılaştırır, içsesleriyle sohbet ederler. Düşüncelerini besleyecek yeterince veri olmazsa sıkılır, kendi kendilerini eleştirmeye başlar, hatta bunalıma girebilirler. Merak ettikleri konulara ve ilgi alanlarına dair pek çok veriye ihtiyaç duyarlar.

İçedönük çocuğunuzu kütüphaneye kaydedin, onu kütüphanedeki okuma saatlerine götürün. Okulun kütüphanesine düzenli olarak gitmesi için onu teşvik edin. Çocuğunuzla okuduğu kitaplar ve izlediği filmler hakkında konuşun. Bunların sadece vakit geçirmek için olmadığını, dünyasını zenginleştirdiğini ve başka şeylerle bağlantı kurmasını sağladığını görmesine yardımcı olun. Onun ilgisini çeken şeylere dikkat edin ve o konularda bolca malzeme bulmasına yardımcı olun. Tüm çocuklar gibi içedönükler de sınıfta oturup öğrenmek yerine daha gayriresmi şekillerde öğrenmeyi severler. Sık sık başkalarını –hatta öğretmenlerini– bazı konularda pek çok şey bilerek şaşırtırlar. Görüştüğüm 5-6 yaşlarındaki içedönük çocuğun çoğu dinozorlar hakkında Discovery Channel belgeseli yapacak kadar çok şey biliyordu. Bana Stegosaurusların ve Allosaurusların Jura Dönemi'nden mi, yoksa Kretesa Dönemi'nden mi oldukları, etobur mu otobur mu oldukları, yavrularını nasıl yetiştirdikleri ve başlıca düşmanlarının kim olduğu gibi pek çok soru sordular. İçedönük bir çocuğun sevdiği bir şey hakkında konuşmaya başlaması, tıpkı bir bilgi çeşmesini açmak gibidir.

## 4- İçedönükler kalıpların dışında düşünür



6 yaşındaki Tia ve annesi yeni bir daireye taşındıklarında Tia geceleri korkuyor ve yeni odasında uyumakta zorlanıyordu. O ve annesi bu konuyu konuştular ve çözüm olarak annesinin bir hafta boyunca Tia'nın odasındaki kanepede uyumasına karar verdiler. Haftanın sonunda Tia hâlâ ağlıyordu ve oraya taşındıkları için mutsuzdu. Annesinin cesareti kırılmıştı. Tia oturma odasında dolanırken sessizce "Odalarımızı değiştirebilir miyiz? Sanırım bu bana yardımcı olabilir" dedi. Annesi şaşırmıştı, çünkü kızı için daha aydınlık ve geniş olan odayı seçmişti. Ama sonra Tia'nın istediği odanın daha küçük ve evin merkezine daha yakın olduğunu fark etti. Muhtemelen Tia orada kendini daha güvende hissedecekti. Odaları değiştirdiler ve tabii ki Tia kısa sürede eve alıştı. Annesi, Tia'nın böyle bir fikir bulması karşısında hayrete düştü ve mutlu mesut kendi yatağında uyumaya başladı.

İçedönük çocuklar problem çözme konusunda yaratıcıdırlar. Ne zaman fikirlerini sorsam beni etkileyecek bir şey söylerler. Her türlü veriyi toplar, üstünde biraz düşünür ve sonunda yenilikçi bir cevap bulurlar. Farkında olmadan gözlemledikleri pek çok veriyi kullanırlar.

Bunu işlemek için yeterli vakitleri olduğunda karşılaştırmalar yapıp örüntüleri önceden tahmin edebilirler. Bu örüntüleri kendi öznel düşünceleri ve izlenimleri bağlamında analiz edip karmaşık sonuçlar çıkarabilir ve sonunda taze, orijinal fikirler bulabilirler.

Tia'nın annesine, onu bu fikrinden ötürü övüp övmediğini sordum. "Ona bunun çok iyi bir fikir olduğunu ve bu fikrini düşünüp bana söylediği için çok mutlu olduğumu söyledim." Onu, Tia'yı dinlediği ve probleme getirdiği çözümü desteklediği için tebrik ettim.

İçedönük çocuğunuzun orijinal düşünme şeklini desteklemek için ona farklı konularda sorular sorabilirsiniz. Karşılaştığınız bir ikilem hakkında ona sorular sorun. Nasıl çözümler öneriyor? Üzgün olduğunda kendi problem çözme yöntemlerini kullanmasına fırsat verin. Onun yenilikçi düşünceleri için yaratıcı yollardan gitmesine yardımcı olun. Ondan kendisini rahatsız eden şey hakkında bir resim çizmesini, bir hikâye, şiir, kukla gösterisi ya da şarkı uydurmasını isteyin. Bu sürecin sizi ilginç sonuçlara ulaştırıp ulaştırmayacağına bakın.



Bu, çocuğunuzun muhteşem iç dünyasını bir an için görmenizi sağlamanın harika bir yoludur. Ayrıca çocuğunuzun sorduğu sorulara dikkat etmek sizin için de faydalı olabilir. Örneğin 1937 yılında Polaroid Corporation'ı kuran ve 1982'ye kadar başında olan Edwin Land şipşak fotoğraf makinesini 3 yaşındaki kızından esinlenerek geliştirdi. Kızı bir gün "Neden benim resmimi çeker çekmez onu göremiyorum?" diye sorunca düşünüp taşınır ve bunu bir saat içinde çözerek çok kârlı bir şey icat eder.

## 5- İçedönükler yaratıcı sanatlarda sivrilirler

Yaratıcılığın en yakın akrabası, kalıpların dışında düşünmek ve içselliktir. İster yetişkin ister çocuk olsun içedönük kişilerle olan görüşmelerimden önce resim malzemelerimi çıkartırım. Bu onlara bütün o bunaltıcı konuşmalar olmadan kendilerini ifade etme fırsatı verir. Küçük bir kız bana hayatının minyatür bir kitabını yaptı. Renkli boya kalemleriyle yaptığı on sayfalık ayrıntılı çizimleri bir araya getirip zımbaladı. Her sayfada gününe dair detaylı bir sahne vardı: Uyanması, kahvaltı etmesi, okulda olması, akşam yemeği yemesi, köpeği Sammy'yle oynaması, televizyon seyretmesi ve yatma zamanı. Kitabında hayatındaki karakterler de vardı: Ailesi, arkadaşları, öğretmenleri ve tabii Sammy. İçedönük pek çok yazar, sanatçı, dansçı, aktör ve müzisyen vardır. Ofisimin duvarları, içedönük danışanlarımın yıllar boyunca bana verdikleri çizimler, fotoğraflar, seramikler, şiirler ve elişleriyle dolu.

Acayip bir sanatçı olan Mary Engelbreit tipik bir içedönük yaratıcıydı. 11 yaşında ileride ressam olmak istediğini söyledi. Okul'da öğretmenlerin ve öğrencilerin kitapları derinlemesine incelemediğini söylüyordu. Kitapların arasına gömülüp çizimler yaparak tek başına saatler geçiriyordu. Başka ressamları taklit ederek kendi kendine resim yapmayı öğrendi. Annesi durmak bilmediğini ve bir gün mutlaka bu yeteneğini kullanacağını söylüyordu. Üniversiteye gitmek yerine yaşadıkları yerdeki resim malzemeleri dükkânında tam zamanlı çalışmaya başladı. Burada ressamlarla ve yaşadığı şehrin sanat çevreleriyle tanıştı. Lisedeki danışmanı dehşete düşüp, "Hayır, bunu sen yapmış olamazsın" dedi. Bugün Engelbreit sanatsal yeteneklerini kullandığı bir şirketin başında.



Yaratıcılık görmek demektir. Bu mutlaka daha çok görmek değil, ama başka bir perspektiften görmektir. Yaratıcı kişi çevresindeki parçaları toplar, onları kendi iç dünyasında yeniden düzenler ve yeni bir şey ortaya çıkarır.

İçedönük çocuğunuzun yaratıcılığını destekleyin. Resim malzemelerini dağıtsa da, enstrümanlar gürültülü olsa da elinin altında bulundurun. Onu eleştirmeden özgürce kendini ifade etmesine izin verin. Çocuğunuza, onu çok etkileyen bir şey hakkında yazmasını teklif edin. Dans etmesini, şarkı söylemesini ya da müzik dersleri almasını teklif edin. Onu müzelere, konserlere, bitpazarlarına, oyunlara, insanların yaratıcılıklarını farklı şekillerde ortaya çıkardığı yerlere götürün.

## 6- İçedönüklerin duygusal zekâları yüksektir

İçedönük çocukların duygularını tarif edişlerini dinlemek her zaman çok aydınlatıcıdır. 6 yaşındaki Darin şunu anlattı: "Okulda üzgündüm, çünkü arkadaşım Molly öğle yemeğinde benimle değil de kızlarla oynamak istedi. Ben de uzaklaşıp bir süre durdum. Sonra Joey'ye 'Top oynamak ister misin?' diye sordum. 'Evet' dedi." Reddedilmekle bu kadar iyi başa çıkabilen yetişkin bulmak zordur. Darin duygularını hissetti, kendini sakinleştirdi, durumu değerlendirdi. Ardından başka bir arkadaşa yaklaşma riskini göze alabildi. Oyun parkında oyun arkadaşı bulma zorluğuyla başa çıkacak dayanıklılığa sahipti.

İçedönük çocuklar daha geç duygusal tepkiler verdiklerinden anne babalar içedönük çocuklarının kendi duygularının ne kadar farkında olduğunu anlamayabilirler. Bir şey olduğunda çocuk tuhaf bir şekilde sakin, soğuk ya da tereddütlü görünebilir. Oysa içinde karmaşık duygu ve düşünceleri birleştirmek için duraksıyordur. Bu duraksama tepkilerindeki nüansların üstünden geçmelerini sağlar. Bir olaya tepki vermeden önce onu iyice anlamak ister. Ardından potansiyel sonuçları öngörerek bir hareket planı yapacaktır. İçedönük çocuklar stresli, yorgun ve aç olduklarında ya da tehdit altında hissettiklerinde yoğun duygusal patlamalar yaşarlar.



İçedönük çocuklar kendi duygularının farkında olduklarından diğer çocuklarla empati kurarlar. Kendilerini kolaylıkla başkasının yerine koyabilirler. Size kendinizin ya da bir başkasının duygularını sorduklarında onlara karşı dürüst olun ki, algıları doğrulansın. Örneğin "Babanla yalnız konuşmak istediğinde 'Bu seni üzer mi?' diye sorman çok düşünceli bir davranış Nick, benim için sorun değil ama sorduğun için teşekkürler" demek gibi. İçedönük çocuklar çok erken yaşta bir ahlak anlayışı geliştirirler. Yaşlarına göre çok daha bilge olabilirler. İnsanların içedönüklerden hiç beklemedikleri kadar grup çalışmalarında iyidirler.

Çocuğunuzun duygusal zekâsının farkına varın. Duygusal zekâ başarının anahtarıdır, çünkü hayat başkalarıyla başa çıkmak demektir. Beynin duygu merkezi en son gelişen kısımdır, o yüzden bu becerilerin daha uzunca bir süre beslenmesi gerekir. Eğer çocuğunuz cömertse bunun farkına varın. Hem kızlar hem erkekler için empatinin güzel bir nitelik olduğunu bilmesini anlamasını sağlayın. Dünyada zaten empati kurabilen çok az insan var.

## 7- İçedönükler sohbet sanatında yeteneklidir

10 yaşındaki Martha kitaplığıma bakıyor. "Anladığım kadarıyla kitapları seviyorsun" diyor. "En sevdiklerin neler? Bir kereden fazla okudukların var mı?" "Aslında, evet" diyorum. "Çoğunu birkaç kez okudum. En çok sevdiğim diyebileceğim bir sürü kitap var. Senin en sevdiklerin neler?" "En sevdiğim kitapların ikisi *The Giver* ve *Sarah, Plain and Tall.* Onları okudun mu?" "Evet, ben de sevdim. Peki, sen niye sevdin?" En sevdiğimiz kitaplardan söz ederken sohbetimiz koyulaşıyor ve pek çok yetişkinle olmadığı kadar keyifli bir hale geliyor.

Bu içedönüklerin en şaşırtıcı yeteneği olabilir. Okulda ya da partilerde ağzını bıçak açmayan içedönük çocukların sohbet sanatında usta olduklarını fark etmek büyük bir şok olabilir. Dinlemekten hoşlanırlar. Güvenilir ve açık sözlüdürler. Sorular sorarlar. Kimsenin sözünü kesmezler. Sır tutarlar. Arkadaşlarının önceden söylediklerini hatırlarlar. İpuçlarını fark ederler.

İçedönük çocukların çoğunlukla diğer aile üyeleriyle ilişkileri iyidir. Gençlik ve yetişkinlik yıllarına doğru –bazen sahne arkasından da olsa– ailenin merkezi olabilirler. Onların sakinleştirici enerjisi endişeli insanları rahatlatır ve durulmalarını sağlar.



İçedönük çocuğunuzun konuşma ve sohbet etme konusundaki becerilerini geliştirmesine yardımcı olun. Onun dinleme, soru sorma, başkalarının söylediklerini hatırlama gibi becerilerini övün. Ona laflamakla gerçek sohbetin farkını açıklayın ve açık bir diyaloğun uzun bir arkadaşlığın mihenk taşı olduğunu hatırlatın. İçedönük çocukların bir sohbetin derin bir arkadaşlık getirecek güzel bir nitelik olduğunu bilmeye ihtiyaçları vardır. İçedönük çocuğunuzun daha karmaşık konuları tartışabileceği arkadaşlar edinmesine yardımcı olun.

## 8- İçedönükler kendi başlarına olmaktan hoşlanırlar

Tina'nın babası bir iş seyahatinden dönüyor. Tina'nın kız kardeşiyle erkek kardeşi koşup babalarına sarılıyorlar. Yedinci sınıfa giden Tina balinalar hakkındaki bilim ödevine gömüldüğünden bütün bu kargaşayı duymuyor. Bir süre sonra babası kapıdan başını uzatıyor. Tina gülümsüyor. "Merhaba baba, ne zaman geldin?" "Biraz önce.

Sadece merhaba demek istedim, birazdan konuşuruz" diyor. Tina'nın babası onun projesine gömüldüğünü ve hazır olduğunda onlara katılacağını biliyor.

İçedönükler yalnızlıktan hoşlanırlar. Kendilerini meşgul etmek için dışarıdan bir harekete ihtiyaçları yoktur.

## 9- İçedönükler ilginç bir şekilde mütevazıdır

Çalıştığım içedönük çocuklardan biri olan Sadie birdenbire "Televizyona çıkmak istemiyorum" dedi. O sırada Strawberry Shortcake bebeklerimizle oynuyorduk. Los Angeles'ta yaşadığımdan, bu endüstride olan pek çok çocuk tanıyordum. "Birisi senden televizyona çıkmanı mı istedi?" diye sordum. "Hayır, ama okuldaki çocuklar televizyona çıkmak istediklerinden bahsedip duruyorlardı ve ben istemem deyince tuhaf olduğumu söylediler. Bu bana eğlenceli bir şeymiş gibi gelmiyor, çok fazla ışık ve gerginlik." "Seni neyin rahatlattığını ya da rahatsız ettiğini düşünmen güzel bir şey" dedim gülerek. "Ve kesinlikle tuhaf değil."



Yaşadığımız ünlüler çağında sanki herkes spot ışıklarında olmaktan hoşlanıyor. Mütevazı olmak demode sayılıyor. Realite şovları da herkesin televizyona çıkabileceğini gösteriyor. Danışmanlık yaptığım pek çok çocuktan hayatlarındaki en büyük amacın televizyona çıkmak olduğunu duyduğumda ürperiyorum. Şöhret ve ilginin kendi başına bir amaç olması beni dehşete düşürüyor. Günümüzde pek çok çocuk, anne babaları onlarla hava atabilsin diye spor ya da amigoluk gibi rekabetçi aktivitelere yönlendiriliyor. "Ben en iyisiyim" demek özgüvenle karıştırılıyor. Sonuç, en iyi olamadıklarında kolayca moralleri bozulan rekabetçi çocuklar oluyor. Çocuklar spor takımlarında, dans kurslarında, korolarda, bilim kulübü ve akademik takımlardalar. Onlar gösterilerini yaparken anne babalar çılgınlar gibi alkışlıyor. Sıradan başarılar için bir yığın altın madalya alıyorlar.

Yani her zaman spot ışıklarının peşinde olmayan birkaç içedönük çocuğun olması da iyi bir şey. Onlar geri planda olmaktan hoşlanıyor. Sahnede olmak yerine izleyicilerin arasında olmayı dert etmiyorlar. Çok fazla ilgi ve uyaran istemiyorlar. Şartlar uygun olduğu zaman gösterilen ilgiyi tolere edebiliyorlar. Ama çoğu zaman içedönük bir çocuk ilgi onu rahatsız ettiği için ortadan kaybolmak istiyor. İlgi üstünde olduğunda ve baskı altında olmaya zorlandığında gerçekten duygusal ve fiziksel acı hissedebiliyor.

İçedönük çocuğunuzun ilgi odağı olmak gibi bir merakı olmamasını takdir edin. Bunun bir sorun değil iyi bir şey olduğunu söyleyin ona. Unutmayın, içedönükler hak ettiklerine inandıkları başarılarıyla bilinmek isterler. Kendi başlarına yaptıkları bir işle takdir görmek istemek iyi bir niteliktir. İşin ilginç yanı mütevazı olmak özgüveni artıran bir şeydir.

## 10- İçedönükler sağlıklı alışkanlıklar geliştirirler

"Alçımı gördünüz mü? İmzalamak ister misiniz?" diyor alçıyla kaplı ve üstünde renkli çizimler ve imzalar olan kolunu uzatırken. "İki hafta daha duracak sonra kesilip çıkartılacak. Diğer elimle de her şeyi yapabildiğimi fark etmek güzel." İsmimi alçıdaki listeye ekledim. Annesi "Jonathan'ın bu kırık kol meselesini nasıl bu kadar iyi idare ettiğine inanamıyorum. Geçen yıl erkek kardeşi başparmağını kırdığında, basketbol antrenmanını kaçırmamak için bahçe makasıyla alçısını kesmeye çalışmıştı."



Araştırmacıların A tipi dediği bu davranışı daha çok, B tipini ise daha az görüyoruz. A tipinde sempatik sinir sistemi (savaş ya da kaç) baskındır. Bu sistemi fazla kullanmak arabanızı sert ve hızlı sürmek gibidir. Saatte 130 kilometre hızla gider, ani frenler yapıp, arabayı bağırtıp durursanız kısa sürede eskitirsiniz. Dışadönükler sistemlerini dengelemek ve yenilemek için yavaşlamakta zorlanırlar. Genellikle daha yüksek kan basıncına ve nabza sahip olma eğilimindedirler. İçedönükler sinir sisteminin fren tarafında olduklarından bedenlerini o kadar hızlı bir şekilde tüketmezler. Arabalarını yavaş bir şekilde hareket ettirir ve durdururlar. Bu onların uzun ömürlü olma sırrıdır.

Yeni bir araştırma belli kişilik özelliklerinin sağlığı etkilediğini gösteriyor. Araştırma güvenilirlik, kararlılık, esneklik, hareket etmeden önce düşünmek, dürüstlük ve gösteriş meraklısı olmamak gibi özelliklerin daha sağlıklı bir insan yarattığına işaret ediyor. Bu özellikler kişinin kendi kendine hayır diyebilmesini sağlıyor. İçedönükler daha disiplinli ve hastalıklarla daha iyi başa çıkıyorlar, çünkü kendilerine güveniyorlar ve kendilerini sınırlıyorlar. Ayrıca genç insanların yaralanmalarının ve ölümlerinin en önemli sebebi olan riskli davranışlardan da uzak duruyorlar.

Çocuğunuzu yaptığı sağlıklı seçimler için tebrik edin. Çoğu kez içedönük çocuklar erkenden yatmak istediklerini söyleyecektir. Bunu teşvik edin. Demek ki çocuğunuz ne zaman dinlenmesi gerektiğini biliyor. İçedönük çocuklar bedenlerinin hangi besinlere neden ihtiyacı olduğunu öğrendiklerinde genellikle daha sağlıklı beslenirler. Gün içinde enerji seviyelerini yüksek tutmak için az ve sık yemeye ihtiyaç duyabilirler. Yemek saatlerini esnek hale getirerek bunu destekleyin.

## 11- İçedönükler iyi vatandaşlar olurlar

"Alicia araba sürmek konusunda heyecanlı, değil mi?" diye soruyorum 8 yaşındaki torunum Christopher'a ablasından söz ederken. "Evet" diyor. "Büyüdüğünde araba sürmek konusunda sen ne düşünüyorsun?" diye sorduğumda ise, "Şey, çok fazla kural var ve bence çok korkutucu ve tehlikeli bir şey" diyor. "Kristen Teyze (en küçük kızımız) gibi büyüyene kadar araba sürmeyebilirim" diyor. "Bu iyi bir fikir olabilir" diyorum. "Ya da belki fikrini değiştirirsin."



### En çok kullanılan yolak

Daha önce de sözünü ettiğimiz üzere, beyin bazı yolakların kullanılması ve tekrar kullanılması yoluyla bağlantılar geliştirir. Çok kullanılan yolaklardaki nörolojik trafik daha fazladır. Çok fazla uyaranlı (şiddet dahil) televizyon programları ve filmler izlemek, aynı video oyunlarını tekrar tekrar oynamak aynı dopamin yollarını tekrar tekrar tetikler. Önde gelen beyin araştırmacılarından Richard Restak *The New Brain* (Yeni Beyin) adlı kitabında modern çağın beyni nasıl dönüştürdüğüne dair endişelerini dile getirir. Her şey çok hızlı. Dr. Restak'ı endişelendiren, artık insanların belli bir beceriyi edinmek için gerekli zamanı feda etmek istememeleri... Restak "on yıl" kuralından bahsederek şunu vurgular: "Herhangi bir şeyde uz-

"Bundan şüpheliyim" diyor. Kristen'in hâlâ tedbirli bir sürücü olduğunu ve Christopher'ın büyüyünce nasıl olacağını düşünüyorum. Onun kurallara uyarak ve araba sürmeyi ciddiye alarak büyüyeceğini düşünmek beni rahatlatıyor.

İçedönük çocuğunuz muhtemelen iyi bir vatandaş olarak büyüyecektir. Suçlu stereotipi genellikle "yalnız" insanlar olarak gösterilse de araştırmalara göre yüksek oktanlı dopaminle hareket eden dışadönükler toplumda daha çok problem çıkarırlar. Gerilim ve heyecan ararlar. Oransal olarak daha sık tutuklanırlar, boşanırlar, işkolik, alkolik, kumar bağımlısı olurlar. Bu farklılıkların nedeni ahlaki olduğu kadar fizyolojiktir de. Bütün o abartılı hareketler içedönükler için kaldıramayacakları kadar fazla uyaran ve enerji tüketimi demektir. Yani suç içedönüklerin işine gelmez.

Burda enerji meselesi dışında içedönüklerin güçlü değer yargılarının oluşu da etkilidir. İçedönükler genellikle dindardırlar ve kendi iç pusulalarına göre hareket ederler. Daha büyük olan insani resmi görürler ve doğru olanı yapmak isterler. Nezakete önem verir ve nazik davranmaktan hoşlanırlar. Kendilerine hayır diyebilirler. Bir şey yapmadan önce düşünürler ve sonuçlarının farkına varırlar. Yanlış bir şey yaparlarsa olabilecekleri öngörürler. Söylediklerine dikkat eder, sözcüklere



manlaşmak için en az on yıl boyunca pratik yapmak ve nüanslara dikkat etmek gerekir." Konsantre olmak ve derin anlamlar çıkarmak onlara anlık mutluluklar sağlar. Bu anlık mutluluklar olmadan beyin güçlerini takdir etmeyi öğrenemezler. Ama içedönük çocuklar bile dopamin-nöral yolakların kokainin verdiği tarzda iyi hissettiren vuruşlarına bağımlıdır. İçedönük çocuğumuza yeteneklerinin kıymetini bilmeyi öğretmeli ve öğrenme isteklerini teşvik etmeliyiz.

Bizim anne baba olarak görevimiz her ne kadar içinde bulunduğumuz kültürden farklı bir mesaj alıyor olsalar da içedönük çocuklarımıza mizaçlarının avantajlarının olduğunu göstermektir. Çocuğumuzun güçlü özelliklerini değiştirmeye ya da gizlemeye çalışmak yerine bu özelliklerini onaylayarak üzerine bir şeyler inşa etmelerine yardımcı olabiliriz.

değer verirler. Genellikle dürüsttürler. Güvenilir vatandaşlar olurlar.

İçedönük çocuğunuzun olgun seçimlerine katkıda bulunan niteliklerinin farkına varın. California Üniversitesi'nde araştırmacı olan Peter C. Whybrow yeni kitabı *American Mania: When More Is Not Enough*'ta (Amerikan Deliliği: Daha Çoğu Yetmediğinde) insanların ödül ve talep odaklı kültüre bağımlı olduklarını iddia ediyor. Whybrow, dopamin yolağının baskın oluşu ile tüketim toplumunun bir araya gelmesinin insanların hep daha fazla, daha fazla, daha fazla istediği durumlara yol açtığını ifade ediyor. Bunun sonucu ise açgözlülük ve anksiyete. Diğer yandan içedönükler ise daha sakin teneffüsler arıyor ve seçimlerinin kişisel ve toplumsal sonuçlarını düşünüyorlar.

## 12- İçedönükler iyi dost olurlar

İkisi de içedönük olan Ethan ve Dylan anaokulunda arkadaş oldular. Birlikte hayali yolculuklara çıkmaktan, bilgisayar oyunları oynamaktan, kötü adamlara karşı casusluk yapmaktan hoşlanıyorlardı. Bir keresinde devrilmiş bir ağaç kütüğünün fil olduğunu hayal edip tüm Hindistan'ı gezmişlerdi. Birinci sınıfta Dylan taşındı. Çocuklar birbirlerine e-postalar gönderdiler, mektuplar yazdılar. Hafta sonlarında ve yaz tatillerinde birbirlerini ziyaret ettiler. Ailelerinin yardımıyla ilkokul yılları boyunca da arkadaşlıklarını sürdürdüler.



İçedönükler sadık, şefkatli ve başkalarının duygularına karşı hassastırlar. İyi dinleyicidirler, bütün bunlar onları iyi birer dost yapar. Arkadaş olmaları zaman alsa da arkadaşlıkları uzun vadeli olur. Çocukların arkadaşlıklarına zarar veren rekabetlere ve anlaşmazlıklara meyilli değildirler. Ve herkesin dostu olmadıkları için özel dostlarıyla ilişkilerini devam ettirmek isterler.

### Konunun özü

- ✓ Dışadönük dünyada içedönük çocuklar küçümsenir.
- ✓ Onlara saklı yeteneklerinden söz etmek gerekir.
- ✓ Dışadönükler içedönük özelliklerinin değerini bilmeli ve kullanmaya çalışmalıdır.

# 2 İçedönük çocukları kökler ve kanatlarla yetiştirmek

*"Kişi ancak kalple doğru görebilir,*
*esas olan şeyler gözle görülmez."*

–Antoine de Saint-Exupéry

# 4

# Duygusal dayanıklılık inşa etmek

## Çocuğunuzla sağlam bağlar kurmak ona sağlam bir temel sağlar

*"Genç ve hassas olan her şeyde işin en önemli kısmı başlangıcıdır."* –Platon

Pek çok anne baba içedönük çocukları oldukça şaşırtıcı bulur. İçedönükler (en azından onların hangi örüntülerle hareket ettiklerini anlayana kadar) insana beklenmedik gelebilir. Bir anne, kızıyla bir haftalığına bir çiftliğe gittiğinde ne kadar şaşırdığını anlatmıştı. "Sessizlikten hoşlanacağını sanmıştım ama bir an bile susmadı!" İçedönük çocuğunuzun ne istediğini anlamak her zaman kolay değildir. İçedönük torunumuzu bir hafta sonu macerası için istediği bir eğlence parkına götürmeyi teklif ettik. "Onun yerine gece sizde kalmayı tercih ederim" dedi. Bir baba "Kızımız tam bir ev kuşu. Biraz dışarı çıksa hemen huysuzlanıp tekrar sıcak yuvasına dönmek istiyor" dedi. Bazen dışarıda yapmanız gereken angarya işler vardır ama elinizdeki uzun yapılacaklar listesinin muhtemelen ilk maddesindeyken pek çok içedönük çocuk eve dönmek ister.



Bazı içedönük çocuklar açıkça şefkat göstermez ve yanlış anlaşılabilir. "Diğer çocuklarımın bana oğlumdan daha çok ihtiyacı var" demişti bir anne. Oysa içedönük çocuklar anne babalarıyla geçirdikleri birebir vakte çok önem verir ve ihtiyaç duyarlar. Anne babasının çok mutlu olduğunu ve kendi kendine yettiğini söylediği bir başka çocuk bana "Keşke annemle ve babamla baş başa daha çok zaman geçirebilsem" demişti. Karşılaştığım içedönük çocuklardan bunun gibi pek çok yorum duyuyorum. Diğer çocuklar dikkat çekmek için pek çok şey yaparken içedönüklerin görünürdeki bağımsızlıklarını böyle yorumlamak kolay oluyor.

İçedönük bir mizaç, özellikle dışadönük anne babalar için oldukça zorlayıcı olabilir. Muhtemelen siz partileri seviyorsunuz ama oğlunuz nefret ediyor. Siz dışarıda olmak istiyorsunuz, ama kızınız evden çıkmıyor. Siz çok enerjiksiniz ama çocuğunuz hemen yoruluyor. Ama içedönük çocuklar içedönük anne babalar için de yorucu olabilir. Muhtemelen küçükken siz kalabalıkların içinde bunalmaktan nefret ediyordunuz. Çocuğunuzun da kalabalıktan geri durduğunu görünce rahatsız oluyor musunuz? Gerçek şu ki her çocuğun sevdiğimiz özellikleri, bizi endişelendiren özellikleri ve açıkça sevmediğimiz özellikleri olabilir. Sonuçta bir çocuğun anne babası olmak demek esnek olmak demektir.

Bu bölümde içedönük bir çocuk yetiştirmenin altında yatan duygusal konuları inceleyeceğiz. Çocuğunuzun ihtiyaçlarına nasıl uyum sağlayacağınızı ve ona nasıl sağlam bir temel oluşturacağınızı tartışacağız. Önemli olan çocuğunuzu olduğu gibi kabul etmeniz ve dünyanın onun gözlerinden nasıl göründüğünü anlamaya çalışmanız. Onu gözlemleyerek ve dinleyerek çocuğunuzu desteklemeyi ve onun başarılı olacağı bir ortamı yaratmayı öğreneceksiniz.



## "Dayanıklılık alanı" yaratmak

Bahçıvanlıkta "dayanıklılık alanı" daha geniş bir iklim bölgesi içinde özel bir bitkinin yetişebileceği daha küçük, özel bir alan anlamına gelir. İçedönük çocuğunuz kendisine uygun bir çevrede yetişirse büyüyüp gelişir. Anne babalık sizin için daha kolay olur. Çocuğunuz daha mutlu olur. Önemli olan içedönük çocuğunuzun kendi "dayanıklılık alanı"nı yaratması için ona bahçıvanlıkta yeterli miktarda güneş, gölge, toprak ve neme tekabül eden dört anahtar öğeyi sağlamaktır. Öncelikle çocuğunuzla aranızda sağlam bir bağ olduğundan emin olmalısınız. İkincisi, kendi mizacına göre nasıl davranacağını ona öğretebilirsiniz. Üçüncüsü, çocuğunuzun duygularını anlayarak ve beyin gücünü destekleyerek onunla esnek bir ilişki kurabilirsiniz, böylece içindeki potansiyeli ortaya çıkaracaktır. Dördüncüsü, ona kendini şarj edebileceği bir ev ortamı sağlayabilirsiniz.

İçedönük çocuğunuza bu dört maddeyi vermek ona sağlam bir temel kazandırır, böylece yeteneklerine güvenmesini ve kendi kendine nasıl yeteceğini öğrenir. İçedönük bir çocuk için dışadönük olmaya uğraşmak tonlarca benzin harcamak gibidir. Kısa sürede benzini biter. Onun hızlı bir şekilde batmasını engelleyebilir, onun için istikrarlı ve rahat bir gidiş sağlayabilirsiniz.

## Sağlam kökler salmak

*"Kök salmak muhtemelen insan ruhunun en önemli ve en az fark edilen ihtiyacıdır."* –Simone Weil

İnsanlar düzene girmemiş beyinlerle ve muhtaç bedenlerle doğarlar. Dünyaya geldiğimiz ilk yılda bedenimizin kontrolünü ele almaya başlarız ama beyin gelişimimiz otuz yaşımıza kadar sürer. İnsanlar pek elverişli olmayan bir başlangıç yaparak hayatta kalmaya uğraşır, çünkü doğa öyle evrimleşmiştir ki doğan bebekler içgüdüsel olarak anne babalarıyla bağlarını kurmaya çalışırlar. Bu, bebeklerin onlarla ilgilenen en yakınlarıyla temelinde rahatlık ve yakınlık olan bir bağ kurma isteğidir. Bebekler anne babalarına sadece karınlarını doyurmaları ve kaplanlardan korumaları için değil uyum sağlamaları ve beyinlerini organize etmeleri için de ihtiyaç duyarlar.



Çocuklar da kendilerini anne babalarının onlara davrandığı şekilde görürler. Buna içselleştirme denir. Çocuk kendine nasıl davranılıyorsa onu benimser. Böylelikle çocuk kendi içinde bir bakıcı yaratır. Bu şekilde çocuk kendi içinde duygusal bir siper olarak sizin, yani anne babasının algısını oluşturur. Çocuğunuz sizinle tatmin edici bir ilişki kurduktan ve kendi içindeki bakıcısını yarattıktan sonra içinde bir "bizlik" duygusu inşa eder ve bu da onun özgüveninin temelini oluşturur. Temelde bu kabul ediliş ve ilgi olduktan sonra içedönük çocuklar onları tam olarak anlamayan bir dış dünyaya çıktıklarında kendilerine daha çok güvenirler.

İçedönük çocuğunuzla olan bağınız çok önemlidir, çünkü bu onun beyin gelişimini etkiler. Psikolojide "bağlanma teorisi" üzerine pek çok araştırma yapılmıştır. Anne babanın küçük çocuklarıyla olan bağlarının niteliği ile çocuğun ilerideki duygusal sağlığı doğrudan ilişkilidir. Sağlam bağlar beynin daha kompleks olmasını destekler, duygusal dayanıklılığı artırır, güçlü sosyal beceriler geliştirir ve çocuğun beyin gücünü kullanmasını sağlar. Bu da hayatın zorluklarına karşı dayanıklı olmasını sağlar.

Yabancı korkusu ve ayrılık korkusu insanların nasıl bağlandığını gösteren iki evrensel tepkidir. Çocuklar tanıdık olmayan kişilerin yanında korku ve mahcubiyet hissedebilir, anne babalarına yapışıp ağlayabilirler. Bu çocuğun anne babasıyla bağ kurduğunu gösteren sağlıklı bir aşamadır. Anne babalar onları sakinleştirerek, uygun yabancılara karşı dostça davranarak ve bu dönemin geçeceğinin farkında olarak onlara yardımcı olabilirler. İçedönük çocuklar bu aşamada biraz daha uzun kalabilir ve anne babalar çocuklarına ve diğer insanlara onları tanıdıkça ısınacağını söyleyerek köprüler kurabilirler.

Ayrılık korkusu anne babadan birinin ziyaret edilemeyecek mesafeye gitmesiyle tetiklenir. Çocuk 6 aylıkken başlar ve genellikle 2 yaşında en yüksek seviyeye ulaşır. İnsanın sevdiklerinden ayrılması belli yaşlarda özellikle korkutucu olsa da hayat boyu devam eder. Yabancı korkusu gibi bu da anne babanın beklenmedik bir şekilde ortadan kaybolup ortaya çıkması gibi belli şartlar altında ve farklı yoğunluklarda oluşabilir. Çocuk bir yerde yatıya kalmaya gittiğinde, okuma gibi yeni bir beceri edindiğinde ya da yolculuğa çıktığında baş gösterebilir. Daha büyük yaştaki bir çocukta boşanma ya da önemli bir geçiş dönemi sırasında yaşanabilir. Çocuğu hazırlamak – gerçekleşecek geçiş dönemi ya da ayrılıklar konusunda uyarmak– ve bunlarla nazikçe ama gerçekçi bir şekilde başa çıkmak bu tür durumların etkilerini azaltır.



İçedönük çocuğunuzla kurduğunuz derin bağlar onun büyüdükçe dış dünyayla başa çıkmasına yardımcı olur. Örneğin kızım Kristen kendi kızı Emily'yle olan bağını kullanarak onunla yabancılar arasında köprü kurar. Yanından geçen biri Emily'ye gülümsediğinde Kristen ona gülümseyerek "Kızımın gülümsemeleri biraz rötarlıdır, size birkaç dakika içinde gülümseyecek" der. Yabancılar genellikle buna güler ve Emily'ye yeniden gülümser. Bu tür bir hareket dünyanın Emily'ye daha dost canlısı görünmesini sağlar. Emily büyüdükçe annesiyle olan güçlü bağını ve bu köprü kurma tecrübelerini içselleştirir. Daha sonra kendi içindeki bakıcı Emily'ye şunu hatırlatacaktır: "Gülümsemeyi bayağı erteledim, öyleyse hızlıca gülümsemeliyim."

## Karşılıklı bağlılığı geliştirmek

*"Hiç mutsuz bir ağaç görmedim. Sanki yere sımsıkı tutunmak hoşlarına gidiyor."*

–John Muir

Anne babalar sık sık yorulur, bunalır ve enerjilerini nereye yönlendirmeleri gerektiğinden emin olamazlar. Çocuk yetiştirmenin her boyutu önemlidir. Nereye odaklanmak gerekir? İçedönük çocuğunuzu anlamak işinizi daha kolay ve keyifli hale getirir. Onun savunmasız taraflarını bilirseniz tahmin etmek zorunda kalmanın baskısından kurtulursunuz. Sorunlara karşı hazırlıklı olur, çocuğunuzu ya da kendinizi suçladığınız olumsuz tecrübeleri azaltırsınız. Ve daha sonra karşılaşacağınız potansiyel davranış sorunlarına engel olabilirsiniz.

Her çocuk doğal eğiliminin ipuçlarını ve işaretlerini gösterir. Çocuğunuzun davranışlarının arasında ona nasıl en iyi şekilde anne babalık edeceğinizin izlerini bulabilirsiniz. Çocuğunuzun tekrar eden davranışlarını gözlemlemek ve nasıl tepkiler verdiğini fark etmek onun ihtiyaçlarını nasıl karşılayacağınızı öğrenmenin çok önemli bir yoludur. Her şey ilk bakışta görüldüğü gibi değildir. Örneğin anne baba içedönük çocuğu hassas ve tedbirli olduğu için onun kendilerine çok bağımlı olduğunu düşünebilirler. Diğer yandan içedönük bir çocuk çekingen ya da kendine odaklı olduğu durumlarda daha bağımsız görünür. Ama bu doğru olabilir de olmayabilir de. İçinde bulunduğu durumla ilgili değerlendirmesini yaptıktan sonra tedbirli çocuk çok bağımsız davranabilir. Kendi içine odaklı olan çocuk anne babasıyla daha yakın olmak istiyor ama bu ihtiyacını nasıl ifade edeceğini bilmiyor olabilir. Çocuğunuzun enerji düzeyini anlamak –yakınlık ve yalnızlık ihtiyaçlarını okumak ve iyi iletişim kurmak– onun verdiği üstü kapalı işaretleri giderek daha kolay anlamanızı sağlar.

Çocuk yetiştirmek çelişkili bir iştir: Çocuğunuz sizinle sağlam bağlar kurarsa kanatları gelişir ve bağımsız olur. Çocuğunuz kendi küçük tohumuyla dünyaya gelir ve sizinle olan bağları üzerinden olgunlaşıp bağımsızlığını kazanır. Dışarıdan karşıt gibi görünen bağımlılık ve bağımsızlık sonunda en gelişmiş beceri olan karşılıklı bağımlılığı oluşturur. İşte içedönük çocuğunuzla daha sağlam bağlar kurabilmek için yapabileceğiniz dört hayati şey:

**Yakınlığın güvencesini verin.** İçedönük çocuğunuz başka bir odada olsa ve diğer aile üyelerinin varlığına ilgisizmiş gibi görünse de aslında anne babasının nerede olduğu onun için önemlidir. Sizin yakınlığınız onu sakinleştirir. Bu ihtiyacı olduğunda yanında olacaksınız demektir. (Telefonda konuşmak küçük çocuğunuzun size ihtiyacı olduğunu görmenin en kolay yoludur. Konuşmaya başladığınız anda biraz önce mutlu olan çocuğunuz birden ilginize ve yanında olduğunuzu bilerek sakinleştirilmeye ihtiyaç duyar.)

**Güvenli bir liman sunun.** İçedönük çocuğunuz aile üyelerini yakın, güvenilir, sakin, şefkatli olarak görür ve onların güvenli limanlar olmasını ister. Yüksek sesler, gerilimler, açıkça kavga edilmesi onun bu güvenlik algısının altını oyar. İçedönük çocuk güven geliştirebilmek için öngörülebilirliğin verdiği rahatlığa ihtiyaç duyar.

**İçedönük çocuğunuza nasıl ilgi kuracağını ve ilgisini nasıl keseceğini öğretin.** Bu, tüm insan ilişkilerinin temelindeki hassas bir danstır: Bağ kurmak ve koparmak. Anne babalar içedönük çocuklarına keyifli ve olumlu bir bağ kurulduğunda –göz teması, sohbet– etkileşimin eğlenceli olduğunu öğretirler. İlgiyi kesmek –başka tarafa bakmak, sessizlik, serbest kalma– ise çocuğun kendi bireyselliğinin değerini anlamasını sağlar.



Gerçek iletişim ileri geri bir akış gerektirir. Bu olmadan etkileşimler tuhaf, yapmacık ve tek yönlü olur. Biriyle konuştuğunuzda bu akışın eksikliğini hissetmiş olabilirsiniz. Bu rahatsızlık vericidir. İlgi kurma ve ilgiyi kesme becerisi bir ilişki kurma ritmi sağlar. Bu, çocuğun birlikte ve ayrı olma, verme ve alma, çift yönlü bir alışveriş şeklinde iletişim kurmayı öğrenmesine yardımcı olur.

**Taşınabilir ama sağlam bir temel sunun.** Çocuğunuzla oynar, konuşur, eğlenir ve birlikte olmanın keyfini çıkarırsınız. Böyle tecrübeler tekrar ettikçe çocuğunuzun içinde bir bakıcı yaratmasına yardımcı olursunuz ve bu da onun duygusal olarak kendi kendine yetmesini ve temel bir özgüven geliştirmesini sağlar. Bu temel güvenlik duygusu üzerine diğer ilişkiler ve öğrenme tecrübeleri inşa edilir. Çocuğunuz büyürken nereye giderse gitsin bu sağlam temele başvurur. Özellikle içedönüklerin dış dünyayla karşılaştıklarında uyum sağlayabilmek için sağlam bir içyapıya ihtiyaçları vardır.

Çocuk gelişimi uzmanları anne baba ve çocuk ilişkisinde karşılıklı bağımlılık kapasitesinin belli anlar üzerinden inşa edildiğini söylüyor. Örneğin çocuğun canı yandığında, rahatlatılmaya ihtiyaç duyduğunda ya da anne baba bir yere gidip geri geldiğinde. Çocuk yardım ya da güvence istiyor mu? Gidişinizi anlıyor ve ağlıyor mu? Yeniden bir araya geldiğinizde bir bağ kuruyor mu? Böyle anlarda sizin güvenilir biri olmanıza duyduğu ihtiyaç artar. Eğer siz ve çocuğunuz arasında sağlam bir bağ varsa o güven artık yerleşmiş demektir. Bu güven, çocuğunuzun dış dünyaya karşı kendi doğasında olan dirençle başa çıkmasını sağlar. Olumlu bir bağ karşılıklı bağımlılığın her iki yönünü de –bağımlılık ve bağımsızlık– geliştirir, böylece içedönük çocuğunuz başkalarına güvenebilir ve kendini güvende hissedebilir.

## Mizacın önemini öğretin

*"Hepimiz farklı gemilerle geldik ama şimdi aynı gemideyiz."*

–Dr. Martin Luther King Jr.



Çocuklarınızla mizaç hakkında konuşun. Çok küçük çocuk bile insanların kendilerine has kişilik özellikleriyle doğduğunu anlayabilir. Ona mizacın bir bölümünün kişinin enerjisini nereden aldığıyla ve nereye yönelttiğiyle –kendi içi ya da kendi dışı– ilgili olduğunu söyleyin. Mizaç fikrini anlaması çocuğunuzun, onun doğasına yönelik yapılan eleştirileri daha iyi karşılamasını, kendi tepkilerinin ve ihtiyaçlarının nedenini bilmesini ve bunları kişisel olarak algılamamasını sağlayacaktır. Ona başkalarının mizaçlarını ölçecek araçları sunun. Başkalarının da kendilerine has farklılıkları olduğunu anlaması sosyal becerilerini ve hoşgörüsünü güçlendirecektir.

Mizaç konusunu konuşmanın güzel bir yolu sevdiği kitapların ya da filmlerin karakterlerinden yola çıkmaktır. Örümcek Adam içe mi yoksa dışa mı dönük? Ya Harry Potter? Ron veya Hermione? *Talihsiz Serüvenler Dizisi*'ndeki yetimlerden içedönük olan var mı? Ya da Charles Schulz'un *Peanuts* çizgi romanından?

Daha küçük çocuklara mizaç tiplerinin net olarak belli olduğu *Winnie-the-Pooh* gibi kitaplar okuyabilirsiniz.

**Çocuk edebiyatında içedönükler**

İçedönüklerin çoğunlukta oldukları bir yer varsa o da çocuk kitapları raflarıdır. Çocuk edebiyatındaki birçok ana karakter içedönüktür. Neden mi? Bunun nedeninin kısmen içedönük karakterlerin daha ilginç ve karmaşık olduğunu söyleyebiliriz. Çocuk edebiyatı yazarlarının da genellikle içedönük olduğunu (geniş bir hayal dünyası yaratmak içedönük birine göre bir şeydir) ve kendileri de içedönük olan geniş bir kitleye hitaben yazdıklarını söyleyebiliriz. Ana karakterlerin çocuklardan oluştuğu filmlerde de bu böyledir.

Sayfalarda yaşayan içedönükler kimler mi? Harry Potter ve onun çalışkan arkadaşı Hermione. Lemony Snicket'in *Talihsiz Serüvenler Dizisi*'ndeki karakterlerinden Violet (zeki mucit) ve Klaus (kitap kurdu). Roald Dahl'ın karakterleri... Örneğin *Charlie'nin Çikolata Fabrikası* kitabındaki alçakgönüllü Charlie ve *Mathilda* kitabındaki boşboğazlarla dolu bir ailede sıkışıp kalmış olan düşünceli Mathilda.

Aklıma gelen dışadönükler ise *Peanuts*'taki Lucy, *Winnie-the-Pooh*'daki Tigger, *Küçük Deniz Kızı*'ndaki Ariel, *Yüzüklerin Efendisi*'ndeki Samwise Gamgee, *Harry Potter*'daki Ron Weasley, ayrıca Afacan Dennis, Eloise ve Tom Sawyer.



Çocuğunuzla farklı karakterlerin nasıl rol yaptığını konuşun. Hangi sözcükler onları en iyi şekilde tanımlıyor? Hangileri onların biricik yönlerini ifade ediyor? Christopher Robin ve Yüz Hektar Ormanı'ndaki arkadaşları farklı mizaçlarıyla birbirlerine nasıl yardım ediyorlar? Çocuğunuza kendisini Eeyore, Pooh, Christopher Robin, Tigger, Kanga, Roo, Piglet ya da Owl'dan hangisine daha çok benzettiğini sorun.

Çocuğunuzun mizaç kavramını anlamasına yardımcı olmanın bir başka yolu ondan öğretmenlerini ve arkadaşlarını düşünmesini istemektir. Onların arasında içedönük olan var mı? Somut örneklerle fikirlerini destekleyin ve olumlu geri dönüşler yapın: "Ne demek istediğini anlıyorum Kylie. Arkadaşın Max bizimle yeni yerlere gittiğinde çok sessiz oluyor. Elini tutarak ona nasıl yardım ettiğini gördüm." Birinin mizacını doğru "okumuş" olmak çocuğunuzun kendine güvenini artırır. Bir arkadaşından nasıl bir davranış şekli bekleyeceğini bilmek içedönük çocuğun harcadığı enerjiyi azaltır. Başka çocukların davranışlarını fark etme kapasitesini onaylayın ve onun bu becerisini kullanmasına yardım edin. Başkalarıyla alay etmesine göz yummayın. Örneklerle ilerleyin ve farklı bakış açılarına açık olun. Çocuğunuzun insanların tüm farklılıklarından hoşlanmayabileceğini kabul edin.

### Mizaç ve enerji

İçedönükler ve dışadönükler arasındaki temel farklılık, enerji kaynakları yani enerjilerinin nereden geldiği ve nasıl tazelendiğidir. Enerjileri azaldığında çocuklar kendilerini kaybetmeye, huysuzlanmaya, kararsızlığa ve benmerkezciliğe daha eğilimli olurlar. Herkes için bu böyledir.

Başınızın tepesinde bir ampul olduğunu gözünüzün önüne getirin. Şimdi bunun bir pile, pilin de bir şarj aletine bağlı olduğunu hayal edin. Şarj aletinden geçen enerji pili dolduruyor, pil de ampulü aydınlatıyor. Pili neyin şarj ettiğini ve neyin şarjı azalttığını düşünün. Dışadönük birinin pili bir aktivitenin içinde olunca dolar. Sessizce düşündüğünde enerjisi akıp gider ve ampulü sönükleşir. Aynı şekilde içedönük biri de sessiz zamanlar geçirerek şarj olur. Dışarıda birçok kişiyle birlikteyken enerji ve parlaklığını kaybeder.

Çocuğunuza kişisel enerjinin nasıl işlediğini anlatın. Bu ona neden ara sıra mola vermesi gerektiğinin mantıklı bir açıklamasını sunacaktır. Başının tepesinde bir ampul olduğunu hayal etmesini isteyin. Şu an voltajı nasıl? Parlak mı, orta mı, zar zor mu yanıyor? Enerjisini tazelediğinde bunu belirtin. "Ah, gördüğüm kadarıyla ampulün parlak." Enerjisi düştüğündeyse "Ampulünün zar zor yandığını görebiliyorum" deyin. Dinlendirici bir molanın ampulü nasıl yeniden canlandırdığını açıklayın ve enerji seviyesinin insanın ruh halini ve diğer insanlarla birlikte olma isteğini nasıl etkilediğini anlatın. Anne babalara not: Kendi ampulünüzün parlaklığının da farkında olun. Anne babalık çok fazla enerji ve çaba gerektirir!

## İçedönüklerin içedönük olmasına yardım etmek

*"Çocuk kalbin köküdür."* –Carolina Maria de Jesus

İçedönük çocukların anne babaları genellikle çocuklarında dışadönük özelliklerini güçlendirmeye çalışır. Bu sadece bir lale soğanı dikip mucizevi bir şekilde gül çıkmasını beklemek gibi imkânsız değil, aynı zamanda zararlıdır da. Psikolog David Keirsey ve Marilyn Bates *Understand Me* (Lütfen Beni Anla) adlı klasikleşmiş kitaplarında anne babaları çocukların dışadönük olmaya zorlandığında zarar görmeye daha açık hale geldikleri konusunda uyarırlar. İçedönükler sık sık yanlış anlaşılır ve kendi rahat ettikleri ortamın dışına çıkmaya zorlanırlar. Onlar yarış arabaları olmak için tasarlanmamışlardır. Her an dışadönük tarzda cana yakın, enerjik ve geveze olamazlar. Çok fazla dışadönüklük sistemlerine aşırı bir yüklemeyi beraberinde getirir ve bu da hem fiziksel hem duygusal enerjilerini düşürür. İçedönükler güvenilir steyşın vagonlardır. Ama dinlenme zamanları olmadan doğal içedönüklük yeteneklerini geliştirecek kaynak bulamazlar.



İçedönüklerin ailelerinden aldıkları mesaj çok önemlidir. Kötü ve hatalı oldukları, daha cana yakın olmaları gerektiği mesajını alırlarsa kendilerinden utanmaya başlarlar. Kendi içlerine kapanır ve dışarıdan aldıkları olumsuz mesajların doğru olduğuna inanırlar. İçedönük bir çocuğun kendine karşı olumlu bir bakış geliştirmesi için kendi ailesinde onaylanması ve takdir edilmesi gerekir.

Mizacın bir diğer yönü de kişinin sevgiyi nasıl alıp verdiğidir. Anne babalar çoğunlukla neden çocuklarının sevilmediklerini hissettiğini anlayamazlar. Çocuklarını sevdiklerine emindirler. Ama "seni seviyorum" demek her zaman bu mesajı iletmenin en iyi yolu değildir. Çocuğunuza sevgiyi anladığı dilde vermeniz gerekir. Sevginizi çocuğunuza iletmeniz çok önemlidir. İçedönük bir çocuğun gösterdiğiniz sevgiyi alması ve sevgisini ifade etmesi daha zordur ama görünürdeki bu umursamazlık aldatıcı olabilir.

Her şeyde olduğu gibi içedönük çocuğunuza sevginizi göstermek de bir denge meselesidir ve şüphesiz deneme yanılma yoluyla öğrenilir. Anne ya da babanın kocaman sarılması çok yoğun gelebilir ve çocuk geri çekilebilir. Gülümsemek ve gizlice göz kırpmak gibi daha hafif ve özel bir şey çocuğunuzu çok sıkmadan ve utandırmadan sevginizi ona aktarabilir. Bazı içedönük çocuklar bazı zamanlarda sarılmaktan hoşlanırlar. Çocuğunuz yorgun olduğunda sarılmak isteyebilir ya da kesinlikle sarılmak istemeyebilir. Bazıları öpmeyi ve öpülmeyi sever, bazıları sevmez. Bazıları dışa dönük olarak kucağınıza oturmak ister, bazıları yüzü size dönük olarak... Ve tabii ki bu tercihler yıllar içinde değişir. Aile içinde herkesin nasıl sevmekten ve sevilmekten hoşlandığına dair bir tartışma açmak çocuğunuza herkesin aynı olmadığını öğretir. Anne babalar genellikle kendilerine gösterildiği şekilde ya da gösterilmiş olmasını istedikleri şekilde sevgi gösterirler. Ama çocuğunuzu duygusal olarak büyüten ve destekleyen şekilde sevginizi ifade etmeniz için onun nasıl sevildiğini hissettiğini bilmeniz gerekir.

Çocuğunuza, onun olduğu gibi davranmasının hoşunuza gittiğini gösterin ve onu sevdiğinizi söyleyin. Bir çocuk anne ya da babasının ona kitap okuması gibi, birlikte özel zamanlar geçirdiğinde sevildiğini hissedebilir. Bir başka çocuk tüm ailenin bir arada olup aynı hikâyeyi bir oyun gibi canlandırmasından hoşlanabilir. Çocuğunuzun kişisel bir niteliğini tasdik etmek de sevginizi iletmenin güçlü bir yoludur. Örneğin: "Doğum günü hediyesi seçmek konusunda ne kadar iyi olduğunu fark ettim Samantha. Kimin neden hoşlanacağını her zaman biliyorsun." Bir çocuk anne babadan biriyle dışarıda akşam yemeği yemekten hoşanır, bir diğeri ailece parka gitmekten. Çoğunlukla çocukların neden hoşlanacağına dair tahminlerde bulunur ve bunu onlara sormayız. Ya da çoğunluğun istediği yapılır ve en sessiz çocuğun sesi duyulmamış olur.



Çocuklar ayrıca ihtiyaçları karşılandığında da sevildiklerini hissederler. Herkese bir boy uygulaması içedönüklerde işe yaramayabilir. *Goldilocks ve Üç Ayı* hikâyesini hatırlıyor musunuz? Bu klasik hikâye içedönük çocuk yetiştirmenin nasıl bir şey olduğunu tam olarak anlatır. Üstüne tam uyan yumuşacık gömleği bulmak, ne kadarlık bir dinlenme süresinin yeterli olduğunu tahmin etmek ya da çok fazla uyaranın olmadığı en uygun aktiviteyi belirlemek zor olabilir.

## İçedönük çocukların duygularıyla başa çıkmak

*"Acı kaçınılmazdır. Çile ise bir tercihtir."* -Anonim

Amerikan kültürünün düşünmeye hissetmekten daha çok kıymet verdiği söylenebilir. İnsanların duyguları beklenmedik ve uygunsuzdur. Pek çok kişi, insanların duyguları olmasa ve hepimiz *Uzay Yolu*'ndaki Mr. Spock gibi davransak ve sadece mantığımızla hareket etsek daha iyi olmaz mıydı diye düşünür. Ama sadece mantık bir ilişkinin gerçekten ihtiyaç duyduğu şeyi yok sayar. Duygular olmadan düşünmek ilişkilerde problemlere ve yanlış kararlara neden olur. Bu yüzden çok yemek, sigara içmek, işkolik olmak gibi kötü alışkanlıklardan kurtulmanın yolunu düşünerek bulamazsınız. Kendinizi rutin hayatınızın dışına atmadan önce duygularınızı anlamalı ve onlarla kucaklaşmalısınız.

Söylenecek en temel şey, duyguların bizi insan yaptığıdır. Duygular aynı zamanda bize üç bakımdan yardımcı olurlar. Birincisi, duygular iç ve dış dünyamıza tepki olarak beynimizin ve bedenimizin içinden akan enerjilerdir. Bu enerji beynin beş farklı seviyesini birbirine bağlar. Bedeninizdeki farklı sistemleri koordine edecek mesajlar taşır. İkincisi, bu duygusal mesajlar kendimiz ve başkaları hakkında birtakım pratik bilgileri ortaya çıkarır. Kendi duygularınızı bilmek bir ilişkiyi sürdürme becerinizi güçlendirir. Duygularınız size neyin iyi neyin kötü hissettirdiğini söyler. Üçüncüsü, duygularınız kararlarınızda bir pusula gibidir. Size neyin doğru geldiğini söyler.



Duyguların önemli görevleri vardır. Mutsuzluk, kaybı anlamayı sağlayarak diğerlerini bizi rahatlatmaları konusunda cesaretlendirir. Korku bize güvenceye ve kendimizi korumaya ihtiyacımız olduğunu söyler. Korku bize kendimizi korumaya ya da bir güvenceye ihtiyacımız olduğunu söyler. Öfke sınırlara ihtiyacımız olduğunu anlatır. (Örneğin; Molly, "Rebecca Legomu aldı, vermiyor, bundan hoşlanmıyorum" der. Molly'nin annesi "Evet, bu eminim seni sinirlendirmiştir, bir dahaki sefere Rebecca oyuncağını elinden kaptığında ona 'Hayır' de" der. Molly'nin öfkesi ona kendini kollaması ve arkadaşına hayır demesi gerektiğini öğretir.) Suçluluk bazı şeyleri düzeltmemizi, utanç bir şeyi yapmamamız gerektiğini söyler. Acı kendimize iyi bakmamız gerektiğini söyler. Duygular çocuklara hayatın gerçek armağanlarını gösterir: Sağlıklı ilişkiler kurmak ve sürdürmek, anlamlı gelen şeyleri keşfetmek ve tatmin olmak gibi. Duygular bir tecrübenin acı verici, üzücü, keyifli, tatmin edici, korkutucu ya da rahatsız edici olduğu bilgisinden yola çıkarak onlara rehberlik eder.

Ne yazık ki çoğumuz duyguların yok sayıldığı ailelerde büyüdük. Çocuklarımıza öğretmek şöyle dursun, kendi duygularımızla başa çıkmayı bile henüz öğrenemedik. Ama yine de çocuğunuza yardımcı olacak birkaç yöntem öğrenebilirsiniz. Bu onlara doğal olarak sahip oldukları duygusal zekâlarından faydalanma becerisini kazandıracaktır. Diğer pek çok çocuğun duygusal farkındalıklarını geliştirmeleri için daha çok çalışmaları gerekir. Bazı çocukların ise duygusal zekâları hiç gelişmez.

İçedönük çocukların, ailelerinin ve çevrelerindekilerin onların duygularını fark etmelerine ve bu duyguları adlandırmalarına ihtiyaçları vardır. Aksi halde ne hissettiklerini anlayamazlar ve böylece bu duyguyu nasıl yapıcı bir şekilde kullanacaklarını bilemezler. Duygular adlandırılmalı ve onaylanmalıdır. İçedönük çocuğunuza ne hissettiğini anlamasına yardımcı olursanız, duygusal yeteneklerine değer vermeyi ve onlara güvenmeyi öğrenir. Bu yardım olmadan içedönük bir çocuk kendi duygularıyla olan bağını kaybeder ya da onlardan bunalır. Ama ona duyguları kabul etmesinde, hissetmesinde ve duygusal rezervlerindeki işaretleri kullanmasında yardımcı olabilirsiniz.



## Birer kaynak olarak duygular

Timmy tanımadığı bir köpeği sevmek için elini uzatıyor. Köpek onu ısırmaya çalışıyor. Timmy korkuyor ve hemen elini çekiyor. Bu tecrübeyi kaydediyor: "Bu köpek dost canlısı görünüyordu ama beni ısırmaya çalıştı. Bir dahaki sefere elimi uzatmadan önce sahibine sormalıyım." Timmy bu bilgiyi unutmuyor. İçedönük çocuklar özellikle olumsuz tecrübeleri kaydeder.

Duygular içedönük çocuklara dış dünyada rehberlik eder. Örneğin, duygular sayesinde içedönük çocuklar, enerjilerini emdiği halde sosyalleşmekten hoşlandıklarını fark ederler. Amy şöyle düşünür: "Maddie'nin evinde oynamak çok keyifliydi. Umarım yakında yine buluşuruz." Duygular önemli olan ilişkileri vurgular. Kesha şöyle düşünür: "Dedem olmayınca doğum günüm o kadar eğlenceli geçmedi. Anneme bir sonraki partiye onu davet etmesini söylemeliyim."

**Duygu dünyalarında içedönük çocuklara rehberlik edecek kılavuzlar**

Bildiğiniz gibi içedönük çocukların zengin bir iç dünyaları vardır ama anne babalarının bunu okuması zor olabilir. İçedönüklerle ilgili şunları bilmek faydalı olacaktır:

- İçlerindeki düşünce ve duygular onları bunaltabilir, bu yüzden durgun ve çekingen olabilirler. Onları duygularını ifade etmeleri için cesaretlendirin ve yargılandıklarını hissetmediklerinden emin olun.
- Başkalarının duygularına karşı hassas olabilir ve empati kurabilirler (özellikle sağ beynin baskın olduğu içedönükler); onların bu sıcaklığını ve becerisini takdir edin.
- Ne hissettiklerini bilmeleri daha uzun zaman alır. Onlara hissettikleri şeyin bir süre sonra netleşeceğini hatırlatın.
- Yoğun duygular, öfke ve tartışma enerjilerini tüketir. Bunlardan kaçılamayacağını ve bazen bir tartışmanın harcanan enerjiye değdiğini anlatın.
- Dışadönüklerin aradığı türde heyecanlar onlara fazla uyarıcı gelebilir. Küçük dozlarda heyecanın keyifli olacağına onları ikna edin.
- Yeni bir şey denemek çok endişe verici gelebilir ve bilmedileri şeyleri yok saymayı tercih edebilirler. Bir miktar rahatsızlığın tolere edilebilir olduğunu öğrenmelerine yardımcı olun. Endişe duymanın hayatın bir parçası olduğunu onlara hatırlatın. Eğer bir mola verir, nefeslenir, gevşer ve kendi kendilerine sakinleşirlerse geçeceğini söyleyin.



Günümüzde pek çok çocuk duygularını hissetmeyi öğrenemiyor. Bunun yerine erken yaşta, onları rahatsız eden duyguları hızlıca geçiştirmeyi öğreniyorlar. Hızlıca zihinsel kanallarını değiştiriyorlar da diyebiliriz. Duygularını kontrol altına almayı bilmiyorlar. Duyguları kontrol altına almak demek onları başa çıkılabilir bir aralıkta tutmak demektir. Bu olmadan pek çok genç ya sahte yükselticiler arıyor ya da çok derine düşüyor. Özellikle dışadönükler yükselticilere alışabiliyor. Bunlar aşırı yemek yeme, madde kullanma, adrenalin peşinde koşma, riskli işlere girme, üstün hissetme ve onay bekleme gibi davranış değişikleri olabiliyor. İçedönükler dibe batabiliyor. Bu da aşırı bağımlı olma, suçluluk ya da utanç hissetme, depresyona girme ya da hissizleşme, çok yeme, madde kullanma, çaresiz hissetme gibi şekillerde kendini gösterebiliyor.

Hayatta olmak demek zaman zaman acı hissetmek demektir. Acı, hayat tecrübemizi derinleştirir. Çocuklar bu duygularını tolere etmeyi öğrenmelidir. Çocuğunuza acı hissettiğinde kendini rahatlatmayı öğretebilirsiniz. Duygular birer enerji olduğundan doğal olarak içimizde akarlar. Eğer ipuçlarını fark eder ve onları hissedersek geri çekilirler.

Kızgın olduğunda çocuğunuzu sakinleştirerek onun duygularının akışını dışarıdan dengeleyebilirsiniz. Ve cesareti kırıldığında ona cesaret verebilirsiniz. Bu ona duygusal dengesi sarsıldığında bunu içeriden kendi başına yapmayı öğretecektir. Bunu yapabilmek büyüme sürecindeki en önemli becerilerinden biridir. 

## İçedönüklerin duygularını ifade etmesine yardımcı olmak

İçedönük çocuğunuzun duygularına değer vermesine ve onları ifade etmesine yardımcı olmak için kullanabileceğiniz bir araç "yansıtıcı dinleme"dir. Onun duygularını ifade edişini dinleyin ve bir ayna gibi ona geri yansıtın. Bunu hem hoş olan hem de olmayan duygular için yapın. Düşüncelerinin kabul edilmesi ve tekrar edilmesi çocuğunuzun ne hissettiğini "görmesini" sağlayacaktır. Tam anlamadıysanız ya da bazı nüansları kaçırdıysanız sizi düzeltebilir. Böylece duygularının ayırdına varır ve onlarla nasıl başa çıkacağını öğrenir.

Bu süreç aynı zamanda sizinle çocuğunuz arasındaki güveni de geliştirir. Anlaşıldığını hissetmek oldukça güçlü bir deneyimdir, özellikle de kendi içine odaklı biri için. İçedönükler söylediklerine vereceğiniz tepkiler konusunda çok hassastır. Siz onun duyguları karşısında daha rahat oldukça (ve arada sırada kendi duygularınızı da ifade ettikçe) onun açıldığını ve aynı zamanda duyguları ve davranışları üzerinde daha kontrol sahibi olduğunu göreceksiniz.

**Yansıtıcı dinleme adımları**

1. Kabul edin ve saygılı olun. Tüm duygular normaldir.
   *"Kardeşine çok kızgın olduğunu biliyorum."*
   - Davranış sınırlarını belirleyin.
     *"Ama elinden kamyonu çekip alamazsın."*
   - Dinleyin ve söylediği şeye dikkat edin. Göz temasını sürdürün. Sözünü kesmeyin.
     *"Sormadan senin kamyonunu aldığını biliyorum."*

2. Nötr cevaplar vererek duygularını yargılamadan anlayın.
   *"Anladım. Peki, sonra ne oldu?"*
   - Söylediği şeyi ve duygusunu yansıtın.
     *"Anladığım kadarıyla onun seni dinlemediğini ve oyuncaklarını ondan korumak konusunda çaresiz kaldığını hissediyorsun."*
   - Duygularını isimlendirin.
     *"Bu çok sinir bozucu. Demek alabilir miyim diye sana sormadı bile."*
   - İhtiyaçlarını ve dileklerini anlayın. Duygular anlaşıldıktan sonra problem çözülür.
     "*Tiffany'yle oyuncaklarını sormadan alma konusunda konuşmana yardım etmemi ister misin?"*



## İlişkilerdeki iniş çıkışları idare etmek

Her ilişkide inişler, çıkışlar ve çözülmesi gereken fikir ayrılıkları olur. Kırgınlıkları ya da öfke gibi duyguları tamir etmekte model olursanız içedönük çocuklarınız da ilişkilerde sorunlar olabileceğini ve bunun normal olduğunu kabul edecektir. "Dün biraz huysuz olduğum için özür dilerim. Seni tersledim. İşteki projemde çok geciktiğim için sinirim bozuktu. Özür dilerim." Tüm anne babalar çocuklarına ve tüm çocuklar da anne babalarına sinirlenir. Çocuğunuzun size kırıcı şeyler söylemesi acı vericidir ama onun bu olumsuz duyguları ifade edecek kadar kendini güvende hissetmesi sağlam bir ilişki kurduğunuzu gösterir. Söylediklerini kabul etmek zorunda değilsiniz. Ama onu dinler ve anlarsanız dürüst ve açık olabileceğini öğrenir.

İçedönükler bir süreliğine öfkeli olduklarını fark edebilirler. Sonra kavganın enerjilerini bitireceğinden korkar ve öfke gibi duygularını içlerinde tutarlar. Kavgaya girmektense geri çekilirler.

İçedönük çocukların kendilerini güvende hissettikleri yerlerde tartışmaya girme konusunda alıştırma yapmaya ihtiyaçları vardır. Başka türlü kendilerini dış dünyada korumak için öfkelerini kullanmayı öğrenemezler. Çocuğunuzu üzen şeyleri dinlemek ve onun anlaşmazlıkları çözmesine yardım etmek ona çok önemli bir araç sunar. Bu her zaman istediğini yapmak demek değildir. Onun açısından bakmak, yanlış bir şey yaptıysanız özür dilemek, bir yanlış anlamayı açıklamak veya bir sınırı belirlemek konusunda pazarlık etmek olabilir. (Kuzenin Liz gibi geç saate kadar uyanık kalmak istediğini biliyorum. Ama korkarım ondan erken yatman gerekiyor. Bu gece misafirimiz var diye daha geç yatabileceğini mi düşünmüştün? Yanlış anlama için özür dilerim. Liz'in sana yatmadan bir hikâye okumasına ne dersin?") Dinlemek ve yanlış anlamalar üzerinden pazarlık etmek içedönük çocuğunuza anlaşmazlıkların üstesinden nasıl geleceğini gösterir. Ayrıca dışarıda da gerektiğinde sesini yükseltme konusunda onu cesaretlendirir. Ayrıca nasıl özür dileyeceği konusunda da model olursunuz, bu ilişkiler konusunda çok önemli bir beceridir.



**İçedönük çocuğunuz kızgınsa**

**ŞUNLARI YAPMAYIN:**

- Ona mantıklı olanı anlatmaya çalışmayın.
- Onunla didişmeyin.
- Kendinizi ya da başkalarını savunmayın.
- Endişelerini küçük göstermeye ya da yok saymaya kalkışmayın.

**ŞUNLARI YAPIN:**

- Endişesini anlayın.
- Durumu onun bakış açısıyla görmeye çalışın.

- Bu konuyu tekrar tartışmak için bir zaman belirleyin.
- Kırılan duygular ve yanlış anlaşılmalar için özür dileyin.

Bazen içedönük çocuğunuz sadece koyduğunuz bir kuraldan ya da sınırdan memnun değildir, onu biraz delmesine izin verin.

## "Dur" tabelaları

Utanç ve suçluluk içedönük çocukların kolayca yakalandığı duygulardır. İkinci bölümde tartıştığımız gibi onların sinir sistemleri bu duygulara ev sahipliği yapar. "Dur" tabelası niteliğindeki bu duygular çocuğun kapanmasına neden olur. Onlar olmadan çocuklar doğru ile yanlışı ayırt edemez. Tutumlu bir şekilde kullanıldıklarında çocukların sosyalleşmelerine yardımcı olur. Utanç, "Bunu yapmayı bırak" der. Suçluluk "Yanlış bir şey yaptın, şimdi bunu düzeltmen gerek" der.



Dışadönüklerin davranışlarını durdurmak için genellikle daha büyük "dur" tabelaları gerekir. İçedönüklere ise bir ipucu yeter (çok sert davranılmadıkları ve sizi yok saymaya başlamadıkları sürece). Aşırıya kaçmadığı takdirde utanç ve suçluluk kendini keşfetmeyi ve büyümeyi sağlar. Diğer yandan aşırı utanç çocukların kim olduklarına dair kendilerini korkunç hissetmelerine neden olabilir. Çocuklar kendilerini aşağılanmış ve kızgın hissederler. Zararlı derecede suçluluk çocuklara her şeyi yanlış yaptıkları hissini verir. İdeal olan, bu dur tabelalarının kişinin kendi muhasebesini yapmasını sağlaması ama sürekli olarak endişe ve kendini küçük görme gibi hislerin kaynağı olmamasıdır.

Bu durdurucu duyguların faydalı mı zararlı mı olduğunu şöyle ayırt edebilirsiniz:

**Faydalı utanç**

- Babam kamerasını izinsiz almamdan hoşlanmayacak.
- Performansımdan memnun değilim, daha iyisini yapabilirim.
- Bazı şeyleri yapmak doğrudur, bazıları ise yanlıştır.
- Ailemin daha iyi geçinmesine yardım etmek istiyorum.

**Zararlı utanç**

- Ben berbat bir insanım.
- Hiçbir şeyi doğru yapamıyorum.
- Herkesten nefret ediyorum.
- İnsanlar iyi değil.
- Hiçbir şeyi beceremiyorum. Çaresiz ve umutsuzum.

**Faydalı suçluluk**

- Yanlış bir şey yaptım ve annem kendini kötü hissediyor.
- Bunu telafi etmeliyim.
- Yaptığım şey yüzünden kendimi kötü hissediyorum.

**Zararlı suçluluk**

- Annemin kendini kötü hissetmesi benim hatam.
- Babamı kızdıracak hiçbir şey söylememeliyim.
- Sorunlar hep benim yüzümden.



Dr. Daniel Goleman kişinin kendi duygularını tanımasının ve başkalarınınkilerle empati kurmasının sofistike bir beceri olduğunu açıklamış ve bu kavramı yaygınlaştırmıştır. Bu konu üzerinde çok çeşitli araştırmalar yapmış ve 1995'te *Emotional Intelligence* (Duygusal Zekâ) adlı kitabını yayımlayarak okurlara tanıdık gelecek psikolojik sezgi ve kavrayışı adlandırmıştır. İçedönüklerin duygusal zekâları doğuştan yüksektir. Ama anne babaları duygularını onaylayıp adlandırmadan ve onlara gecikmeli duygusal tepkiler verdiklerini hatırlatmadan bunu geliştiremezler. İçedönük çocukların duyguları onlara yansıtıldığında kararlarına rehberlik etme, uzun süreli ilişkilerini sürdürme, günlük deneyimlerini zenginleştirme, ilgilerini çeken şeyleri keşfetme ve motivasyonlarının iyi olmasını sağlamada kendi doğal kaynaklarını kullanabilirler.

Duygusal temeli sağlayarak ve çocuğunuzun duygu dünyasına dikkatinizi vermeyi sürdürerek onun doğal olarak sahip olduğu kendi başına düşünme, duygularıyla başa çıkma, strese uygun tepkiler verme ve entelektüel yeteneklerini kullanma gibi becerilerini geliştirmesine yardımcı olabilirsiniz.

## Konunun özü

- ✓ İçedönük çocuklar sizinle derin bir bağ kurarak özgüvenlerini geliştirirler.
- ✓ Duygular içedönük çocuğunuzun beyninin tüm bölgeleriyle bütünleşir ve onları organize eder.
- ✓ İçedönük çocuğunuzun duygusal pusulasını ayarlamasına yardımcı olun.

# 5

# İçedönük çocukların bakımı ve beslenmesi

## Tahmin edilebilir rutinler içedönük çocuklara enerji verir ve gelişmelerine yardımcı olur

*"Ortam, bedenin uzantısıdır ve huzurlu olmalıdır."*
–Deepak Chopra

Bir önceki bölümde büyük resimdeki konulardan, yani çocuğunuzun özgüvenini güçlendirecek ve aranızdaki bağı kuvvetlendirecek biçimde anne babalık yapmaktan söz ettik. Bu bölümde ve bir sonrakinde içedönük bir çocukla rutin oluşturmak, onu tok tutmak, disiplin konusuyla başa çıkmak gibi gündelik sorunlara değineceğiz. Çocuğunuzun mizacını tanımanızın her gün aile içinde vermeniz gereken sayısız karara nasıl rehberlik edebileceğini göreceksiniz. Örneğin çocuğunuzun enerji seviyesini ölçüp, kısa aralar verip yeniden toparlanmasını sağlamayı öğreneceksiniz. Bunlar hep günümüzde çocuk yetiştirmenin zor tarafları; yeni medyanın etki alanını tartışmak, özel alanları savunmak, oyun oynamanın güvenli ve sağlıklı yollarını bulmak.



## İçedönük çocuklara uygun rutinler

***"Bir bahçedeki bitkiler onları hayatta tutacak sevgi dolu bir bahçıvan olmadığı anda ölür."*** –May Sarton

Ev rutinleri aile yaşantısı için bir çerçeve sunar ve özellikle içedönük çocuklar rutinlerin içinde başarılı olurlar. Ne olacağını bilmek onların enerji tüketimini azaltır ve gerektiğinde dışadönük davranmalarını kolaylaştırır. Kuralların belli olduğu ve sürprizlerin minimumda kaldığı bir düzen yaratmak içedönük çocuklara uygun bir dünya kurar. Çocuk şunu bilir: "Okula gittiğim günlerde sekizde, hafta sonları dokuzda yatıyorum." Günün en hareketli saatleri ile en sakin saatlerinin neler olacağını bilir. (İçedönük çocuklar sabahları biraz miskin olabilirler, bu nedenle hazırlanmaları zaman alabilir.) Çocuğunuzun hangi şartlarda en iyi, hangi şartlarda en kötü olduğunu belirleyin. Çocuğunuzun gününü ihtiyaçlarına ve enerjisinin düşük ve yüksek olduğu saatlere göre planlayabilirsiniz.

İçedönük çocuğunuzun rutini bozulursa, ayaklarını sürümeye, kafası karışmaya ve sinirlenmeye başlar. Mümkün olduğunca istikrarlı olun ve rutini değiştirmek gerektiğinde bunu ona açıklayın. "Bugün seni okuldan Kathleen alacak ama yine de her salı olduğu gibi piyano dersine gideceksin." Bir başka seçenek çocuğunuzun devamlılık hissini sürdürecek bir rol alması olabilir: "Baba iş için iki günlüğüne şehir dışında olacak. Valizine yapıştırmak için bir kart hazırlamaya ne dersin?" Bu arada, çocuğunuz büyüdükçe sakin ortam ve belirli program tercihi değişmez. Bu da mizaç gibidir!



Tüm değişiklikleri önceden tartışın. Eğer çocuğunuz bir başkasının evinde uyuyacaksa uyku tulumunu önceden denetin. Daha küçük yaştaki içedönük bir çocuk bir akrabasının evine gitmeden önce seyahat beşiğini evde deneyebilir. İçedönük çocuklar genellikle yeni bir şeye alışmadan önce zihinlerindeki görüntüyü revize etme ihtiyacı duyarlar. "Parka gidiyoruz" dersiniz, bundan kim şikâyet edebilir? Ama çocuğunuzun gözünün önüne getirdiği parkla gideceğiniz parkın aynı park olduğuna emin olun, yoksa birden kendini kaybedebilir. Çocuğunuz büyüdükçe takvimler, çıkartmalar gibi farklı araçlar kullanarak onu yaklaşan etkinliklere ve değişikliklere hazırlayabilirsiniz. "Cumartesi günü kermes var, haydi takvime bir çıkartma yapıştıralım." Çıkartmayı onun yapıştırmasını sağlamak olayların onun başına gelmesi hissi yerine ona olayların aktif bir parçası olduğu hissini verir. Eskiden kızlarıma "Bir 'Taş Devri' sonra –yani yarım saatlik bir çizgi film süresi– gitme zamanı" derdim. Bir "Taş Devri" biriminin uyarı için yeterli olduğu konusunda anlaşmıştık.

## Yeni beceriler geliştirmek

Rutini sarsan bir başka değişim türü yeni bir becerinin öğrenilmesidir, büyük bir başarı mutlaka büyük bir değişikliği beraberinde getirir. İçedönük çocuklar gelişimsel bir sıçrayış yaptıkları dönemde özel bir ilgiye ihtiyaç duyarlar. Örneğin bir çocuk yürümeyi öğrenmek gibi büyük bir gelişimin kıyısında olduğunda konuşmayı bırakabilir ya da konuşma becerisi gerileyebilir. Ayakları yere sağlam basmaya başladıktan sonra konuşma düzeyi eskisi gibi olacaktır.

Çocuklar büyürken yeni bir beceriye geçmeden önce genellikle bir diğerini tamamlama ihtiyacı duyarlar. Bu özellikle aynı anda birçok şeye adapte olmaları için daha çok enerji harcamaları gereken içedönükler için geçerlidir. Eğer içedönük çocuğunuz okumayı öğrenmeye konsantre olmuşsa aynı anda iki tekerlekli bisiklet sürmeyi öğrenemeyebilir. Yeni becerisi otomatik hale geldikten sonra diğerine geçmeye hazır olacaktır. Çocuğunuza yeni becerilerin pratik yaparak geliştiğini anlatın. Ve rutindeki değişikliklerin, yeni beceriler öğrenmenin ve beklenmedik olaylarla karşılaşmanın çok fazla enerji gerektirdiğini unutmayın. İçedönük çocuğunuzun buna hazırlıklı olmasına yardımcı olun ve enerji rezervlerinin dolu olduğundan emin olun.

İçedönük çocuğunuz yeni bir zorlukla karşılaştığında muhtemelen başta ayağını sürüyecektir. Bu içedönük çocuğun uyaranı hafifletme ve ne kadar yeni bilginin işlenmesi gerektiğini düzenleme yoludur. Onu sıkıştırmayın. İhtiyacı olan zamanı ona verin. Bırakın izlesin. İçedönük çocuklar izleyerek öğrenir. Ona nelerin ilgisini çektiğini sorun ve bir sonraki aşamaya geçmesi için fırsatlar sunun. Diyelim ki çocuklar kaydıraktan kayıyor ve bu sizin çocuğunuzun o zamana dek hiç yapmadığı bir şey. Ona katılmaya hazır olup olmadığını sorun. Eğer itiraz ederse ona önce birlikte kaymak isteyip istemediğini sorun. İçedönük çocuğunuz yeni bir duruma ne kadar alışırsa ve ona ne kadar farklı yollar sunarsanız uyum sağlaması o kadar kolay olacaktır. Bir şeyi önce sizinle yapması deneme sürüşü gibidir.



Mümkün olduğunca yeni beceriler öğrenme sürecini çok küçük parçalara ayırın. Bu hem daha az enerji harcatır, molalar vermeyi mümkün kılar hem de çocuğunuzun kaydettiği ilerlemeyi görüp özgüveninin artmasını sağlar. İçedönük çocuklar daha az baskı altında olduklarında daha başarılı olurlar. Örneğin Morgan'ın bir şiir ezberlemesi ve sınıfın önünde okuması gerekiyor. Şiiri bir ağaç resmine bakarak dörtlükler halinde çalışıyor. İki gece yatmadan on dakika önce bir dörtlüğü yüksek sesle okuyarak tekrar ediyor. İki günde bir yeni bir dörtlük ekliyor ve performanstan iki gün öncesine kadar tüm dörtlükleri ikişer gece çalışmış oluyor. Son iki gece de de tüm şiiri tekrarlıyor. (Unutmayın, içedönük çocuklar gün içinde yaptıklarını gece uykularında uzun süreli hafızalarına atarlar. Bir resme bakmak da bu bilgiyi görsel hafızalarına kaydetmelerine yardımcı olur.)

## Yenilenebilir özel alanlar

İçedönükler özel alanlarını aşırı derecede korurlar. İçedönük birinin mekânı tecrübe edişi, kendi odası olması ya da eşyalarını koyacağı bir yeri olmasının çok ötesindedir. Yakınlık konusunda çok

### İçedönük çocuğunuzun sığınağını oluşturmasına yardım edin



İşte içedönük çocuğunuz için özel zaman ve mekân yaratmanın birkaç yolu:

- Eve gelme ritüeli oluşturun: Posta kutusundan mektupları almak, kıyafet değiştirmek, atıştırmalık bir şeyler hazırlamak ya da bir rahatlama ve nefes alma yöntemi olarak on dakika boyunca oturmak ve düşünmek gibi...
- Çocuğunuzla eviniz hakkında konuşun. Onun evle ilgili duyguları ve düşünceleri neler? Onun için ideal bir barınağın nasıl olması gerektiğini tarif etmesine yardımcı olun. Yatak odasıyla ilgili neleri sevip neleri sevmediğini sorun. Ona ideal yatak odasını nasıl oluşturacağını sorun.
- Çocuğunuza ödevlerini yapacağı sessiz bir ortam hazırlayın. Kimi zaman ödevlerini yaparken sizin yakınınızda olmak da isteyebilir. Bunun, bölünmesine izin vermeyecek bir alan olduğundan emin olun.
- Eğer odasını kardeşiyle paylaşıyorsa odayı bölen bir duvar yapın (odaları bölmek için kullanılan ucuz paneller ya da perdeler işinizi görebilir) ya da onun için özel bir köşe oluş-

hassastırlar. İçedönük bir çocuk olan Terri, kız kardeşi Maggie'ye bir araba yolculuğu sırasında "Benim yerime dokunma, benim penceremden dışarı bakma" demiş. Ne kadar fiziksel yakınlığı tolere edecekleri ruh hallerine göre değişir. Bir gün koşup sarılabilirler ama başka bir gün fiziksel temastan uzak durabilirler. Bir öğleden sonra içedönük torunum Emily kendini pek iyi hissetmiyordu. Koltukta yanına oturdum. Elimi omzuna attım. Sonra durup geri çekildi. Sonra da onun yanına oturmama alıştı ve bana yaslanmaya başladı. Ama içedönük çocukların, birinin onlara ait bir mekâna bakmasını bile izinsiz bir giriş gibi algıladığı zamanlar olur.

Tahmin edileceği üzere, ev içedönük çocuklar için çok önemlidir. Arabayla Cape Cod'daki mavi evlerinin önüne geldiklerinde Emily kollarını açar ve "Ev!" diye bağırır. O coşkulu ifadenin içinde

turun. İçedönük çocuğunuzla konuşup kendi odasında kendi başına vakit geçirebileceği süreler belirleyin ve bu süre içinde rahatsız edilmesine izin vermeyin. Kapıya şöyle bir tabela asabilirsiniz: DİNLENİYORUM! YETERİNCE DİNLENDİĞİMDE DIŞARI ÇIKACAĞIM.

- Ergenlik çağındaki çocuğunuzun özel alanı olmasını sağlayın. Kapısını kapamasına izin verin. Tüm aile üyelerini, içeri girmeden önce kapıyı çalması için uyarın. Görüştüğüm ergenlik çağındaki içedönük çocuklardan birinin odasında televizyon vardı. Diğer üç kardeşi istedikleri zaman gelip onun odasında televizyon izleyebiliyorlardı. Onunla birlikte bunu anne babasıyla görüştük ve onun okul sonrası saatleri içinde kardeşlerinin yalnızca sınırlı bir süre için televizyon izleme izinlerinin olmasına karar verdik.
- İçedönük çocuğunuzun odasını kendi zevkine göre dekore etmesine izin verin. Bu onlara imtiyaz vermenin güvenli, kolay ve sorunsuz bir yoludur. Pek çok içedönük çocuk için görsellik oldukça önemlidir ve güzellik onların rahatlayıp yenilenmesini sağlar. Tabii güzellik herkesin kendi zevkidir. Astronot olmak isteyen içedönük bir çocuk odasını siyaha boyamış ve tavanı parlayan yıldızlarla kaplamıştı.

hem tanıdık yuvasına dönmenin sevinci, hem dışarıdaki koşturmacanın bitmesinin rahatlığı, hem de evin onun olduğuna dair bir sahiplenme hissi vardır.

İçedönük çocuklar evde kendilerini güvende hissetmeye ihtiyaç duyarlar. Çevreleri onları çok derinden etkiler. Evin ahenkli, toplu, sessiz, havadar, güzel kokular, güzel ışık, rahatlatıcı renkler ve rahat mobilyalarla dolu olması ve manzarasının güzel olması için ellerinden geleni yaparlar.

Aile içinde olmanın tadını çıkarırken de içedönük çocuklar enerji ihtiyaçlarını minimumda tutacakları ve şarj olabilecekleri kendilerine ait bir yere ihtiyaç duyarlar. Eğer içedönük çocuğunuzun kendine ait bir odası yoksa, kardeşlerine ve diğer aile bireylerine ait korunaklı bir yerin kendisinin olduğunu iddia eder. İçedönük çocuklar oyun evi, merdiven altı, ağaç ev, yatak odasına kurulmuş bir çadır, tavan arası, verandanın bir köşesi gibi küçük, samimi yerleri severler. Tanıdığım küçük yaştaki içedönük bir çocuğun odasının içinde pembe bir oyun evi vardı. Gün içinde sürekli oraya girip çıkar ve onu şarj eden küçük molalar verirdi. 10-12 yaşlarındaki bir başka içedönük çocuğun ise kıvrılıp kitabını okuduğu kendine ait bir koltuğu vardı.



## İçedönük bir çocuk nasıl beslenmeli?

*"Çocuklarınız yemek yerken onlarla konuşun; siz gittikten sonra bile söyledikleriniz kalacaktır."* –Kızılderili atasözü

İçedönük çocukların enerji seviyelerinin yüksek olması için karınlarını tok tutmak gerekir. Dış dünyanın talepleriyle başa çıkmak denklemin içinde açlık yokken bile yeterince zordur. Kültürümüzde üç ana öğün kuralı vardır ama içedönük çocuklar gün içinde sürekli kalori desteğine ihtiyaç duyarlar.

Konu davranışsal meselelere gelince anne babalar beslenme dışında pek çok nedeni akıllarına getirirler. Ben anne babalarla görüşürken sık sık yemek konusunu gündeme getiririm, çünkü bence içedönüklerin gün içinde çökme noktasına gelmelerinin ve kendilerini kaybetmelerinin en yaygın nedeni açlıktır. Bu her yaştaki içedönük kişi için geçerlidir.

İçedönük çocukların çoğu yemek seçer. Ben de yemek seçerdim, içedönük torunum da yemek seçiyor. Onun içedönük babası da öyle. Hepimiz şimdiye dek hayatta kaldık, hiçbirimiz açlıktan ölmedik ama yemek seçmek düşük enerji konusunu daha da zorlaştırır. İçedönük çocuğunuza zorla bir şey yedirmeye kalkmayın. Her hafta bir iki yeni şeyi önüne koyun ve bunu çok abartmayın. Yerse ne âlâ, yemezse kaldırın. Belki sonra sever. İçedönük çocuklar bedenlerinin neden suya ve yiyeceklere ihtiyaç duyduğu hakkında yapılan açıklamalara olumlu tepkiler verebilirler. Çocuğunuz büyüdükçe ona vücudumuzla ilgili kitaplar okuyarak dinlenme ve sindirim sistemlerinin sinir sisteminin ihtiyacı olan enerjiyi sağladığını anlatabilirsiniz.

**Düşünmek için yemek yemek**

- Tüm içedönükler yemek yemeyi sever diye bir kural yoktur. İçedönükler çoğunlukla yavaş yerler.
- Çocuklara yönelik beslenme kitaplarını çocuğunuzla birlikte okuyun ve ona bazı yiyeceklerin neden oyun oynamak ve çalışmak için gerekli olduğundan bahsedin.
- Çocuğunuza açlığını ve düşük kan şekerini fark etmeyi öğretin.
- İçedönüklerin bazı kokulara ve tatlara karşı daha hassas olduklarını unutmayın.
- Günün erken saatlerinde güzel, sağlıklı yemekler sunun, içedönükler o saatlerde daha iyi yemeye eğilimlidirler.
- Ulaşabileceği yerlerde sağlıklı atıştırmalıklar bulundurun. İçedönükler genellikle atıştırmayı severler.
- Yemek üzerinden bir güç mücadelesine girmeyin. Yemeğini ya da atıştırmalığını verin, eğer beğenmezse yorum yapmadan kaldırın. Daha sonra başka sağlıklı bir şey önerin. İçedönükler zorlandıklarını hissettiklerinde iyice geri çekilebilir ya da işi inada bindirebilirler.
- Yemeği asla ödül ya da ceza olarak kullanmayın.



## Dışarıda yemek yemek

İçedönük çocukların genellikle kalabalık ve gürültülü restoranlarda iştahları kaçar. Gürültü, hiç tatmadığı yemekler, acele etmek

**Enerjinin bitip tükenmesi**

Hipoglisemi zaman zaman moda ya da demode olan bir tıbbi durumdur. Doktorlar genellikle hipoglisemiyi çok önemsemezler. Ama içedönük çocuklar için, hele de günümüzün şeker ve basit karbonhidrat ağırlıklı, boş kalorili dünyasında oldukça önemlidir. İçedönük çocukların proteine ve kompleks karbonhidratlara ihtiyacı vardır. Tankları her zaman dolu olmalıdır. Eğer çocuklar doğru yiyeceklerden yeterli miktarda yemezse enerjileri düşer, glikozları dibe vurur ve beyinlerindeki oksijen azalır. Kısacası yanıp kül olurlar.

Hipogliseminin nasıl bir şey olduğunu çok iyi biliyorum. Hiçbir sinyal vermeyebilir. Sanki gücünüz yerlerdedir. Bedeniniz size ağır gelmeye başlar. Başınız döner. Oturmanız gerekir. Bu içedönük çocuğunuza olduğunda enerji kaybeder, halsizleşir, düşünemez ve öğrenemez. Bu duruma neden olan şey nedir? Çok fazla şeker ya da karbonhidrat tükettiğimizde kan şekerimiz yükselir ve sonra aniden düşer. Ya da sadece *Little Shop of Horrors* (Küçük Korku Dükkânı) filmindeki uzaylı bitki Audrey gibi metabolize edilecek yiyeceğimiz kalmamıştır. Audrey gibi, içedönük çocuğun bedeni de sürekli "Beni besle, beni besle" der. Kan şekerini doğru seviyede tutmanın en iyi yolu, sık sık yemek ve proteinler ile kompleks karbonhidratları birlikte tüketmektir. Örneğin yulaf ezmesine kuruyemişler katmak, hindili sandviç yaparken tam buğday ekme-



ya da beklemek onların yemek yeme becerilerini etkiler. Evde daha iyi yerler, böyle yemeklerde ise küçük atıştırmalıklar yer ya da çocuklar için hazırlanmış yiyecekleri kemirirler. İçedönük çocuğunuzun aile kutlaması gibi kalabalık ortamlarda çok yemesini beklemeyin. Onu önceden evde yedirmek, dışarıda ise sizin tabağınızdan atıştırmasına ya da küçük bir şey almasına izin vermek daha doğru olur.

ği kullanmak vs. Eğer çocuğunuza tatlı veriyorsanız, öncesinde ya da beraberinde protein aldığından emin olun.

Hipogliseminin bazı semptomları şunlardır: Yemekten sonra kendini berbat hissetmek, yorgunluk, soluk görünmek, uykusuzluk, ajitasyon, ruh halinde ani değişimler, depresyon, terleme, kalp çarpıntısı, baş ağrısı, motivasyon eksikliği, baş dönmesi, huzursuzluk. Çok şiddetli olduğunda titreme, kusma ve bayılma da görülebilir.

**Düşük kan şekeriyle nasıl mücadele edilir?**

- Atıştırmak, gün içinde sık sık ufak tefek şeyler yemek. (Kahvaltının bitmesi genellikle öğle saatlerini bulur.)
- Sabah ilk olarak protein ve kompleks karbonhidratlar tüketmek.
- Proteinli atıştırmalıklar taşımak (kuruyemiş, peynir, kraker, protein barları).
- Şeker ve basit karbonhidrat alımını azaltmak.
- Şekerli yiyecekleri ve karbonhidratları proteinle birlikte ya da proteinden sonra tüketmek.
- Çocuğunuza nasıl hissettiğini ölçmeyi, böylece şeker seviyesini idare etmeyi öğretmek (ve bunun sizinle bir mücadeleye dönüşmemesini sağlamak).
- Çocuğunuza kendini aç hissetmese de yemeye ihtiyacı olabileceğini anlatmak.



## Uyku zamanı

*"Bir bebeğin mizacı, onun uyku ve uyanıklık düzenini en başından itibaren şekillendirir."* –Dr. T. Berry Brazelton

Görüştüğüm çocukların birçoğu yeterince uyumuyor. İçedönük çocuklar her gece en az sekiz saat uyumazlarsa şarj olamazlar. Gün içinde öğrendiklerini uzun süreli hafızalarına atmaları zorlaşır. İçedönük çocuklarda sinir sisteminin dinlenme ve sindirme özelliği baskın olduğundan dışadönüklere göre daha çok dinlenmeye ihtiyaç duyarlar. Özellikle ergenlerin çok fazla dinlenmeye ihtiyacı vardır ama dinlenmeye en az eğilimli olanlar da onlardır.

## Karşıt sistemde test sürüşü

İçedönükler ve dışadönükler sinir sistemlerinin baskın olmayan tarafını da kullanmalıdırlar. Örneğin spor yapmak, içedönüklere sinir sisteminin dışadönük tarafından enerji verir. Öte yandan uyku, sinir sisteminin içedönük tarafını kullanarak dışadönükleri pek çok açıdan iyileştirir: duygusal, bilişsel, fiziksel iyileşme, düzgün sindirim ve diğer koruyucu işlemler. Diğer yandan uyku, sinir sisteminin içedönük tarafını kullanır ve dışadönükleri duygusal, bilişsel, fiziksel sağlık, düzenli sindirim gibi pek çok alanda onarır.

Uyku, içedönük çocuklar için hayat boyu devam eden bir mücadeledir. Asetilkolin en temel nörotransmitterdir ve diğer kimyasallarla birleştiğinde uyku ve uyanıklık döngülerini sürekli açıp kapatır. Asetilkolin diğer nörotransmitterler gibi durulur ve akar ama içedönükler ondaki değişikliklere karşı çok hassas olduklarından bu uyku düzenlerini etkiler. İçedönük çocukların uyku ülkesine gidip orada kalmaları için yeterli miktarda asetilkoline ihtiyaçları vardır. Çok fazlası sürekli bir uyku haline neden olabilir. Ve içedönük bir çocuğun savaş ya da kaç mekanizması etkinleşirse endişeye neden olan kimyasallar yüzünden sakinleşmekte zorluk çekebilir. İçedönük çocukların aktif zihinlerini kapatmaları zordur.



Uykuya dalmakta güçlük çekilmesinin bir başka nedeni, anne babadan ayrılmak gibi temel bir psikolojik mesele olabilir. Uyku, özellikle küçük çocuklarda pek çok korkuyu tetikleyebilir. Sonuç olarak çoğu çocuk uykuya dalmakta ya da uykuya devam etmekte zorlanır. Bir çocuk gece uyandığında yeniden uykuya dalabilmek için kendini sakinleştirme becerisine sahip olmalıdır. Gece boyunca uyuma becerisi çocuğun sinir sisteminin olgunlaştığını gösterir.

## İçedönük çocuğunuza dinlendirici bir köşe sunun

- Çocuğunuza, bulunduğu yaş aralığına uygun bir yatma saati belirleyin.

- Yatma zamanı geldiğinde küçük çocuklar için şarkı söyleme, sallanma, okuma, kafiyeli şiirler, kısa ve sessiz oyunlar; daha büyük çocuklar içinse okuma ve sessizce konuşma gibi ritüeller oluşturun.
- Çocuğun her gelişimsel döneminde uyku düzeninin değiştiğini unutmayın. Yeni tecrübelerin yaşandığı, aile içinde değişikliklerin olduğu gergin dönemlerde uykunun bölünmesi söz konusu olabilir. Çocuğunuzu nazikçe sakinleştirerek yeniden uykuya dalmasını sağlayın.
- İçedönük çocuklar karınları acıkırsa, üşür ya da terlerlerse de uyanabilirler. Araştırmalar içedönük çocukların elleri ve ayakları örtülüyken daha iyi uyuduklarını gösteriyor. İçedönük torunum Christopher 3 yaşına kadar her gece Minik Kuş patikleriyle uyudu.
- İçedönük çocuğunuza battaniye ya da pelüş hayvan gibi yumuşak bir şeye sarılmasını önerebilirsiniz. Hafif bir müzik içedönük çocukların meşgul zihinlerini rahatlatacaktır. Dışadönükler ise genelde tüm dış uyaranların azalmasına ihtiyaç duyarlar.
- Çocuğunuzun korkularına sakince ve saygılı bir şekilde tepki verin. Onun karanlık köşelerde ya da yatağın altında canavar olup olmadığına bakmasına yardımcı olun. Ben eskiden beysbol sopasıyla yatağın altını tarar ve kötü cinleri kaçırmak için dolabının içine doğru sallardım.
- Yatma zamanının uzatılmamasını sağlayın. Çocuğunuzun sadece iki şey istemesine izin verin. Daha küçük çocuklar için yatma zamanı kuponları yapabilirsiniz: "Su iç", "Tuvalete git" ya da "Öpücük ver" gibi. Çocuğunuza bu kuponların iki tanesini verin ve sonra "Haydi bakalım kuponlarını kullandın, iyi geceler" deyin.



## Hassas disiplin

*"Disiplin olmayan yerde hayat yoktur."* –Katherine Hepburn

Disiplin çocukları bağımsız yetişkinler olmaya hazırlar. Bu ikiniz için de her zaman rahat bir şey değildir ama gereklidir. Anne babaların çocuklarını etkileyebilecekleri yalnızca küçük bir pencereleri vardır. İlginç olan, çocukların disiplini öğrenmelerinin bir numaralı yolu anne babalarını gözlemlemektir. Çocuklar söylediklerinizden çok yaptıklarınıza bakarlar. Çocuğunuzla birlikte geçirdiğiniz kısa süre içinde ona kendini kontrol etme, doğru kararlar verme, bağımsız düşünme ve saygılı olma gibi konularda model olabilirsiniz. Ona hayattaki en önemli derslerden birini verebilirsiniz: Özgürlüğün bedeli sorumluluktur. Isabel Myers *Gifts Differing* (Yeteneklerin Farklılığı) adlı kitabında kendi kendini disipline etmenin önemini vurgular ve bunu doğru hüküm verme olarak adlandırır. Bu "daha iyi olan alternatifi seçmek ve ona göre hareket etmektir" der. Eğer bu taşlar küçük yaşta yerine oturmazsa çocuk büyürken hayatı zorlaşır.

İçedönük çocuklarda doğuştan kendi kendini disipline etme becerisi vardır. Kendilerine "hayır" diyebilirler, durumları değerlendirirler ve hareket etmeden önce düşündükleri için doğal olarak davranışları hakkında kararlar verirler. Onlara kötü davranılmadığı sürece bu beceriyi geliştirirler. İhtiyaç duydukları tek şey onları doğru tarafa yönlendirecek hassas bir disiplindir.



## Disiplin çizgisi

Çocukların disiplin altına alınma dereceleri çok farklıdır. Çizginin bir ucunda disiplinden tamamen yoksun çocuklar vardır. Disiplin olmadan çocuklar eylemlerinin sonuçlarıyla yüzleşemezler. Sonuç olarak kendi kararları ile eylemleri arasında bir bağlantı kuramazlar. Aldıkları mesaj, yaptıkları her şeyin kabul edilebilir olduğudur. Bir şeyler ters giderse kendi problemleri için başkalarını suçlayabilirler. Skalanın diğer ucunda aşırı disiplin uygulanan çocuklar vardır. Çok fazla disiplin çocuğun iradesini elinden alır. Bu durumda çocuğun özgüveni azalır ve kendini başarısız hisseder. Kolayca pes edebilir.

Pozitif disiplin ne çok az ne çok fazla, dengeli bir disiplin demektir. İçedönük bir çocuğun anne babası olarak çocuğunuz disipline uygun olduğu için şanslısınızdır. Bir şey yapmadan ya da söylemeden önce bekledikleri için nadiren dürtüsel olarak konuşur ya da davranırlar. Diğer çocuklara kıyasla sonuçları daha iyi anlarlar. Etraflarında olan biteni çok iyi gözlemler ve kavrarlar. Güçlü, hatta vaktinden önce gelişmiş bir ahlak anlayışları vardır. Fakat yine de onlar da çocuktur ve zaman zaman sınırlarını test etmeye ihtiyaç duyarlar. Yanlış hükümler verebilirler. İradeleri ise oldukça güçlüdür.

İçedönükler ve dışadönükler için disiplin tamamen farklıdır. İçedönükler zaten doğuştan davranışlarını durdurmaya eğilimlidirler. İçedönük çocuklar genellikle anne babalarını memnun etmek isterler. Suçluluk ve utanç gibi duyguları hissetmeleri kolaydır. Dışadönükler de dışarıdan onay beklerler ama her zaman değil. Dışadönükler için eğer yeterince uyaran yoksa biraz heyecan için yaramazlığa başvurabilirler. Dışadönükler dürtüsel hareket ettikleri için onlara kesin ve istikrarlı limitler konulmalıdır. Dışadönükler içedönükler kadar suçluluk ve utanç gibi duygulardan etkilenmezler.

Çoğu içedönük çocuğun tek ihtiyacı cesaret, destek ve iyi seçilmiş birkaç sınırdır. İçedönük bir çocuğa açıklama yapmak genellikle yeterlidir. "Hon, başım ağrıyor, bu akşamlık elektrogitara ara verir misin?" Uyum sağlamaya eğilimlidirler ve gücenmeden doğal bir şekilde kendilerini durdururlar. Asıl, karşı çıkmak ve risk almak gibi kendi yapılarına uygun olmayan davranışlar için yardıma ihtiyaç duyarlar.



İçedönük çocukların iki temel problemi çok fazla sorumluluk almaları ve suçları olmayan şeyler için bile kendilerini suçlu hissetmeleridir.

Kim bilir kaç içedönük çocuk, öğretmen sınıfta bir şeyin eksik olduğunu söylediğinde hiçbir suçları olmadığı halde kendilerini suçlu hissettiklerinden söz etmiştir. Bu da içedönük çocuklarınızı disipline ederken çok düşünceli ve hassas olmanız için bir başka sebeptir.

Bir kaza olduğunda içedönük çocuğunuzun bunun sorumluluğunu çok fazla üstüne almamasına dikkat edin. Çok fazla suçluluk hissine kapılmışsa bu duygudan sizin yardımınız olmadan kurtulamayabilir. Yanlışlıkla köpeğin ayağına bastıysa bunun için zaten çok üzülüp kendine kızabilir, daha fazla sert sözcükler kullanmanıza ya da onu disiplin altına almanıza ihtiyacı yoktur. Zaten sonrasında daha dikkatli olacaktır. Eğer çocuğunuz evcil hayvanının ya da bir başka çocuğun canını yaktığında üzülmüyor ya da pişman olmuyorsa o zaman bir miktar disiplin uygulamanız gerekebilir. Çocuğunuza rehberlik edecek sınırlar koyun. Bu onu kısıtlamak ya da cesaretini kırmak demek değildir. Bu şekilde hassas bir denge kurabilirsiniz.

## Dur tabelaları

İçedönük çocuklar doğal olarak kendilerini durdurdukları ve davranışlarının neden olacağı sonuçları düşündükleri için genellikle hızlı araba sürme, hırsızlık ya da diğer yasadışı eylemlerden uzak dururlar. Ayrıca riskli davranışların damarlarında çok fazla uyarıcı kimyasalın dolaşmasına yol açmasından da rahatsız olurlar. Doğuştan gelen bu dur tabelaları dışadönük çocuklarda yoktur. Bu nedenle cüretkâr, hatta yasadışı kabul edilen şeyler üstünde fazla düşünmezler. İçedönüklerin fazla itaat gibi bir dezavantajları olsa da dışadönükler gibi riskli konular söz konusu olduğunda daha mantıklı davranırlar. Eleştiriden çok cesaret verici sözlerle büyümüş içedönük bir çocuk gerektiği yerde uyum gösterip –çağımızda kolay bulunmayan bir özellik– gerektiği yerde hakkını koruyabilir. Ödüllü aktris Helen Hunt kendini büyük bir içedönük olarak tanımlıyor. Pek çok durumda geri durduğunu ama gerektiğinde zor da olsa "cüret" kartını oynadığını söylüyor.



Karşılıklı güven dolu ilişkilerin bir çocuğun kendine güvenini inşa etmesinde esas olduğunu unutmayın. İlişkilerin kıymetli ve keyifli olduğunu öğrenmediği sürece içedönük çocuk kendi kabuğundan çıkmaz. Aşırı derecede çekingen ve güvensiz bir içedönük çocuk yetiştirmenin en kesin yolu ona sert davranmaktır. Çok fazla disiplin de buna dahildir. Fiziksel cezalar ya da diğer küçük düşürücü cezalar çocuğa saldırganlığın sorunları çözdüğü mesajını verir. Çocuk gelişimi hakkında yapılmış tüm çalışmalar vurmanın, utandırmanın, dalga geçmenin ve çocukları karşılaştırmanın onların gelişimi için birer zehir olduğunu kanıtlamaktadır. Üstelik böyle bir disiplin işe de yaramaz. Anne babalık zordur. Herkes zaman zaman asabileşir. Ama öfkenizi kontrol etmekte zorlanıyorsanız bu konu hakkında okumalı ya da öfke kontrolü dersi almalısınız.

## Kontrol etmek mi işbirliği yapmak mı?

Pek çok anne baba çocuğunun davranışları üstünde kontrol sahibi olması gerektiğini düşünür. Güç ve kontrolün giydiği pek çok maske vardır; suçlama, emretme, ders verme, karşılaştırma yapma, alay etme, kurban rolü oynama ve tehdit etme gibi...

Kontrolün tersi işbirliğidir. Hem anne baba hem de çocuk güç iddiasını bir tarafa bırakır. Bir anne babanın çocuğunun işbirliğini kazanmasının en iyi yolu ona bunu yapabileceği mesajını vermektir. Aile içinde işbirliği yapmak yetkinlik hissini güçlendirir. Bu da çocuğun kendine güvenini artırır ve işbirliği yapabilmesini sağlar.

İşbirliğinin ne kadar kıymetli olduğunu ve bir çocuğu kontrol etmeye çalışmanın ne kadar boş olduğunu bilseniz de yine de güç mücadelesine bulaşmamak zordur. Öncelikle çocukların doğasında belli yaşlarda özerkliklerini geliştirme isteği vardır. Hepimiz 2 yaş sendromunu duymuşuzdur ama 4,5 da öyledir. Ayrıca 6, 8, 13 ve 17 yaşlar da anne babalık bakımından büyük sınavlardır. Özellikle bu yaşlarda güç savaşları birden patlak verebilir. Ve içedönük çocuk yumuşak başlı görünse de o da işlerini kendi bildiği gibi yapmayı sever ve muhalifliğe doğru ilerler. Aynı zamanda, çaresiz hissettiğinde, bunaldığında, öfkelendiğinde ve korktuğunda kesinlikle boyun eğmez. Yine de bu iş iki tarafı da ilgilendirir. Anne baba olarak bu oyuna gelmemeyi öğrenebilirsiniz.

## Kavgaya girmemek için şunları yapın:



- *Unutmayın ki yetişkin sizsiniz.* Zor da olsa kendinizi güç mücadelesine girmekten alıkoyun. Tartışmayı bırakın. Eğer bir güç mücadelesi başlamışsa zaten çocuğunuzun duygularını anlamıyor ve onun bakış açısıyla bakmıyorsunuz demektir. Geri çekilin ve derin bir nefes alın. Olan biteni düşünün ve "Neden böyle bir çıkmaza girdik?" diye sorun.
- *Sakinleşin.* Derin bir nefes daha alın ve büyük resme bakın. Kendi kendinize, "Neden boş veremiyorum?" diye sorun. Çocuğunuzun sakin kalması ve doğru düşünmesi size bağlı.
- *Bir sonraki adımınızı düşünün.* Ne yapacağınızı düşünün, çocuğunuza ne yaptırmaya çalışacağınızı değil.
- *Olanları göz önünde bulundurun.* "Kızdığını ve sinirinin bozulduğunu biliyorum ama üzgünüm bu akşam başka tatlı yok. Ama biliyor musun? Yarın akşam yemekten sonra yine tatlı olacak!"

## İşbirliği için şunları yapın:

- *Sorunun ne olduğunu telaffuz edin.* "Belli ki sabah evden vaktinde çıkamıyoruz. Sonuçta ben huysuzlaşıyorum, sen de okula geç kalıp üzülüyorsun."

- *İçedönük çocuğunuzdan çözüm bulmaya yardım etmesini isteyin.* "Sence işleri nasıl hızlandırabiliriz? Neler yapabileceğimize bakalım." Eğer herhangi bir öneri getirmiyorsa birkaç fikir öne sürerek onu harekete geçirebilirsiniz: Daha erken kalkmak, kıyafetleri önceden hazırlamak, öğle yemeğini ve kahvaltıyı akşamdan belirlemek ve sabah televizyonu açmamak gibi...
- *Birkaç gün boyunca işlerin nasıl gittiğini değerlendirin.* Bu işte birlikte olduğunuzu açıkça ifade edin.
- *İçedönük çocuğunuza bir not bırakın.* "Hey, sanırım daha iyi durumdayız. Üst üste üç gün hiç geç kalmadık!"

## İçedönüklerin krizlerinde ustalaşmak

*"Çocuklar bir şeylerin görmezden gelinmesinden hoşlanmazlar, anne babalarsa bunun için yaratılmıştır."*

–Ogden Nash



Çocuklar kendilerini daha kolay kaybettikleri (2 yaş sendromu gibi) dönemlerden geçerler. 4-5 yaşlarında, 2 yaşını nispeten kolay geçmiş içedönük çocukların bile daha güçlü ve kesin istekleri olur. Bu noktada yalvarmayı, mızmızlanmayı, geri çekilmeyi ve işler istedikleri gibi gitmediğinde sizinle konuşmamayı tercih edebilirler. Bir de kötü günler vardır. Çocuğunuz kendini iyi hissetmiyordur, istediği şeyde ısrar ediyordur, sevilmediğini hissediyordur ya da duygularının içinde boğuluyordur. Sonuç, dolu dolu bir krizdir. Dışadönük çocuklar dışa vurmaya, suçlamaya (genelde anne ya da babayı) ve sinirlenmeye eğilimlidirler. İçedönükler kabuğuna çekilmeye, kendilerini bırakmaya, kavga etmek yerine sizi yok saymaya eğilimlidirler ama bazen kavga da edebilirler.

Bunlar anne babalar için imtihan anlarıdır. Bir çocuk krize girdiğinde yapacağınız ya da söyleyeceğiniz her şey sorunu daha da kötüleştirecekmiş gibi gelir. Öfke patlak verdiğinde bir an için durun ve kendinizi sakinleştirin. Ardından dedektif şapkanızı takabilir ve sorunun ne olduğunu bulabilirsiniz. İçedönük çocuklar programları çok dolu olduğunda, çok fazla uyarana maruz kaldıklarında, yorgun ya da aç olduklarında kendilerini kaybederler. Kendinize, çocuğunuza fazla gelmiş bir şey olup olmadığını sorun. Örneğin çok fazla görsel uyaran, çok fazla insan, çok fazla değişim, çok fazla şeker... Ya da eksik olan bir şey mi var diye düşünün. Örneğin az uyku, düşük kan şekeri, yeterince dinlenememek... Çocuğunuzun duygularını anlayın. "Bu oyuncağı istediğini biliyorum ama almayacağım" diyebilirsiniz. Ne mazeret, ne istisna, ne açıklama. Sadece sakinleştikten sonra alternatifler sunun. Birkaç derin nefes alın. Çocuğunuz büyüyecek, bunlar geçecek.

Uzun bir süredir dışarıdaysanız ve çocuğunuz sıkılmış, yorulmuş, acıkmış, üşümüş, uyaranlardan bunalmış ya da kendini hapsedilmiş hissettiyse kıpırdanmaya, yaygara koparmaya, oyuncak ya da atıştırmalık bir şeyler istemeye veya kulak tırmalayıcı bir sesle mızırdanmaya başlayabilir. Elbette işlerin bu noktaya gelmesine izin vermemek gerekir ama madem geldi, tek şansınız dikkatini dağıtmaktır. Komik bir surat yapın, şarkı söyleyin, büyük bir coşkuyla ilginç bir şey bulup gösterin. Kalabalık ve halka açık bir yerdeyseniz mümkünse oradan çıkın. Etraftaki meraklı ve yargılayıcı bakışları boş verin ve tamamen çocuğunuza odaklanın. Sakinleşin ve utanmayı bırakın. Her anne baba yaygara koparan bir çocukla başa çıkmak zorunda kalmıştır. Bir dahaki sefere çocuğunuzun ne kadar süre alışveriş yapabileceğini, çocuk arabası olmadan ne kadar süre yürüyebileceğini, yemek yemeden ne kadar durabileceğini önceden hesaplayıp ona göre dışarı çıkın ve sorunu büyümeden çözün.



## Büyük çocuk tavrı

Daha büyük yaştaki içedönüklerin krizleri de kendilerine özgüdür. Bazen içedönüklerin çocuklukları kolay geçer ama hormonları dalgalanmaya başladığında bu tam bir şoktur. Sanki eski sevimli çocuğunuzun bedenini huysuz bir yaratık ele geçirmiştir. Tatlı bebeğiniz nereye gitmiştir? Bu büyük bir kayıptır. Size soğuk soğuk bakar, küser, konuşmaz, sinirli bir sesle tek kelimelik cevaplar verir, gözlerini devirir ve ters davranır. Muhteşemdir!

Neyse ki soğuk bakışlı kızımın aynı bakışları kendi çocuğunda gördüğüne tanık olacak kadar uzun yaşadım. Ergenlik çağındaki içedönük çocuğunuz bu dönemlerden geçerken nasıl mücadele edeceğinize karar verin. Unutmayın, anne babaları "çok sıkıcı, aptal, boş" bulmanın bir amacı vardır. Ergenler kendilerini bir sonraki sıçrayışları olan yuvadan uçuşa hazırlarlar. Sizi tahtınızdan indirirlerse ayrılmak daha kolay olacaktır. Özerklik ve özgürlük kazanmaya çalışıyorlardır. Ama "Hey, sakinleş bakalım", "O cevabı geri al ve daha sevimli bir tane gönder", "Odana git ve bu davranış geçince geri gel" gibi şeyler söylemeniz normaldir. Bu dönemde mizah anlayışı en büyük müttefikinizdir.

Şu sıralar asık suratlı ve içedönük bir ergen olan Rachel ile çalışıyorum. Onun normal ergen davranışları annesini kızdırıyor ve kalbini kırıyor. "Öyle tatlı bir çocuktu ki" diyor özlemle. Yani normal büyüme sıkıntıları yüzünden Rachel burnunun dikine gidiyor. Bu bir özerklik mücadelesi ve Rachel kazanıyor. Annesine kaba davranıyor. Bana soğuk gözlerle bakıyor. Annesine kızının bağımsızlık çabasını kişisel olarak algılamamasını söylüyorum. Bu onun iyi bir anne olmadığı anlamına gelmiyor. Aslında tam tersi. Rachel bir ergene göre gayet normal davranışlar sergiliyor. Rachel'le hissettikleri hakkında konuştum. Duyguları tamamen normal. Anne babasından bıkmış olması gelişimsel olarak doğru. Bu duyguları kabul etmek anne kızın daha iyi geçinmesini sağlayacak.



## Konunun özü

- ✓ İçedönükler güvenli, düzenli ve öngörülebilir evlerde büyüyüp gelişir.
- ✓ Rutin, içedönük çocuğunuzun enerjisini muhafaza etme becerisini artırır.
- ✓ İçedönük çocukları işbirliğine davet etmek özgüvenlerini artırır.

# 6

# Oyun, sohbet ve rahatlama sanatı

## Günlük sohbetleri, yaratıcı oyunları, karar verme aşamalarını ve stres atma becerilerini destekleyin

*"Belki de aklın tek eğlenceli yanı hayal gücüdür."*

—George Scialabba

Bazen yetişkinler; çocukların ödevlerini, müzik derslerini ve önceden planlanmış diğer faaliyetlerini bitirdikten sonra vakit harcadıkları oyunları önemsiz görürler. Ancak oyun çocuklar için önemli bir iştir. Çocuklar oyun sayesinde öğrenirler, stresten uzaklaşırlar, keşfederler, hayal ederler ve farklı rol ve sosyal davranışları denerler. Günümüz Amerikan kültürü oyuna az değer verirken çocuklarda başarıya fazla kıymet veriyor. Sonuç olarak bugün birçok çocuk, arkadaşları ve anne babalarıyla yeteri kadar özgün ve belli bir yapısı olmayan oyunlar oynayamıyor. Özgün bir oyunda (bu kitaptaki şekliyle) kir, su, ağaçlar, parklar, çocuk parkları, molozlar ve numara yapmak gibi unsurlar vardır. Oyun, çocuklar için güvenli bir ortamda yapma ve yaratma, "Eğer..."le başlayan sorular sorma, "miş gibi" davranma özgürlüğüdür.



Zengin iç dünyalara sahip içedönük çocukların açık havada oynamaları, onların nesnelerle, insanlarla ve yeni kavramlarla etkileşim kurma konusunda pratik yapmalarını sağlar. Oyun aracılığıyla içedönük çocuklar fikirlerini sınayabilir, dil becerilerini geliştirebilir, duygusal çatışmaları çözebilir, yeni sosyal davranışları test edebilir ve problemleri çözmeyi öğrenebilirler. İçedönük çocuklar için kastedilen oyun genellikle fazla enerji harcamayı gerektirmeyen ve onlara anlık mutluluklar veren bir faaliyettir. Oyun, içedönük çocuklara kendi kendilerine yarattıkları rahatlatıcı ve öngörülebilir ritüellerle sakinleşme olanağı verirken, dış dünyayla etkileşim kurmanın eğlenceli olduğunu öğretir. İçedönük çocuklar oyunlarına tamamen konsantre olurlar. Bu sayede oynadıkları oyundan birçok şey öğrenmeye meyillidirler.

## En isabetli oyunlar

Uygun bir oyun beyin gelişiminde kritik bir öneme sahiptir. Sağ beyinli içedönükler oyun oynamaya daha yatkındırlar ama tüm çocukların beyinleri oyun aracılığıyla gelişir. İçedönük çocuklar boş kaloriye değil doyurucu zihin gıdasına yani zenginleştirici oyuna ihtiyaç duyarlar. Önde gelen beyin araştırmacısı Antonio Demasio çocukları sağ beyindeki duygusal ve manevi merkezlerle kaynaştırmadan çok ama çok hızlı düşünen sol beyinliler olarak yetiştirdiğimiz gerçeğini kaygı duyarak dile getiriyor. Bunun bir sonucu olarak da mantıksal sol beyin fazla kullanılırken daha çağrışımsal olan sağ beyin az kullanılıyor. Bugün birçok çocuk bilgisayarlarında ya da televizyonlarında tempolu, saldırgan, amaç odaklı oyunlar oynuyor. Bu tarz oyunlar çok az hayal gücü gerektirmiyor ve insanlarla etkileşime yer vermiyor. Çalışmalar, sol beyinde aşırı dopamin uyarmasının çocuklarda çabuk ödül kazanma ve güçlü anlık mutluluklar yaşama beklentisi oluşturan sert beyin yolaklarının oluşmasına neden olduğunu gösteriyor. Bu da düşünmeden hareket etme dürtüsünü artırıyor. Bu aynı zamanda çocuklara, ödülün yavaş elde edildiği yolları denemekten ziyade hızlı dürtü ve tatmin kaynaklarını tercih etmelerini öğretiyor.



Çocuklar için keşfetme, hayal etme, inşa etme ve gözlemleme özgürlüğü sunan oyuncak ve etkinlikler daha faydalıdır. Bu maksatla ben danışanlarıma Legolar, bebekler, sanat malzemeleri gibi oyuncak ve etkinlikleri öneriyorum. Yine açık havada oynamak çocuklara hayal güçlerini kullanmada sayısız fırsat sunar. Taşlar, sopalar, yapraklar, çiçekler hepsi oyuncağa dönüşebilir ve çocuklar böcekleri ve hayvanları seyrederek saatlerce keyifli vakit geçirebilirler. Doğanın enerjilerini yerine getirdiğinin farkına varan ve onun peşinden giden pek çok içedönük çocuk vardır. Doğa ağır ağır, incelikle geliştiren bir öğretmene dönüşebilir. Arkadaşım Sharon ile evimizin yakınındaki nehrin kenarında bambudan ve odun parçalarından çadır yaptığımız zaman hayat hakkında öğrendiğim değerli bir dersi hatırlıyorum. Sağanak yağmur yağmıştı ve Sharon'la ben çadır ne durumda diye bakmak için nehrin kenarına gittik. Geriye tek bir tahta parçası bile kalmamış, yağmur her şeyi süpürmüştü. Doğanın gücü karşısında hissettiğim dehşet duygusunu halen hatırlıyorum. Çadırımız için üzüldük ve ardından kalemizi daha yüksek bir yere yaptık. Daha önce de sözünü ettiğim gibi içedönüklerin beyinleri yaşadıkları deneyimleri geri ve ileri sarar. Bu sırada çıkardıkları dersleri uygulayabilirler. Doğanın o nehir kenarında bana gösterdiği yıkım ve yeniden toparlanma gücünü asla unutmadım. Bunu hatırlamak bana hayatımın sonraki dönemlerinde iki büyük depremde ve

### Çocuğunuzla oynamak

Çocuğunuzla oynarken aranızdaki duygusal bağı güçlendirirsiniz. Bu birlikte vakit geçirmenin güzel bir yoludur. Ama her oyun tarzı faydaları bakımından eşit değildir. Araştırmalara göre anne babalar oyunu yönettiğinde ve kuralları belirlediğinde çocuklar daha az yaratıcılık sergilerler. Çocuklar, özellikle de içedönük çocuklar, kendilerine doğaçlama tarzında oyun oynama fırsatı verildiğinde iç dünyalarını daha iyi yansıtırlar. Yanlarında olmanız onlara heyecan verir ama her şeyi sizin yapmanıza ihtiyaçları yoktur.

**Şunları yapın:**

- Kullanacağınız malzemeler konusunda yol göstermeyi teklif edin. "Şimdi bloklarla neler yapabileceğimize bakalım mı?"
- Açık uçlu sorular sorun. "Yaptığın bina güzel görünüyor. Ne yapıyorsun?"
- Çocuğun oyunu idare etmesine izin verin. Siz, onun yolundan gidin.

**Şunları yapmayın:**

- "Haydi şimdi bloklardan bir köprü yapalım" gibi çok kesin önerilerde bulunmayın.
- Ne yaptığını tahmin etmeye çalışmayın. Yargılandığını ya da baskı altında olduğunu hissedebilir.
- Oyunun idaresini ele alıp emirler vermeye başlamayın.

bir yangında kaybettiğim evlerimi yeniden inşa etme gücü verdi.

Oyun, çocuğun sosyal ve bilişsel becerilerini geliştiren taze bir bakış açısı sağlar. Oyun ayrıca çocuğa güvenli bir ortamda kazanma ve kaybetme deneyimi sunar. İçedönük çocuklar oyunun içinde gerçek hayatta karşılaştıkları sonuçlardan korunurlar. İçedönük çocuklar hazırlıklı olmayı sever, gafil avlanmak istemezler. İçedönük çocuğun her şeyi önceden planlayan beyni enine boyuna düşünür ve alternatifler hayal eder. Böylelikle prova yapmak çocuğun daha az enerji harcamasını ve gerçek dünyada eyleme geçmeye hazırlıklı olmasını sağlar.

## İçedönük çocuğun oyun kitabı

İçedönük çocukların özelliklerine uygun oyunlar onların sahip oldukları eşsiz yetenekleri geliştirir. İçedönük çocuklar çok fazla malzeme, oyuncak ve oyun arkadaşından bunalabilir. Diğer yandan düşünme, yaratıcılık, problem çözme gerektirmeyen oyuncaklardan da bunalabilirler. İşte birkaç taktik:



- Bazı oyuncakları dolapta tutun ve dönüşümlü olarak çıkartın ki her zaman deneyeceği yeni şeyler olsun ama aynı anda bütün oyuncaklarını vermeyin.
- Pelüş hayvanlar, Legolar, çay setleri, kamyonlar, oyun hamurları, boya kalemleri ve kâğıtları gibi hayal gücüne yer bırakan temel oyuncaklar seçin. İçedönük çocuklar yaratıcı olmaya eğilimlidir ve soyut düşünmek onlara kolay gelir. İçedönük çocuklar tahta bloklar gibi temel oyuncakları kullanarak akıllarına gelen şeyi gerçek hayatta yapabilirler.
- İçedönükler birebir oynamayı sever. Çocuğunuzun bir başka çocukla ya da rahat ettiği bir yetişkinle oyun oynaması için fırsatlar yaratın.
- Onların gözlemleme yeteneklerini takdir edin. Başkalarının fark etmediği şeyleri görmek, içedönüklerin en büyük avantajlarından biridir. Pek çok içedönük çocuk bu yeteneği, sonradan yazarlık, bilim insanlığı, psikologluk, öğretmenlik gibi mesleklerde kullanır. Çocuğunuza kullan at fotoğraf makineleri, gizli nesneyi

bulma oyunları alabilir ve birlikte sessiz film oynayabilirsiniz.

- İçedönük çocuklar suyla oynamayı rahatlatıcı bulurlar. Ona bir sürü banyo oyuncağı, huniler, süngerler, ibrikler, fincanlar ve banyo çıkartmaları alabilirsiniz. Parmak boyaları ile suluboyaları da severler.
- İçedönük çocuğunuz özellikle hayvanlar, askerler, tahta boyama, müzik aletleri ve bebeklerle ilgileniyorsa ona bu oyuncaklardan alın.
- Tiyatro oyunlarında oynamak, şarkılar bestelemek ve hikâyeler yazmak, seramikle uğraşmak ergenlik çağındaki çocuklar ve ergenler için uygun etkinliklerdir. Ayrıca kâğıt oyunları da kazanmak, kaybetmek ve kurallara göre oynamak gibi önemli sosyal beceriler kazandırmaya yardımcı olur.

## Ah şu elektronik misafirler

*"Televizyonu çok eğitici buluyorum. Ne zaman biri onu açsa başka bir odaya gidip kitap okuyorum."* –Groucho Marx



Çocukları ve medyayı düşünürken dikkate alınması gereken birkaç şey vardır. (Medya derken, televizyon programlarını, DVD'leri, videoları, radyoyu, gazeteleri, dergileri, bilgisayar oyunlarını ve interneti kastediyorum.) Bunlardan biri içerik, diğeri aracın kendisi, üçüncüsü de çocuğunuzun bunlarla ilgilenirken ne kaçırdığı. Medyadan korkmanıza gerek yok. Hayatın bir parçası ve onun sunduklarına da yer var. İçedönük çocuklar kendi iç dünyalarından çıkmak için medyayı kullanabilirler. Onlara yeni bilgi girişi sunar ve aktif zihinlerinin biraz mola vermesini sağlar. Bu nedenle çeşitli medya araçlarını rahatlatıcı bulurlar. Pek çok içedönük çocuk radyo dinler ya da kolay uyuyabilmek için televizyon izler. Dışadönüklerin aksine içedönük çocuklar medyayı kullanarak gerçekten bir şeyler öğrenirler. Örneğin bilim, hayvan ve tarih kanallarını severler. Sık sık internette araştırma yaparlar. Çoğu içedönük (yetişkinler de dahil) kişi kendilerine kitap okunmasını severler, bu yüzden sesli kitaplardan hoşlanırlar.

Ama medyanın eve girişinin kontrol altında tutulması gerekir. Televizyon söz konusu olduğunda çocuklar saçma sapan, çoğunlukla ticari bombardımanların hedefi olurlar. Televizyonda güzel programlar olsa da şiddet ve korku içeren görüntüleri ve rahatsız edici hikâyeleri olabilir. Çocuklarının, gerektiğinde müdahale edebilmeleri ya da akıllarına takılabilecek soruları cevaplayabilmeleri için yetişkinlerin ya nında TV izlemeleri daha doğrudur. İçedönük çocuğunuzla izlediği programları, oynadığı oyunları ya da etkileşim halinde olduğu diğer medya unsurlarını tartışmanız önemlidir. Zihinlerine dolan onca veriyi sindirme konusunda yardıma ihtiyaçları vardır.

Unutmayın, içedönük çocukların algıları çok güçlüdür. Bazen bilginin sadece bir parçasını alırlar ve bu onlar için gerçeklerin tamamen karşılarında olmasından daha kafa karıştırıcı ve can sıkıcı olabilir. Burada sorun konudan nasıl söz edeceklerini ve nasıl soru soracaklarını bilemiyor olmalarıdır.

11 Eylül 2001 saldırılarından kısa bir süre sonra 6 yaşında oğulları olan bir aileyle tanıştım. Onlara yaşananları çocuklarıyla konuşup ko-

**Ekranlar her yerde**



Günümüzde elektronik medyanın çocukların üstündeki etkisi anne babaları her geçen gün biraz daha fazla endişelendiriyor. Aslında elektronik medyanın olumsuz etkileri olsa da, olumlu özellikleri de var. Ekran karşısında geçirilen süre sınırlı olduğunda ve çocuk izlediklerini sizinle konuştuğunda medyanın olumsuz etkilerini kontrol etmek daha kolay hale geliyor. Siz de reklamların insanları nasıl olumsuz etkilediği hakkında konuşması için onu cesaretlendirebilirsiniz.

**Elektronik medyanın olumsuz etkileri**
- Hipnotize eder, bağımlılık yapar ve fazla uyarır.
- Hayal gücünü ve yaratıcılığı azaltır.
- Dikkat süresini kısaltır.
- Okumak ve diğer aktiviteler için ayrılan zamanı kısaltır.

**Elektronik medyanın olumlu etkileri**
- İçedönükleri kendi iç dünyalarından çekip çıkarır.
- Onları rahatlatır.
- Bazen başka ülkeleri, farklı ilgi alanlarını ve yaşam biçimlerini öğretir.

nuşmadıklarını sordum. “Hayır, bu konuda pek bir şey bilmiyor, televizyonu hep kapalı tuttuk” dediler. “Neler bildiğini görseniz muhtemelen çok şaşırırsınız” dedim. Ve tabii ki oğullarının terörist, intihar, uçak kaçırma gibi terimlere ne kadar aşina olduğunu fark ettiklerinde afalladılar. Bu konuyla ilgili konuşmaya başladığında zaten bildiği hikâyenin parçalarının yerli yerine oturmasını sağlayacak sorular sordu.

Çocukların bu tür şeyleri anne babalarıyla konuşma fırsatı bulmaya ihtiyaçları vardır. Dünyadaki problemler küçük bir çocuğa, özellikle de sessiz, kavrayışı güçlü, içedönük bir çocuğa ağır gelebilir. Sorular sorabilmeli, bildikleri yanlışsa düzeltilmeli ya da daha geniş bir bakış açısı sunulmalıdır. Aksi takdirde durmadan çalışan o küçük kafalarının içinde bunu sonsuza kadar evirip çevirirler. Ve bu bir çocuk için çok zor bir şeydir.

- Bazen tarih, doğa, bilim ve kültür hakkında bilgi verir.
- Eğer izlenenler başkalarıyla tartışılırsa hayal gücünü ve hikâye anlatma becerisini geliştirir.

**Ne yapabilirsiniz?**

- Ekran süresini günde bir iki saatle sınırlayın.
- Yalnız başına oynaması yerine bilgisayar oyunlarını çocuğunuzla birlikte oynayın ve bunu interaktif bir tecrübe haline getirin.
- Gerçek hayat ile televizyon arasındaki farkları tartışın.
- Çocuğunuzla televizyondaki şiddeti tartışın ve ona bunun gerçek hayatın bir yansıması değil rol olduğunu anlatın.
- Çocuğunuzla televizyondaki reklamlar hakkında konuşun ve bir şey sırf güzel görünüyor ve biri almamızı söylüyor diye onu satın almak zorunda olmadığımızı anlatın.
- Son olarak çocuğunuza belli konularda ya da olaylar hakkında neler gördüğünü sorun. Çocuklar çoğunlukla dünyada yaşananlar hakkında sandığınızdan daha çok şey bilirler. Bildiklerini ve düşündüklerini yakın olduğu biriyle tartışabilmesi önemlidir.

## Sohbet zamanının önemi

*"En azından tek bir anlamlı şey olsa ne iyi olurdu."*
– *Alis Harikalar Diyarında* filminden

İçedönük çocuğunuzla her gün en az on beş dakika konuşun. Sohbet etmek; içedönük çocukların bağ kurmasını sağlamak, onlarla ortak olduğunuzu ve ailedeki yerlerini kabul ettiğinizi göstermek açısından önemlidir. Bu, çocuğunuzu mutlu eder, size olan güvenini artırır ve kendi zihnini daha iyi anlamasını sağlar. Söylediklerini dinleyin, derinlemesine düşünün ve açık bir tutumla onu yanıtlayın. Sorularınızı merakla sorun. "Tenefüste ne oldu?", "Bugün daha önce bilmediğin ne öğrendin?", "Sence Susie neden seninle oynamayı seviyor?" Sorguya çekmeyin, yargılamayın ya da onun duygularını, düşüncelerini düzeltmeye çalışmayın. Sorunlarını çözmek için ne yapabileceğini düşündüğünü sorun. Bunu oyuna çevirerek ona rol yaptırmayı deneyin: "Eğer o anı tekrar yaşayabilseydin ne yapardın?"



İçedönük çocuğunuzu dinlemeniz onun iç dünyasını başkalarıyla paylaşma alıştırması yapmasını sağlar. Onun sohbet etmeye ve ikinizin de aklındaki şeyleri tartışmaya ihtiyacı vardır. Bu onu kendi kafasının içinde hapsolmaktan kurtarır. İçedönük çocuklar günlük sohbetlerle anlatacakları ilginç şeyler olduğunu fark ederler. Onun; duygularının, düşüncelerinin, kavrayışlarının, sorularının önemsendiği güvenli bir etkileşime ihtiyacı vardır. Böylece "Benim fikirlerim

### Sohbet tavsiyeleri

Bazen bir sohbete başlamak ya da devam ettirmek zordur. İşte içedönük çocuğunuzun açılmasını sağlayacak birkaç ipucu:

- Evet hayır sorularından kaçının. Neden, nerede, ne, kim soruları sorun.
- Spesifik sorular sorun. "Bugün okulda yaptığın en eğlenceli şey neydi?"
- Ayrıntıları sorun. Kelebek sunumun nasıl geçti?

dinlemeye değer" demeyi öğrenir. Diyalog, çok küçük yaştaki içedönük çocuklarda bile ifade etmeyi, vizyonu genişletmeyi ve cesaret bulmayı sağlayan çok güçlü bir stratejidir.

Sohbet zamanı, sarılmak için iyi bir fırsattır. Banyo veya yatma zamanında birlikte rahatlamak ya da sadece birlikte biraz tembellik etmek içedönük çocuğunuzun zihnindekilerle sizi şaşırtması için bir fırsattır. Öylesine konuşmak, baskı kurmadan sorular sormak ve onu rahatlatmak için bir şeyi birlikte düşünmek... Hangi konuların onu harekete geçirdiğini öğrenin. Bazen siz bir şey paylaşırsanız o da size açılabilir.

**Okuyun**

Çoğu içedönük çocuk kitap okumayı sever. İçedönüklerle yapılan araştırmalarda, çocukluklara en severek yaptıkları şeyler sorulduğunda çoğu anne baba ilk olarak "Okumak" der. Hayali maceralara çıkmayı, hikâyelerdeki karakterleri tanımayı severler.

İçedönük çocuğunuzun okuma sevgisini yakınlaşma aracı olarak kullanın. Bunu yapmanın bir yolu aynı kitabı okumak, birlikte tartışmaktır. Ya da çocuğunuza okuduğu şey hakkında sorular sorun. Neden öbür kitabı değil de bunu seviyor? Hoşunuza giden kitaplar hakkında konuşun.

Meryl Streep'in dışadönük (ev kadını) anneyi ve Renée Zellweger'in de içedönük (yazar) kızı canlandırdığı *One True Thing* (Annem Uğruna) adlı dokunaklı film bir anneyle kızın arasındaki uçurumu gözler önüne serer. Filmde anne sadece ikisinin olduğu bir okuma kulübü kurmayı önerir ve kız şaşkınlıkla annesinin iç dünyasını fark eder.

İçedönük çocuklar kendilerine kitap okunmasından da hoşlanırlar. Çoğu bunun çocukluklarına dair en güzel anılar olduğunu anlatır. İkinizin de sevdiği bir kitap seçin ve sohbetinizi bunun ya da bir romanın bir bölümü üstüne kurun. Kurguyu ve karakterleri tartışın. Kitapta kendi hayatınıza dair bir şey bulursanız bundan söz edin.

Danışanlarımdan biri yakın zamanda 7 yaşındaki kızı Elise ile on beş dakikalık sohbetler etmeye başladı. İkisi de içedönük, bu yüzden de zor bir ilişkileri var. Anne oyun oynamayı sevmiyor ve Elise'in yetişkin gibi davranmasını bekliyor. Benim ısrarlarımla ve bunun tartışmaları azaltacağına dair vaatlerimle anne nihayet çocuğuna bir sohbet zamanı ayırdı. Böylece her gece ışıklar kapanmadan Elise'in yatağında uzanıp günlerinin nasıl geçtiğinden söz ediyorlar. Bu rahat, acelesiz bir sohbet oluyor. Annesi şimdi kızının rahatça "Bunu gece, sohbet zamanımızda konuşuruz" demesine şaşırıyor. Elise artık annesiyle hayatına dair daha çok şey paylaşıyor, hatta tavsiye istiyor. Çok daha az kavga ediyorlar.



## İçedönük çocuğunuzun karar vermesine nasıl yardımcı olursunuz?

İçedönükler çoğunlukla doğru kararlar alırlar. Bir karar alırken onun farklı aşamalarını oyuna dönüştürmek, alıştırma yapmanın iyi bir yoludur.

- Çocuğunuza neyin bu kararı onun için zor hale getirdiğini sorun.
  "Kampa gitmek istiyorum ama korkuyorum."
- Ondan artıları ve eksileri yazmasını isteyin.

**Artılar**

- Eğlenceli olabilir.
  - Caleb ve Nathan da gidiyor.
  - Atlar ve kamp ateşi var.

**Eksiler**

- Daha önce hiç oraya gitmedim.
- Evden uzak koca bir hafta...
- Eğlenceli olmayabilir.
- Zorbalar olabilir.

## Bir seferde karar vermek

*"Öyle büyük bir zihnim var ki, onu toparlayıp bir karar vermem bir hafta sürüyor."* –Mark Twain

İçedönük çocuğun prensibi "bunu bir düşüneyim"dir. Uzun beyin yolakları bir karar vermeye hazır olmadan önce çok sayıda bilgiyi bir araya getirmesi ve işlemesi için uzun bir zaman gerekir. Genellikle içedönük çocuklar bunları süzebilmek için sessiz bir ortama ve zamana ihtiyaç duyarlar. Aslında içedönük çocuklar anında karar vermeleri istendiğinde bunalabilirler. Alınacak karar ne kadar küçük olursa olsun bu zaman alır. Çocuğunuza karar vermek için biraz düşünmenin normal olduğunu hatırlatın. Kararların bu kadar bunaltıcı olmaması gerektiğini ona öğretin.

- Ne gibi çözümler bulabileceğini sorun. Eğer aklına bir şey gelmezse siz birkaç öneride bulunun.
  - Nathan'ın ağabeyiyle konuşabilirim. O geçen sene gitti ve ondan daha çok şey öğrenebilirim.
  - Eve telefon açabilir ya da mektup yazabilirim.
  - Arkadaşlarımın benimle aynı kulübede kalıp kalmayacağını öğrenebilirim.
  - Yanıma özel birkaç şey alabilirim.
  - Birisi zorbalık yaparsa öğretmenime ya da arkadaşlarıma söyleyebilirim.
  - Bazı aktiviteler eğlenceli olabilir, bazıları olmayabilir ve bununla başa çıkabilirim.
  - Eğer her şey gerçekten berbat giderse annem ve babam gelip beni alabilir.

- Kararını verdikten sonra uyumasına izin verin.
- Bir ön karar vermesi ve bunun onu nasıl hissettirdiğini görmesi için çocuğunuzu destekleyin. Sonradan aklına gelen endişeleri ve fikirleri de tartışabilirsiniz.
- Bir plan yapın ve kararı için onu tebrik edin.

Onları birkaç aşamaya böldüğünüzde daha başa çıkılabilir olurlar. Ve her şey gibi karar vermenin de alıştırma yaptıkça kolaylaştığını söyleyin. Ayrıca her karar, küçük gibi görünse bile bir seçim yapma, bir duruş sergileme ve bir problemi çözme şansı verir.

Çocuğunuzla bunu o sırada konuşun ve nazikçe sorun: "Seni zorlayan tarafı nedir?", "Her bir olasılığın kendine özgü olumlu ve olumsuz yanları neler?", "Model olarak kullanabileceğin geçmişte aldığın bir karar var mı?", "Tekrar yapmaktan kaçındığın hatalar var mı?" "Karar vermek zordur, biliyorum" diyerek onun yaşadığı güçlüğü anladığınızı gösterin. Karar verip uyarsa sabah genellikle her şeyi daha net kavrar. O zaman artık karar verme ve plan yapma zamanıdır. Ona daha önceden verdiği ve sonucu iyi olan kararlarını düşünmesini söyleyin. Çocuğunuza mükemmel karar diye bir şeyin olmadığını hatırlatın. Sadece eldeki bilgilere dayanarak yapılabilecek iyi tercihler vardır. Ve çok az kararın çok kalıcı sonuçları olacağını söyleyerek onu rahatlatın.



## Rahatlama ve harekete geçme sanatı

İçedönük çocuklar, her gün, yeni beceriler kazanma, okuldaki baskılar, arkadaşlıklardaki belirsizlikler gibi pek çok sinir bozucu, endişe verici ve hayal kırıklığı yaratabilecek durumla karşı karşıya kalırlar. Anne babalar olarak çocuklarımızın bizden destek alma ve sıkıntılarını kendi başlarına çözme dengesini sağlamalarına yardımcı olmalıyız. Neyse ki içedönükler kendi kendilerini sakinleştirmeyi öğrenebilirler, çünkü kendilerini sakinleştirmeden önce hiçbir sorunu çözemezler. Çocuklar kendi kendilerini sakinleştirmeyi ne kadar çabuk öğrenirlerse karşılarına çıkan sorunlarla o kadar iyi başa çıkarlar.

Çocuğunuzun erken yaşta kendi kendini sakinleştirme becerileri kazanmasını sağlayın. Bir çocuğun sinirleri bozulduğunda onun sorununu çözmek, onun kendi kendini sakinleştirme becerisini kazanmasından daha kolay gelir. Durumu düzeltmek için bir çare bulduğunda ya da cesareti kırıldığı halde bir kez daha denediğinde, sırtını sıvazlayıp şöyle diyebilirsiniz: "Bu işten alnının akıyla çıktın, aferin sana" veya "Vay be bu problemler amma da zormuş, işin içinden çıktığına çok sevindim."

**Koltuk seyahati**

Bu alıştırmayla çocuğunuz zihninde kısa bir yolculuğa çıkmayı ve rahatlayıp tazelenmiş olarak geri gelmeyi öğrenecek. Onu rahat bir pozisyonda oturtun. Ondan güneşli, çiçekli bir çayır ya da bir plaj hayal etmesini isteyin. Nerede rahat edecekse, öyle bir sahne hayal etsin. Bu sahneye birkaç dakikalığına odaklanmasını ve oradaymış gibi davranmasını isteyin. Güneşi, esintiyi, havanın sıcaklığını hissetmesini, dalgaların sesini ya da çimenlerin hışırtısını dinlemesini söyleyin. Bu alıştırmayı birkaç kez yapın. Bunu istediği zaman yapabileceğini bilsin. Ne zaman gerilirse, böyle kısa bir yolculuğa çıkabilir.

**Stresle hızlı ve kolay başa çıkma yöntemleri**

- Mırıldanmak (ne olursa).
- Naneli ya da çocuğunuzun sevdiği başka bir kokuda dudak kremi alın. Bunu koklamak onu canlandırır.
- Islak köpek gibi silkelenmek.
- Topa vurmak (dışarıda).
- Gazete ya da dergileri yırtmak (zaten geri dönüşüme atacağınız şeyler).
- Canlı bir müzik açıp dans etmek.
- Bir hayvanı okşamak ya da onunla oynamak.



İçedönük çocuklar yeni bir şey denemek konusunda genellikle endişelidirler, bu yüzden onların endişeyle başa çıkma araçlarını geliştirmesine yardımcı olmalısınız. Onlara olabilecekleri öngörmeyi ve nasıl tepki vereceklerinin alıştırmasını yapmayı öğretin. Bu "bir şey söylemeye ya da yapmaya karar vermeden önce bırakın biraz düşüneyim" sürecini de hızlandırır. Bir durumun ne şekilde gelişebileceğine dair alıştırmalar yapın. Bu, çocuğunuza hayatın her seferinde bizi şaşırtmadığını ve bu sürprizlerden korkmamıza gerek olmadığını öğretir. Onun beklenmedikle başa çıkmak için ihtiyacı olan becerilere sahip olmasını sağlayın. İddialı bir şey yaptıktan sonra bunu çocuğunuzla konuşun. "Kuru temizlemeciye paltomu tekrar temizlemesi gerektiğini söylerken biraz gergin hissediyordum, sence nasıldım?" İçedönük çocukların, hepimizin başkalarıyla yüzleşirken çekincelerimizin olduğunu bilmeye ihtiyacı vardır. Bu tür konuşmalar ona pozitif bir içses aşılar. "Ben de annem gibi yapabilirim."

## Harekete geçmek

Bazen içedönük çocuklara harekete geçmeyi hatırlatmak gerekir. Çocuğunuzun kaslarını hareket ettirmesi için onu arada bir dürtün. Odasında sessizce oynarken fiziksel aktivite düşüncesi çok ilgi çekici gelmeyebilir. Bisiklete binmek, kardeşiyle top oynamak, köpekle hızlı bir yürüyüşe çıkmak gibi aktivitelerden de hoşlandığını hatırlatmak için hafızasını canlandırmanız gerekebilir. Ondan renkli kartlara (renkli olması her zaman düz beyazdan iyidir) "yapmayı sevdiğim şeyler" listesi çıkartmasını isteyin. Aklına bir şey gelmediğinde kartlara bakabilir. Ayrıca bir şeyi yapmadan önce ne yapmak istediğini gözünde canlandırma alışkanlığı kazanmasını sağlayabilirsiniz. Bu zevk merkezini ateşleyecek motive edici bir faktör olabilir.



## Kolay ve hızlı harekete geçirme yöntemleri

- Yel değirmeni olun. Çocuğunuza ellerini ve ayaklarını sallayarak, kollarını çırparak kan dolaşımını nasıl artıracağını ve enerji seviyesini nasıl yükselteceğini gösterin.
- Çocuğunuzu sesinin son raddesine kadar şarkı söylemeye davet edin. Eğer kendi başına mırıldanmayı tercih ediyorsa duşta söylemesini önerin.
- Müziği açın ve odada içedönük çocuğunuzun yanında veya onunla birlikte dans edin. Ondan size birkaç dans hareketi öğretmesini isteyin.
- Şapşallıklar yapın ve birlikte gülün. Birlikte Marx kardeşlerin *Monkey Business* filmi gibi eski komedileri izleyin. Kahkaha müthiş bir enerji vericidir.
- İçedönük çocuğunuzu sallayın, döndürün, küçük bir trambolinde zıplatın. Bisiklete binmek ve paten kaymak da harikadır. İçe-

dönük çocuklar özgürlüğü sever. Masa tenisi ve badminton da enerjisini yükseltmeyi sağlar.

## Konunun özü

- ✓ Oyun, içedönük çocuklar için az enerji harcayarak yeni becerilerini sınamalarının bir yoludur.
- ✓ İçedönük çocuklar karmaşık bilgileri işleyip bir karara varmak için zamana ihtiyaç duyarlar.
- ✓ Günlük sohbetler, içedönük çocukların yaşadıklarını anlamlandırmalarına yardımcı olur.

# 3 Aile çeşitleri

*"Çocuk yapmak da film yapmak gibi. Hep aynı endişeler. Bacakları olacak mı? Sınıfta kalacak mı? İçeride ne yapacak? Ya dışarı giderse?"*

–Meryl Streep

# 7 Aile içi mizaç tangosu

## Her bireyin kendi becerilerini onaylayarak ve takdir ederek aile içindeki uyumunu artırın

***"Çocuklar büyüklerini dinleme konusunda hiçbir zaman iyi değildir ama iş onları taklit etmeye gelince, asla başarısız olmazlar."***

**–James Baldwin**

İçedönük çocuklar aileleriyle iyi ilişkileri olsun isterler. Genellikle sosyal çevreleri daha sınırlı olduğundan onlar için aile daha önemlidir. Ailelerine daima daha çok odaklanırlar. Sıklıkla fark ettiğim bir şey, içedönüklerin çocuk bile olsalar aile içinde herkesin öneri ya da yardım istemeye gittiği bireyler olduğudur. Kendi yöntemleriyle –ki bunlar genellikle fazla göze çarpmayan, akıllıca yöntemlerdir– aile üyelerini destekler, onları cesaretlendirirler ve anlaşmazlıkları çözmeye çalışırlar. Gözlemleri, sadakatleri ve neyin doğru olduğuna dair algıları sayesinde herkes onlara güvenir.



Aile içindeki o dar çember içedönük çocuğun rahat ilişkiler kurabilmesi için bir alıştırma sahasıdır. Çocuklar büyüklerin nasıl iletişim kurduğunu izler. Sizden öğrenirler. Güçlü ve olumlu ilişkiler çocuğunuzda ilişki kurmanın bunun için harcanacak çabaya değdiği inancını güçlendirir.

Kitabın birinci bölümünde yer alan mizaç testini yapmaları konusunda aile üyelerini cesaretlendirin. Bakalım puanları hakkında ne diyorlar? Diğer aile üyelerinin puanları hakkında ne düşünüyorlar? Bu puanlar aile üyelerinin aile içindeki davranışlarını yansıtıyor mu? Tüm aile üyelerinin mizaçlarını belirlemek eğlenceli ve aydınlatıcı olabilir. Çocuklar –özellikle de içedönük olanlar– gözlem yetenekleri sayesinde çok ilginç tespitlerde bulunabilirler.

## Aile içi mizaç çeşitliliği

*"Bence temelde insan insandır, bizi büyüleyen, mutlu eden ve korkutan ise farklılıklarımızdır."* –Agnes Newton Keith

İçedönük bir psikolog olan arkadaşım bir başka içedönük psikologla evlendi. İçedönük iki kızları oldu. Randy gülerek en sevdikleri aile gezmelerini anlatıyor. Hep birlikte en sevdikleri kitapçıya gidiyorlar ve hepsi birer kitap seçiyor. Sonra hızlıca bir şeyler atıştırıyorlar ve eve gidip şöminenin karşısında yeni kitaplarını okuyorlar. Çok heyecan verici, değil mi? Ailedeki herkesin benzer ilgi alanları olan içedönükler olması pek sık karşılaşılan bir şey değildir. Ama böyle bir evde, boş bir günde ne yapılacağı tartışmalarının büyük bir hızla çözüldüğü kesin!

İnsanlar benzer mizaçlarda olduklarında dünyayı benzer bakış açılarıyla görürler. Bu öngörülebilir, kafa dengi bir ortam ve kolayca aidiyet hissi yaratır. Bir çocuk anne ya da babaya benzediğinde onunla arasında özel bir bağ gelişir. Amaçları uyuşur ve kolayca iletişim kurarlar. Diğer yandan pek çok benzerlik bunaltıcı olabilir, zayıflıkları kalıcılaştırabilir ve sert döngüler oluşturabilir. Birbirine çok benzeyen insanlar bazen birbirlerinin ayağına dolanabilir ve birbirlerini hor görmeye de başlayabilirler.



Gerçek şu ki, çocuklarımıza bakıp kendimizi görmek ya da bize yabancı gelen özellikler bizim için farklı şekillerde zorlayıcı olabilir. Terapiye gelen bir ailede dışadönük üç çocuk ve tam anlamıyla bir içedönük erkek çocuk vardı. Aile oldukça aktifti ve sık sık seyahat ediyorlardı. Yeni bir otel odasına girdiklerinde ya da yeni bir yeri ziyaret ettiklerinde içedönük çocuk geri duruyordu. Koşup oynamıyor ve kardeşleri gibi heyecanlanmıyordu. Anne babası sonunda onun bu seyahatten hoşlanmadığı sonucuna varıyordu. Bazen bu durum karşısında hayal kırıklığına uğruyor ve onun şımarık olduğunu düşünüyorlardı. Annesi bana "Neden heyecanlanmıyor? Neden bize katılmıyor?" diye sordu. Bu sorunun mizaç üzerine uzun bir sohbet açtığını söylemeye gerek yok elbette. Artık onun keşfetme yönteminin diğerlerinden farklı olduğunu biliyorlar.

Çocuk büyütmekle ilgili beklentilerinizi çocuğunuzun mizacına uydurun. Unutmayın, eşinizin de kendi mizacı var ve bu da çocuğunuzu etkiliyor. İster içedönük ister dışadönük olsun, çocuğunuzla ilişkinizde mizaca dayalı engeller olmamasına dikkat edin.

## İçedönük anne babalar ve içedönük çocuklar

İçedönük bir anne ya da baba çocuğuyla evin içinde tembellik etmek, video izlemek, koltukta yan yana kitap okumak, bütün öğleden sonrayı yağmurun çatıya vuruşunu dinleyip keyif yaparak geçirmek gibi basit zevkleri paylaşabilir. Kolayca senkronize olurlar. İlgi alanlarını paylaşır ve birbirlerini iyi tanıyabilirler. Ama bu kafadarlığın olumsuz bir yanı da olabilir: Dışarı çıkmakta zorlanabilir ve bir rutinin içinde sıkışıp kalabilirler. Sosyal çevrelerini genişletmez ve yeni tecrübeler edinmezler.

**Bekâr anne ya da babalar**

Eğer içedönük çocuğa bakan anne ya da baba bekârsa, çocuk onun çocuğu yerine eşi gibi davranmaya başlayabilir. İçedönük çocuklar iyi dinleyicidirler, genellikle olgundurlar ve yakın ilişkileri severler. Eğer "ebeveyn çocuk" rolüne girerlerse bu sorun olabilir. Yetişkin rolüne zorlanan çocuklar çocukluklarını yaşama şansı bulamazlar. Gelişimsel bir kilometre taşını atlamış olurlar. Anne babayla çok fazla kaynaşmaları çocuğun güvenini zedeler ve doğal olarak sahip olduğu ayrılma endişesini güçlendirir. Bu çocukların büyüyüp yuvadan uçması daha zor olur. Eğer evlenir ve evden ayrılırlarsa –çoğu bunu yapamaz– onlar için bir yetişkin hayatı sürdürmek ve anne babalık yapmak da zor olacaktır. Yalnız bir anne ya da babaysanız yetişkinlerden oluşan kendi destek grubunuzu kurduğunuzdan emin olun. Yetişkin konularını çocuğunuzla çok fazla konuşmayın. İçedönük çocuğunuzun başka arkadaşları olmasını, bir iki yakın yaşıtının olmasını destekleyin. İçedönük çocuğunuzla ebeveyn ve çocuk ilişkisi kurmanın keyfini çıkarın. Bu ikiniz için de daha iyi.

Bazı içedönük anne babalar çocukluklarında kendilerini soyutlanmış hissettiklerini unutmazlar. Sonuç olarak, çocuklarının da içedönük olmasından endişelenir ve onları değiştirmeye çalışabilirler. İçedönük bir baba bu durumu şöyle tarif ediyor: "Jordon'ın bana çok fazla benzemesinden endişeleniyorum. İçeride çok fazla vakit geçiriyor. Ona konuşabileceği alanlar açmaya çalışıyorum. Belki onu biraz daha dışadönük olmaya zorlamalıyım. Bunu her düşündüğümde kendi anne babam bana baskı yaptığında ne kadar berbat hissettiğimi hatırlıyorum. Ona içedönük olmanın normal olduğunu ve bunun nasıl bir şey olduğunu bildiğimi hissettirmeye çalışıyorum."

## Dışadönük anne babalar ve dışadönük çocuklar

Dışadönük çocuklar ve dışadönük anne babalar hareket halinde olmaktan hoşlanırlar. Çok eğlenir, çok çalışır, cümbüşü sever, sürülerinden ayrılmazlar. Etraflarında çok insan olmasından, canlı, akıcı tartışmalardan hoşlanırlar. Başarıları, ödülleri severler ve genellikle rekabetçidirler. İnsanlar onları sever, onlar insanları. Hayatı eğlenceli hale getirirler. Terapilerden dışadönük çocukları olan dışadönük anne babalar tanıyorum ve hepsinin de yıl boyu kullanılabilir Disneyland biletleri var. Diğer yandan bazen bunu abartabilir ve hayatın bazı güzelliklerini kaçırabilirler. Durup kendilerini ya da başkalarını dinlemezler. Eğer dışadönük özelliklerini dengeleyemezlerse, yıllarca dışadönük bir şekilde yaşamak onları yıpratabilir. Eğer aileden biri –ya da hayatta başlarına gelen bir kriz– onları yavaşlatmazsa, orta yaşa geldiklerinde fiziksel ve duygusal olarak büyük bir çöküntü yaşayabilirler. Kendilerine dönük bir bakış geliştiremez ve hayatın daha yavaş zevklerinin tadını çıkaramazlar. Herkesin kendileri gibi düşünmesini ve davranmasını bekleyebilirler. Dışadönük biri tarafından yetiştirilen dışadönük bir çocuk, birey olma bakımından eksiklikler yaşayabilir ve çevrenin övgülerine çok fazla bağımlı olabilir.



Bu yüzden dışadönük anne babaların, dışadönük çocuklarının içedönük özelliklerini güçlendirecek alıştırmalar yapması önemlidir. Başkalarının farklılıklarına karşı hoşgörü geliştirmek ve empati kapasitelerini artırmak yakın ilişkilerini güçlendirecektir. Dışadönük çocukların durup düşünmelerini desteklemek, karar alma ve odaklanma becerilerini geliştirir, daha uzun vadeli hedeflerde başarılı olmalarını sağlar. Dışadönüklerin iç kaynaklarını güçlendirmek onların çevrelerinden onay alma ihtiyaçlarını da azaltır.

## İçedönük anne babalar ve dışadönük çocuklar

Dışadönük çocuğu olan içedönük bir anne baba kuyruğunda bir kaplan gezdiriyormuş gibi hissedebilir. Jacqueline Bouvier evlenip çılgın Kennedy ailesine girdiğinde ve iki çocuk yaptığında da böyle hissetmişti. İçedönük kızı Caroline'le daha çok ortak yönü vardı ama dışadönük oğlu John onu endişelendiriyordu. Pek çok biyografi yazarı oğlunun riskli davranışlara karşı olan merakını törpülemek için ne kadar uğraştığını anlatır. İçedönükler, dışadönük çocukları hiperaktif, gürültücü, talepkâr, yüzeysel ve bunaltıcı bulabilirler. Bir güne başa çıkabileceklerinden fazla şey sığdırmak zorunda kalabilirler. Sınır koymakta zorlanabilirler, çünkü çocukları daha dinlenme ihtiyacı bile duymadan onlar yorgunluktan perişan olabilirler.



Dışadönük çocuğun aktif olma ihtiyacı, bir şeyi başaramadığında duyduğu huzursuzlukla birleştiğinde içedönük anne babanın durmadan bir atlıkarıncada dönüyormuş gibi hissetmesine neden olabilir. "Yarım saat içinde gidebileceğimizi söyledin. Daha olmadı mı? O zamana kadar ne yapabilirim?" Dışadönük çocuğun talepleriyle anne babanın zihni dolup taşabilir ve "Sus artık düşünemiyorum!" diye bağırmalarına neden olabilir. Yarım saat sakin bir zaman ve yakın bir ilişki arayan anne babalar sonunda çocukları tarafından kullanıldıklarını hissedebilirler: "Irina sadece ona taksi şoförlüğü ve sekreterlik yapmamı istiyor."

Diğer yandan anne babası içedönük olan dışadönük bir çocuk da bunalabilir ve davranışları anne babanın alınmasına neden olabilir: "Benim sessiz kişiliğim dışadönük kızımı rahatsız ediyor" diye itiraf ediyor içedönük bir baba. "Benim çok mesafeli olduğumu düşünüyor. Üzülüyor, çünkü katıldığı dans yarışmalarının hepsine gidemiyorum. İyi tarafı, sanırım ona güvenmemi, onu dinlememi ve ona ihtiyacı olan mahremiyeti vermemi seviyor. Zaman zaman istediği kadar hareketli olmadığım için kendimi yetersiz hissediyorum ama onun yanındayken enerjim sanki kemiklerimin içine kadar emilip tükeniyor. Rahatsızlığımı gizlemeye çalışıyorum ama merak ediyorum 'acaba hiç susmuyor mu?'"

## Dışadönük anne babalar ve içedönük çocuklar

Dışadönük bir anne baba içedönük çocuğunda ne sorun olduğunu merak edebilir. "Kızım Gaby için endişeleniyorum" diyor 11 yaşındaki bir kızın annesi. "Bir iki arkadaşıyla mutlu görünüyor ama keşke daha popüler olsa. Çoğu zamanını yalnız geçiriyor. Ben onun yaşındayken spor, kulüpler, okul etkinlikleri gibi pek çok şeyde aktiftim. Acaba anne olarak bir şeyleri yanlış mı yapıyorum? Ya da belki Gaby'nin fiziksel bir rahatsızlığı var, depresyonda veya otizm gibi daha ciddi bir sorunu var diye endişe ediyorum. Keşke benimle daha çok konuşsa."

Dışadönük anne babalar içedönük çocuklarını dışadönük hale getirmek için kendilerini paralarlar. Bu boşa bir çabadır. İçedönük bir çocuk dışadönük anne babayı rahatsız edebilir, anne baba çocuklarının yavaşlığı yüzünden bir türlü hiçbir şey bitmiyormuş gibi hissedebilirler. İçedönük çocuklarının merakından ve sordukları sinir bozucu sorulardan rahatsız olabilirler. İçedönükler dışadönüklerin aklına bile gelmeyen –rahatsız edici duyguları harekete geçiren, araştırma gerektiren ve düşündürücü– soruların inatla cevabını almak isterler. Bu dışadönük anne babayı korkutabilir ya da canını sıkabilir: "Boş ver, bunu bilmene gerek yok." "Neden akışına bırakamıyor?" "Durup bunları okuyacak vaktimiz yok."

Bir şeyleri bitirme acelesiyle dışadönük anne babalar çocuklarıyla sohbet etmeye vakit ayıramazlar. Ayaküstü konuşurlar, bu da içedönük çocuklara sorularına cevap almak için yeterli zamanı vermez. İçedönük çocuk sonunda anne babasının onun söyledikleriyle ilgilenmediğini düşünür. Dışadönük anne babalar çoğunlukla enerjiktir, etrafta uçuşup durur, iş bitirir ve eğlenirler. Çocukları çok şey "yaptığı" için iyi anne babalar olduklarını düşünürler. Ama anne baba içedönük çocuğun temposuna ayak uydurmazsa çocuk onlara yetişecek gücü bulamaz.

Dışadönük anne babalar, içedönük çocuklarının karar vermek için bilgiyi işleme sürecine ihtiyaç duyduklarını anlamayabilirler.

"Tanrı aşkına, sadece bir karar ver!" Geç gelen duygusal tepkiler de kafalarını karıştırır. İçedönük bir çocuğun yavaşlığı, hızı zekâyla eş tutan dışadönük anne babayı endişelendirebilir. Çocuklarının onlarla duygularını paylaşmaması yüzünden kendilerini hakarete uğramış hissedebilirler: "Jen'lerde iyi vakit geçirmediğini niye söylemedin? Bana hiçbir şey anlatmıyorsun."

Dışadönük bir anne baba içedönük çocuğunu bilmeden rahatsız edebilir. Kapısını çalmadan odasına girer, sözünü keser, çocuk daha onun varlığına alışmadan konuşmaya başlar. İçedönük çocuklar bir şeye konsantre olmuşken birden bölündüklerinde afallarlar. Çocuğunun doğuştan gelen özelliklerini anlamayan anne baba bunu hakaret gibi görür. İçedönük çocuğun mekâna ve mahremiyete duyduğu ihtiyacı anlamayan anne baba kendini reddedilmiş hisseder ve çocuğun onu sevmediğini düşünür.

İçedönük çocuklar kendileriyle aynı enerji seviyesine sahip olmadıklarından ne yazık ki bazı dışadönük anne babalar içedönük çocukları yerine dışadönükleri tercih edebilirler. "Robbie eğlenceli, onun hareketliliğini seviyorum." "Peter yavaş, bütün gün arkamdan bir patates çuvalı sürüklüyormuşum gibi hissediyorum, ona tek söylediğim şey 'Acele et!'"



Gaby'nin annesinin ifade ettiği madalyonun bir de diğer yüzü var. "Sanırım benim cana yakın olmam ve sosyal ortamları onun için kolaylaştırmam onu rahatlatıyor. Birlikte yürüyüş yaptığımızda, arabada giderken ya da bahçede bir şeyler yaparken daha iyi sohbet ediyoruz. O zaman sessizlikleri de daha iyi tolere edebiliyorum."

## Dışadönük ve içedönük çocukları olan içedönük anne babalar

Farklı mizaçları olan çocuklara sahip olmak, özellikle çocuğunu tek başına büyüten anne babaları zorlayabilir. Sürekli kendinizi tükenmiş hissedebilir, iki ya da daha fazla çocuğun bireysel isteklerini karşılamakta zorluk çekebilirsiniz. Dışadönük çocuğunuzla vakit geçirecek dışadönük yetişkinler ya da arkadaşlar bulmanız çok önemlidir. Onun dış dünya macerası ihtiyacını karşılamasına yardımcı olmanız gerekir.

Siz ve içedönük çocuğunuz muhtemelen daha kolay etkileşim kuracaksınız. Bu konuda suçluluk hissetmenize gerek yok. Birbirinizi konuşmadan kolaylıkla anlayabilirsiniz. Dışadönük çocuğunuz farkı hissedebilir ve neden kardeşinin sizinle daha uyumlu olduğunu merak edebilir. Sizin çekingen ve sıkıcı biri olduğunuzu düşünebilir. Aile içinde bunun gibi mizaç farklılıklarını tartışmak önemlidir.

Sol beyinli bir dışadönük olan 13 yaşındaki Alison'ın, sağ beyinli ve içedönük bir annesi ve küçük kız kardeşi vardır. Kız kardeş ve baba da içedönüktür ama Alison gibi sol beyinlidir. Alison aile içindeki sorunları onunla daha rahat konuşabilir. Alison ayrıca annesi ve kız kardeşinin yakın ilişkisi yüzünden bazen kendini dışlanmış hisseder. Neyse ki annesi kızının bunun gibi rahatsızlıklarını babasıyla konuşmasını sorun etmez. Alison'ın temposunun içedönük aile yaşantılarıyla dengelenmesi için onu kız izci takımına yazdırırlar ve arkadaşlarıyla bir yerlere gönderirler. Alison ayrıca dışadönük büyükbabasıyla da vakit geçirir.



## İçedönük ve dışadönük çocukları olan dışadönük anne babalar

Anne babanın ve kardeşlerin de dışadönük olduğu bir ailede içedönük çocuk kendini, daha yavaş hazırlanan, evde kalmayı isteyen, enerji toplamak için sessizliği ve huzuru tercih eden "tuhaf çocuk" gibi hissedebilir. Eğer aile çocuğun ihtiyaçlarını anlar ve kabul ederse her şey yolunda gidebilir. Aslında evin kargaşası içinde aile üyeleri onu sakin bir liman olarak da görebilir. İçedönük çocuklar işbirliğine açıktırlar, aile uyumuna önem verir, dinler, hakemlik yapar ve genellikle ailede dengeyi sağlarlar.

Diğer yandan, eğer aile onların farklılıklarını anlamaz ve kabul etmezse içedönük çocuklar soyutlanır ve küçük görülür. Dışadönük ailelerde yetişen içedönük pek çok yetişkinden çocukluklarında dışlandıklarını hissettiklerini, dışadönük olmaları için baskı yapıldığını, hatta herkesin birleşip onları ailenin günah keçisi haline getirdiklerini dinledim. İçedönük çocuklar genellikle diğer aile üyeleriyle iyi geçinmeye çalışırlar, bu da onları dalga geçilmesine ve suiistimallere daha açık hale getirir. Ne yazık ki, pek çok içedönük danışanım çocukluklarında diğer kardeşlerinin kötü davranışına maruz kaldığını, ama anne babalarının bu duruma müdahale etmediğini ifade etmektedir.

Çocuklara nasıl davranılacağını evde anne baba belirler. Daha saldırgan olan kardeşlerin içedönük çocukları ezmesine izin vermeyin. İçedönük çocuğunuzun yeteneklerini öne çıkarmasına yardım edin ve bunu kardeşlerinin görmesini sağlayın. Örneğin içedönük çocuğunuzdan hobilerinden birini diğer aile üyelerine anlatmasını isteyin. Onun güçlü özelliklerini vurgulayın. "Tanrım, Samantha gerçekten iyi bir dinleyici öyle değil mi?" "Dakota'nın harika fikrini duydunuz mu?" İçedönük çocuğunuzun arka plandaki rolünün aileniz için ne kadar önemli olduğunun farkına varın. İçedönük bir çocuk, dışadönüklerle dolu bir ailede dengeyi sağlayabilir ama bir yetişkinin yardımına ihtiyacı vardır.

## Farklılıklar kusur değildir



Aile bireyleri farklı mizaçlı olduğunda, farkındalık ve esneklik kaçınılmazdır. Sizden farklı bir çocuk yeni beceriler öğrenmenizi ve ona anne babalık yapmak için daha fazla enerji harcamanızı gerektirebilir. Farklılıklar herkesin güçlü özelliklerini dengeler ve bunları takdir etmek gerekir: "Zachary çok cana yakın, ben hiç bu kadar sosyal değildim" ya da "Rachel tüm gün boyunca kitabını okumaktan zevk alabiliyor, ben on dakika bile yerimde duramazdım!" Çocuklarınızın farklılıklarından bir şeyler öğrenebilirsiniz. Örneğin dışadönük biriyseniz, dış dünyayı biraz görmezden gelip evinizi sakin bir limana çevirmeyi deneyin.

Aile içinde farklı mizaçlar dengeye, çeşitliliğe, farklı bakış açılarına katkıda bulunur. Dışadönük kocam bazen beni bir yerlere gitmek için harekete geçirir, aynı benim onu (kısa bir süre için de olsa) yavaşlatmam gibi. Ama farklılıklar yanlış anlaşılmalara da neden olabilir. İçedönük çocuklar dışadönük bir ailede kendilerini sudan çıkmış balık gibi hissedebilirler. Tam tersi, dışadönük çocuklar içedönük bir ailede gürültücü, yüzeysel enerji topları olarak görülebilirler. Şimdi bir komedyen olan ve içedönük bir ailede büyümüş dışadönük biri "Hep çok gürültülü olduğumu ve bir şeylere engel olduğumu hissettim" diyor. Anlayış göstererek örnek olmak çocuklara kalıcı bir miras sunar.

## Mizaçlarına göre anne babaların yaşadıkları zorluklar

Mizaçları ne olursa olsun anne baba olmanın kendine has güçlükleri vardır. İşte içedönük ve dışadönüklerin yaşadıkları spesifik zorluklar:

**İçedönük anne babaların yaşadıkları zorluklar**

- Aynı anda pek çok dışsal şeye odaklanmak: çocuklar, iş, ev, vs.
- Sürekli kendi enerji sınırını aşmaya çalışmak
- Birden fazla çocuktan sorumlu olmak
- Ailesi için yeterince şey yapamadığını hissetmek
- Bir şeyleri uzun uzadıya düşünecek vakit olmaması
- Karar vermek gerektiğinde zor durumda hissetmek
- Dışarısı için çok fazla duygusal ve bilişsel enerji harcamak, kendi ilgi alanlarınız için enerjinizin kalmaması
- Dışadönük çocukları anlamak
- Uzun süre çok geveze çocukların etrafında bulunmak zorunda kalmak

**Dışadönük anne babaların yaşadıkları zorluklar**

- Evde kendini çocuklardan soyutlanmış hissetmek
- Dışadönükleri harekete geçiren pek çok ödülün işe yaramaması
- Çocuklarınızın yeterince arkadaşı olmadığından ve yeterince etkinliğe katılmadıklarından endişelenmek
- Aşırıya kaçmak, dışarıdan gelen çok fazla talebe evet demek
- Dikkatinizi kendi ailenizden çok dışarıdaki insanlara vermek
- Çocuklar konuşurken sessizce durup beklemek
- İçedönük çocukların enerji toplamak için sakin bir süreye ihtiyaç duyduklarını anlamak

### Basit zevkler

İşte ailemle yapmayı sevdiğim bazı şeyler... Bakalım bunlar size ve ailenize uygun etkinlikler için fikir verecek mi?

- Bir poşet dolusu bozuk para alıp bir çeşmeye ya da köprüye gitmek ve herkese birkaç dilek hakkı vermek. Çocuklarınızın orada olan diğer çocuklarla bozuk paralarını paylaşmalarını sağlamak.
- Kuşları ve –eğer yakında bir çiftlik varsa– keçileri beslemek.
- Sokakta bir yürüyüş yapmak ve kimin en çok hangi evi ya da bahçeyi beğendiği hakkında konuşmak. Ne kadar farklı zevkleriniz olduğuna inanamayacaksınız!
- Yapraklar, dallar ve kozalaklar toplayıp onları bir ziyafette yemek masasını süslemek için kullanmak.
- Balığa çıkmak. Her çocuk yolculuğu tek kullanımlık bir fotoğraf makinesiyle belgeleyebilir.
- Bir aile eğlencesi gecesi düzenleyip çekilen fotoğraflardan bir kolaj yapmak.
- Her çocuğu haftada bir akşam yemeği planlamaktan (yeterince büyükse), pişirmekten ya da pişirilmesine yardımcı olmaktan sorumlu tutmak.
- Birbirine kâğıt hamurundan maskeler yapmak. Bunları süslemek ve koridordaki duvara asmak.

Ellili ve altmışlı yaşlarında içedönük danışanlarım var ve hâlâ büyükanne ya da büyükbabalarından yemek yapmayı, annelerinden elişini, teyzelerinden dikiş dikmeyi nasıl öğrendiklerini anımsıyorlar. Bu küçük anlar içedönük çocuklar için çok şey ifade ediyor. Yıllarca bunun farkında olmasalar da! Her çocuğun zihnini eğlenceli zamanlarla, işbirliği ruhuyla ve aileye ait olma hissiyle doldurun. İçedönük çocuklar aile kimliğinizi bir onur rozeti gibi taşıyacaklardır.

## Anahtar kelime keyif

*"Kahkaha, ruhun havai fişeğidir."*

–Josh Billings

Bireysellik aile yaşantısının tuzu biberidir. Ailenin her üyesi, özel günlerde açtığımız hediye paketleri gibi birer paket içinde gelir. Her birinin keşfedilmeyi bekleyen gizli yetenekleri vardır. Genellikle çocuklar anne babalarının onlara nasıl davrandıklarından yola çıkarak kendilerini keşfederler. Çoğu aile "Hepimiz birbirimize benziyoruz" diyerek ortak bir kimlik kurmaya çalışır ama hiçbir aile tamamen birbirine benzeyen üyelerden oluşmaz. Zaten aileye bir benzerlik idealini yerleştirmeye çalışmak sağlıklı bireysel gelişimi teşvik eden bir unsur değildir. Her aile üyesinin kendi yeteneklerini ve bunların aileye sunabileceklerini fark etmek önemlidir.

Bir şeyleri yapmanın en güzel yollarından biri eğlenerek yapmaktır. Gülmek ve güzel zaman geçirmek aileleri bir araya getirir ve içedönük çocuklara yakın ilişkiler kurmanın güzelliğini öğretir. Aynı zamanda güzel ve sıcak hatıralar biriktirmeyi sağlar. İçedönük çocuğunuzun da hoşuna gidecek gezintiler ve etkinlikler planlamaya çalışın. İçedönük çocuklar genellikle yetişkinlere göre olduğunu düşündüğümüz sessiz parklara, bahçelere, botanik parklarına gitmeyi severler. Soyağaçlarına dair bir şeyler dinlemekten hoşlanırlar. Anne babalarının küçükken yaşadığı eve gitmeyi, eski aile fotoğraflarına bakmayı, aile büyüklerinin mezarını ziyaret etmeyi severler. Küçük, fazla yorucu olmayan, eski araba ya da uçak müzelerine, şehir müzelerine, ünlü yazarların evlerine gidebilirler. Posta arabası müzesi gibi tarihi müzeleri gezmeyi, tekneyle kanal turu yapmayı, vinçlerin ve buldozerlerin çalışmasını izlemeyi, bir sanat müzesine gidip bir sergiyi ziyaret etmeyi –hele de sanatçı hakkında bilgi veren ses kayıtları varsa– isteyebilirler.

Ve bazen tüm aile dışarıya bir yere gittiğinde evde oturmak da isteyebilirler; bu da normaldir.

## Herkesin kendini değerli hissetmesini sağlayın

*"İşbirliği üç harfle yazılır: BİZ."*

–George M. Verity

İçedönük çocukların takdir edilmeye ihtiyaçları vardır. Eğer onlara sert davranılmazsa genellikle doğal olarak işbirliğine açık olurlar. Her bireyi aileye katkıda bulunma konusunda teşvik edin. Çocuklarınıza fikirlerini sorun ve onların katkıda bulunmaları için yaşlarına uygun yöntemler bulun. Tüm çocuklar gerçek işler yapmayı sever. Bu onların kendilerini büyümüş gibi hissetmelerini sağlar. 2-3 yaşındaki içedönük çocuğunuzdan kurumuş çamaşırları makineden çıkarmasını, kediye kuru mamasını vermesini, toz beziyle masayı silmesini isteyebilirsiniz. 2 yaşındaki Emily'nin boyu kadar pazar gazetesini içeri alırken yüzündeki gülümsemeyi görmeliydiniz. Aileye katkıda bulunmak bir çocuğa "Sen yapabilirsin, katkıda bulunabilirsin, sana ihtiyacımız var" mesajı verir.

8 yaşındaki torunumuz birkaç bulaşığı yıkayarak suyla oynamaktan keyif alıyor. Geçenlerde ziyarete geldiğinde ona hiç kirli bulaşık bırakmadık diye bize kızmıştı. 

### İçedönüklerin yardım etme yöntemleri

**Anaokulu çağındaki çocuğunuza evde bir görev verin.** Toz alma, salatanın marulunu parçalama, çöp atma, sofrayı kurma, kaşıkları yıkama gibi...

**Okul çağındaki çocuğunuza daha ileri seviyede görevler verin.** Yemek pişirme, çamaşır katlama, çamaşırları getirme, kirli kıyafetleri toplama, yatakların çarşaflarını çıkarma, kendi beslenme çantalarını hazırlama gibi... İyi bir görev belirleyin (mükemmel olmasına gerek yok) ve bunun keyifli, işbirliği içinde yapılan bir tecrübeye dönüşmesi için çaba gösterin. ("Sen yıka, ben kurulayayım", "Sen tabakları diz, ben kaldırayım.") İçedönük çocuğunuzun ona verilen görevlerde söz hakkı olsun ve birkaç ayda bir görevleri değiştirin.

**Çocuğunuzla yaşadığınız sorunları konuşun ve ondan**

**çözüm önerisi isteyin.** Her yaştan içedönük çocuk tecrübelerini yansıtır. Çok yetenekli gözlemcidirler. Kuvvetli kavrayışları sayesinde problem çözmekte iyidirler. Yaklaşan durumları hayal edebilir ve geçmiş tecrübelerini hatırlayabilirler. Ama biri sormazsa içedönük bir çocuğun düşünceleri kendi içinde gömülü kalır. Böyle değerli bir avantajın varlığından kimsenin haberi bile olmaz. Evde yaşanan günlük sorunlarda ona düşünce ve önerilerini sorun.

Sormaya küçük yaşta başlayın. Danışanlarımdan biri 6 yaşındaki oğlu Leo'ya kalabalık karşısında konuşmadan önce karnına ağrı girmesini önleyecek bir sırrı olup olmadığını sordu. Leo "Sana endişe taşımı ödünç verebilirim. Onu cebine koyarsın. Ne zaman karnında kelebeklerin uçuştuğunu hissedersen onun o pürüzsüz serinliğine dokunursun. Gerçekten işe yarıyor." Leo'nun annesi, oğlunun sınıfın önünde konuşurken böyle bir teknik kullandığından hiç haberi yoktu! İçedönük çocuğunuza sorunun üstünde düşünecek zaman vermeyi unutmayın. Size verdiği her fikri kabul edin (kullanmasanız bile), "Teşekkürler, sanırım endişe taşı bana yardım edecek, seni düşüneceğim."



**Çocuğunuzla bir başka çocuğun problemini konuşun ve ondan çözüm önerisi isteyin.** Çalıştığım içedönük çocuklara ve ergenlere geçmişte yaşadıkları ya da hâlâ başa çıkmaya çalıştıkları problemleri soruyorum. Benzer sorunlar yaşayan diğer çocuklara ne tavsiye etmem gerektiğini danışıyorum. Örneğin, "Devon 7 yaşında ve fazla konuşmuyor, ona yardım edebilecek herhangi bir fikrin var mı?" "Aynısını ben de yaşadım" diyor 12 yaşındaki Jon. "Babam ve ben evimizin sokağında iki akşamda bir yürüyüş yapmaya başladık. Yürüyüş konuşmamı kolaylaştırdı. Şimdi çok daha rahat konuşuyorum." Jon biraz duraklayıp devam ediyor: "Bana yardımcı olan bir başka şey de annemin bana yaptığı 'düşünce bankası'ydı. Ne zaman aklıma önemli bir fikir, bir soru gelse bir peni atıyordum. Sonradan annemle konuşacağımız zaman bu fikirlerden birini seçebiliyordum. Bu şekilde aklımdan geçenleri unutmuyordum ve annem bana bankam için bir sürü peni veriyordu." "Teşekkürler Jon" diyorum. "Fikirlerini Devon'la paylaşacağım."

17 yaşındaki Trisha'dan birkaç randevulaşma önerisi istedim. "Sharat mezuniyet balosuna gitmek istiyor ama birlikte gideceği

kimse yok ve büyük bir grupla da gitmek istemiyor. Önerin var mı?" "Pekâlâ" dedi Trisha. "Ben balonun yiyecek komitesinde çalıştım ve balo gününe kadar o kadar çocukla tanıştım ki, tek başıma gitmek konusunda rahattım. Grup halinde olmak güzeldi ama onlara bağlı da değildim. Yarım saatlik görevimizden sonra dağılabilirdik ama hep birlikte takıldık. En iyi arkadaşlarına birlikte baloya gitmeyi teklif eden kızlar oluyor. Arkadaşlarımdan biri arkadaşının ağabeyine sordu. Üniversiteye yeni başlamış sessiz bir çocuktu. Kendi mezuniyetine gitmemişti, o yüzden onunkine katılmak hoşuna gitti." "Teşekkürler" dedim. "Bunlar güzel fikirler, ileteceğim."

## Hayat hikâyelerinizi paylaşın

*"Çocuğun zihnine bir sihir tohumu ekin."*

–Thomas W. Phelan

İçedönük çocuğumuzla sohbet etmenin önemini konuştuk. Ama bazen çocuğumuzla konuşmayı, kendi hayat hikâyemizi anlatmayı, kendi fikirlerimizi paylaşmayı unuturuz. İşte içedönük bir çocuğun başkalarının hayatlarını öğrenmeye ne kadar aç olduğunun bir örneği.



Yılın geri kalanını daha iyi geçirmesi için 12 yaşındaki Jennifer'la çalışıyordum. Her seferinde asık bir suratla isteksizce ofisten içeri girer ve koltuğa çökerdi. Onun için hazırladığım sanat malzemelerinin yüzüne bakmazdı. Parmağıyla uzun saçlarını kıvırır ve bana meydan okuyan gözlerle bakardı. Tüm sorulara "Evet", "Hayır" ve "Bilmiyorum" diye cevap verirdi.

Jennifer'ın anne babası onun kardeşleri gibi cana yakın olmasını istiyordu. Annesi onun için "Sadece tembel" diyordu. "Hiçbir şey yapmak istemiyor." İşin aslı Jennifer ailedeki tek içedönüktü ve daha derin bir ilişki arıyordu. O kadar kapalıydı ki ona ulaşmak çok zordu. Ergen dergileri aldım ve resimlere bakarak konuştuk. Ona neyi sevdiğini, neyi sevmediğini sordum. Cep telefonumu kullanmakla ilgili sorular sordu. Bana telefonla ilgili çok şey öğretti (bu önemsiz bir şey değil, teknolojiyi kullanmakta gerçekten berbatımdır). Hoş ve nazikti ama yine de bir duvara çarptığımı hissediyordum.

Bir gün insanların akrabalarına sorular sormak için kullandığı bir aile tarihi kitabı aldım. Ben iki soru seçip ona sordum, o iki soru seçip bana sordu. "Büyükannen sana hiç aile hikâyesi anlattı mı?" diye sorup beni şaşırttı. Ben de büyükannemin dalgalı denizde Danimarka'dan Amerika'ya gelişini anlattım. Dinledi ve daha çok soru sordu. Sonra bana küçükken Laura Ingalls Wilder'ın kitaplarını okumayı sevdiğini söyledi. Gerçekten sohbet ediyorduk. Aramızda bir şeyler değişmişti.

Anne babalar ketum ve içedönük bir çocuğu kabuğundan çıkarmak için en önemli şeyin onu konuşturmak olduğunu düşünürler. Çocuklarının ağzından kerpetenle bilgi almaya çalışırlar. Ama iletişim iki yönlü bir şeydir. Genellikle içedönük çocuk sorguya çekilmek yerine karşısındakine soru sorabilme fırsatı bulmaya ihtiyaç duyar. Bu onun kendi iç dünyasından çıkmasını ve başkalarının tecrübelerini dinlemesini sağlar. Karşısındakinin hikâyesini dinlemek onun güvenini artırır, böylece daha rahat konuşur.



### Özel bir durum: Evlat edinme

Evlat edinme kadar genetiğin gücünü gösteren başka hiçbir şey yoktur. Evlat edinilen çocuklar çoğunlukla diğer aile fertlerinden farklı mizaçlara sahip olurlar. Bu nedenle evlat edinilen çocukların özelliklerine özel bir ilgi göstermek gerekir. İçedönük çocukların anne babaları genellikle çocuklarının içedönük davranışları yüzünden suçluluk ve utanç duyarlar. Evlat edinen anne babalar kendilerini çocuğun mizacından sorumlu hissetmezler. Dışadönük bir anne bana şöyle demişti: "Eğer Dan benim biyolojik çocuğum olsaydı onun bu kadar sessiz oluşundan ötürü kendimi suçlardım, ama evlat edindiğim için bunun onun doğal kişiliği olduğunu düşünüyorum. Biyolojik kızım çok cana yakın."

Ayrı ayrı büyütülen ikizler üzerine bir çalışma yapılıyor: İkizlerden biri karıkoca profesör bir çift tarafından büyütülüyor. Kızın tam bir kitap kurdu olduğu görülüyor. İkizlerden di-

## Ailenin denge unsuru yetişkinler

*"İlişkide esas imtihan aynı fikirde olmasanız da el ele tutuşabilmektir."* –Alexandra Penney

Uyumlu bir aile, iyi tasarlanmış bir bahçe gibi, belli başlı prensiplere uygun olmalıdır. Bunlardan biri her bahçenin bir çapası olması gerektiğidir. Bu, çeşitli öğelerin arasındaki uyumu sağlayan bir odak noktasıdır. Aile ilişkilerinde de benzer tasarım kuralları vardır. Sayısız araştırmaya göre anne babanın ilişkisi ailenin çapasıdır ve istikrarı sağlar.

Anne babanın arasındaki bağın gücü tüm diğer aile ilişkilerinin temelini oluşturur. Çocuklar uyumu, şefkati, karşılıklı saygıyı ve problem çözmeyi anne babalarından öğrenirler. Günümüzde aileler farklı yapılardan oluşuyor ama değişmeyen bir gerçek var: Çocuklar ilişkiler hakkındaki her şeyi anne babaların birbirlerine olan davranış biçimlerinden öğreniyorlar. Tüm ilişkilerde farklılıklar vardır. Bi-



ğerini bulduklarında onun da çok iyi bir okur olduğunu fark ediyorlar. Üstelik kitap okumaya fazla ilgisi olmayan bir ailede büyüdüğü halde... Hatta ilkokulda kızın üç otobüs değiştirerek şehir kütüphanesine gittiğini öğreniyorlar.

Bazı çocuklar beklentileri olan anne babalar tarafından evlat edinilirler. Böyle anne babalar çocuklarının mizacı beklediklerinden farklı olduğunda hayal kırıklığına uğrayabilirler. Çocuğun ilgi alanlarını ve doğuştan gelen yeteneklerini göz ardı etmemek gerekir.

Evlat edinen ailelerde enerji uyumsuzlukları sık görülür. İçedönük anne babalar dışadönük çocuğun enerji seviyesi ve cana yakınlığı karşısında şaşkına dönebilirler. Onlara enerjik arkadaşlar bulmak ve dışadönük aile üyeleriyle vakit geçirmelerini sağlamak faydalı olur. Tanıdığım kayakçı bir aile, evde kalmayı seven bir çocuk evlat edinmişti. Şimdi onlar dağa giderken çocuk da büyükanne ve büyükbabasıyla keyifli hafta sonları geçiriyor.

zim bu farklılıkları nasıl karşıladığımız, çocuğumuza ailenin değerini öğretir.

Akşamları birlikte özel programlar yaparak, hafta sonları çocuksuz bir yerlere giderek, diğer çiftlerle plan yaparak eşinizle ilişkinizi tazeleyin. Paylaştığınız küçük anların kıymetini bilin: Çocuğunuzun yaptığı komik bir şeyi paylaşın, işyerinde duyduğunuz bir şakayı anlatın ya da sadece baş başa geçirdiğiniz anların tadını çıkarın. Unutmayın ki uzun süreli ilişkilerde bazı günlerde birbirimizi diğer günlere göre daha çok severiz. Anlaşmazlıkları saygıyla, mizahla, açıklıkla karşılamak bir ilişki için hayatidir. Ve bunu yapmak için kendinizi ailenin geri kalanından uzaklaştırmanıza gerek yoktur. Farklılıkları tartışmak, çocuklarınızın sizden öğrenmesi için harika bir örnek oluşturur. Anne babalarının anlaşmazlıklarla başa çıkabildiklerini ve yine de birlikte olmaktan keyif aldıklarını görmek çocukların kendilerini daha güvende hissetmesini sağlar.

Güçlü bir ilişki, mizaç farklılıklarını bağlayacak sağlam ama esnek köprüler oluşturur. Ailedeki tüm farklılıklara yer açar. İkiniz de içedönük ya da dışadönük olsanız da mizaç çizgisinde farklı noktaları temsil edersiniz ve kişiliğinizin farklı belirgin özellikleri bulunur. İçedönük çocuklar anne babalarının birbirlerine nasıl davrandıklarını izler, gizli sosyal ipuçlarını toplarlar. Aile içinde gördükleri ilişki becerilerini içselleştirirler. İleride bunları kendi sosyal hayatlarında kullanırlar. Bu onlara vereceğiniz çok önemli bir hediyedir.



## Boşanma durumunda

*"Bizi korkutan farklılıklarımızdır."*

–Anne Rice

Anne baba için uzun vadede daha iyi olsa da boşanma çocuklar için çok stresli bir olaydır. Boşanma şiddetli bir deprem gibi çocukların dünyalarını altüst eder. İçedönük çocuklar fazla enerji gerektirmeyen bir aile rutininde başarılı olurlar. İlgisizlik, istismar, bağımlılık, şiddet gibi ciddi sorunların olduğu ailelerde bile içedönük çocuğun kavgaların sonunda hissettiği rahatlama, parçalanma hissinin yanında daha hafif kalır. Ayrılık ve boşanma onun güvende olma anlayışını sarsar.

Yeni bir aile yapısına geçmek için tonlarca enerjiye ihtiyaç duyar.

Bu arada anne baba da meşgul, huzursuz ve genellikle gergin olur. İçedönük çocuklar bu gerginliği hisseder, üzülür ve bütün problemlerin kendi suçları olduğunu düşünürler. Eskiden kömür madenlerinde insanların algılamadığı tehlikeli gazları fark etmek için kanaryalar kullanılırmış. İçedönük çocuklar da kömür madenlerindeki kanaryalar gibidir. Dillendirilmeyen sıkıntıları diğer aile üyelerinden önce fark ederler. Ailedeki bu büyük değişikliğe tepki gösterebilir ya da tepkileri gecikmeli olarak gelebilir; ama şunu bilin ki içedönük çocuklar da tepkilidirler.

*Boşanma süresince istikrarı sağlamak*

- Eşinizle aranıza içedönük çocuğunuzu sokmayın. O kendini ikinizle de özdeşleştirir ve ikinize de sadıktır.
- İçedönük çocukların tepkilerinin gecikmeli olduğunu ve değişimi kabul etmelerinin uzun sürebileceğini unutmayın.
- Eski eşinizle ayrı düştüğünüz konularda, zor gelse de doğru olanı yapın. İçedönük çocuğunuz büyüdüğünde bunun için size saygı duyacaktır.
- Çocuğunuzla yaşına uygun bir şekilde boşanmayı konuşun ve bu durumun kendi hatası olmadığını anladığından emin olun.
- Ne hissettiğini, onu nelerin endişelendirdiğini sorun ve sorunları çözün: "Babanda kaldığın geceler telefonla konuşabiliriz."
- Günlük rutinleri mümkün olduğunca normal hale getirin.
- Ev kuşu oldukları için iki ev arasında mekik dokumak içedönük çocuklara zor gelebilir. Çocuğunuza iki evi de yuvası gibi hissetmesi için neler yapabileceğinizi sorun.
- Küçük yaştakilerle çıkartmalarla, daha büyük olanlarla rakamlarla ne zaman nerede olacağını gösteren takvimler tutun. Buna gezileri, okul etkinliklerini, doktor randevularını ve iki ebeveynin de bilmesi gereken bilgileri ekleyin.
- İçedönük çocuğunuz yeniden bir araya gelmenizi istese de bunun olmayacağını unutmayın.
- İçedönük çocuğunuzu diğer evdeki casus olarak kullanmayın.
- Çocuğunuza herkesin zamanla kendini daha iyi hissedeceğini ve değişikliğe alışacağını anlatın.

İçedönük çocuklar aile yaşantısı için birer hediyedir. Aile üyelerinin farklılıkları anladığı ve takdir ettiği uyumlu bir aile yapısı, içedönük çocuk için bir sığınak olacak ve ileride sosyal hayatında dengeyi sağlamasını kolaylaştıracaktır.

## Konunun özü

- ✓ İçedönükler aile ilişkilerine değer verir.
- ✓ Benzer ve farklı mizaçlarla başa çıkmak önemli beceriler kazanmayı sağlar.
- ✓ Aile bireylerinin mizaçlarını anlamak ve kabul etmek gerekir.

# 8 Kardeş ilişkilerini geliştirmek

## Anlayışı destekleyin, sınırlar koyun ve rekabeti köreltin

*"Bir bitkinin tam anlamıyla kendi doğasını yansıtması için öncelikle dikildiği toprakta yetişmesi gerekir."* –Carl Jung

Kardeş ilişkileri pek çok açıdan sosyal dünyanın mikroskobudur. Bunlar aracılığıyla içedönük çocuklar sosyal etkileşimlerde karşılaştıkları zorluklara nasıl yanıt vereceklerini öğrenirler. Anne babalar kardeşler arasındaki mizaç farklılıklarının bilincinde olmalı, farklılıklara yer açmalı, kavgaların değil mükâfatların ağır bastığı bir aile ortamı yaratmalıdırlar.



## Kardeşler kavga ettiğinde

Çoğumuzun –kendi tecrübelerimize rağmen– kardeşlerin doğal olarak birbirleriyle iyi geçineceklerine dair beklentileri var. Araştırmalar, kardeşlerin genellikle iyi geçinemediklerini ortaya koymaktadır. Hatta bazı kardeşler sorunlu ilişkilerini yetişkinliklerinde de sürdürür. Elbette bunun mizaçtan başka pek çok nedeni vardır. Ama mizaç da kardeşlerin nasıl ilişki kurduğunu, birlikte ne kadar oynadıklarını, kişisel alana ne kadar ihtiyaç duyduklarını ve birbirlerini nasıl gördüklerini etkiler.

Çocuklarınızı mizaç mercekleriyle görmek onlara dair gerçekçi beklentiler oluşturmanızı ve sonuçta daha etkin bir şekilde hakemlik yapmanızı sağlar. Çocuklarınızın kendi güçlü özelliklerine odaklanarak birbirlerinin mizaçlarını anlamasını ve takdir etmesini sağlayın. Oyunsal bir yaklaşım deneyin: "Merhaba Nate, seni kız kardeşin Judith'le tanıştırayım. Atları ve Junie B. Jones kitaplarını sever. Judith, bu erkek kardeşin Nate. Nate beysbolu ve Süpermen'i sever. İkiniz önümüzdeki bir saat boyunca birlikte ne oynayabilirsiniz, bir bakalım. Belki pelerinli atlar işe yarayabilir." Bu tanıştırma faslı elbette şaka ama tarafsız bir bakış açısı takınma kısmı gerçek. Kavgaya karışmayın ve çocuklardan biriyle kavga etmeyin. Anne babaların bunu sık sık yaptığını görüyorum. Ortak bir zemin bulma konusunda çocuklarınızı teşvik edin. Gerçekte, aslında o zemin çok uzakta değil.

Dışadönük çocuğunuza, içedönük kardeşiyle oynamak istediğinde ona nasıl saygılı bir şekilde davranacağını öğretmeniz çok önemlidir. Dışadönük çocuğunuza içedönüklerin dalgıçlar gibi olduğunu hatırlatın. Zihinlerinde derinlere dalarlar ve sualtı dünyası onları büyüler. Dışarı çıkmak için birkaç dakikaya ihtiyaç duyarlar, yoksa vurgun yerler. Baş başa oyun oynamaları da biraz zaman alabilir. Dışadönük çocuğunuza "Birkaç dakika sonra oyun oynamak ister misin?" demeyi öğretin. Ya da "Ödevini bitirdikten sonra yakalamaca oynayalım mı?" Onu ürkütmek ya da aceleye getirmek yerine kardeşinin hızına ayak uydurduğunda daha güvenilir bir oyun arkadaşı olarak görüleceğini anlatın. Her zaman aklında bir sürü fikir olan dışadönük çocuğun ara sıra da kardeşine ne oynamak istediğini sorması gerektiğini öğrenmesi de faydalı olacaktır. Dışadönük çocuğunuza kardeşinin kendi ilgi alanlarından ona söz etmesini istemesini önerin. Dışadönük çocuklara, içedönüklerin bazen kendi başlarına sessiz zaman geçirmeye ihtiyaç duyduklarını ve bu dur-kalk zamanının onlar için faydalı olduğunu anlatın.



İçedönükler ile dışadönüklerin birlikte ne kadar oynayacaklarına dair tolerans süreleri farklıdır. İçedönük çocuklar genellikle daha farklı, enerjik ve spontane kişilikli kardeşleriyle (küçük dozlarda) vakit geçirmekten keyif alırlar. İçedönük çocuğunuzun kardeşleriyle vakit geçirirken sıkılmasını önlemek için ara sıra müdahale etmeniz gerekebilir. Bazı anne babalar çocuklarının sürekli birlikte oynamasını, üstüne bir de aynı odada uyumalarını isterler!

Dışadönük çocuğunuzu dışarıda biraz top oynayarak ya da içeride hoplayıp zıplayarak kurtlarını dökmesi için teşvik edin. Ardından sessiz zamanlardan da keyif almayı öğretin. Ailenin geri kalanından fazla uzak kalmadan kitap okumasını, müzik dinlemesini ya da resim yapmasını isteyebilirsiniz. Eğer odasında tek başınaysa kapıyı açık tutmak isteyebilir. Onun yalnız başına vakit geçirmekten keyif almasını sağlayın. Yalnız vakit geçirdiği süreyi günde on beş dakikadan başlayarak yavaş yavaş artırabilirsiniz. Böylece hayatının geri kalanında da yalnız kaldığı vakitlerden keyif almayı öğrenebilir.

Dışadönük çocuğunuza içedönüklerin mahremiyete ihtiyaç duyduklarını hatırlatın. Dışadönük bir çocuk kardeşi eğer bir kitaba, projeye ya da hobiye gömülmüşse onu görmezden gelebileceğini bilmeli. Dışadönük çocuğunuza bunu kişiselleştirmemesini öğretin.

## Dışadönük becerilerden faydalanmak

İçedönük çocuğunuza, dışadönüklerin diğer insanların yanında ve faaliyetleri sırasında daha heyecanlı olduğunu açıklayın. İçedönük çocuğunuzu kardeşinin hızlı sözel becerilerinden faydalanması konusunda teşvik edin. Eğer okul arkadaşlarından biri içedönük çocuğunuzla dalga geçiyorsa kardeşi ona daha hazırcevap olması için alıştırma yaptırabilir. Dışadönükler genellikle ailenin izcisi olmaktan hoşlanır. Noel Baba'nın kucağına ilk oturan olmak isterler, içedönük kardeşlerini Cadılar Bayramı'ndaki hayaletli evler gibi yeni yerlerle tanıştırabilirler ya da ergenlik yıllarında türlü maceralarda öncü olurlar. Dışadönükler aynı zamanda iyi avukatlık yaparlar. Bir yetişkinden yardım isterken ya da bir şeyi mağazaya iade ederken ara sıra içedönük kardeşlerinin yerine konuşabilirler.



Dışadönük çocuğunuzun arkadaşlarını davet edin, içedönük kardeşi aralarına girip girmemeye kendi karar versin. Dışadönükler için kendi başlarına oynayacakları zamanlar belirleyin ki yalnız kalmanın tadını çıkarmayı öğrensinler. Dengelerin nasıl işlediğini öğrenin. Örneğin iki içedönük çocuk, etrafta dışadönükler olmadan oynamak isteyebilir. Genellikle dışadönükler grup halinde ve daha kavgalı gürültülü oyunlar oynarlar. Daha alaycıdırlar. Anne babaların içedönük çocukların bunalmaması için sesin belli bir seviyede tutulmasına yardımcı olmaları gerekir.

## Sınırlar koyun

*"Bazı kaynaklar sadece biz yalnızken fışkırır."*

–Anne Morrow Lindbergh

Ailede içedönük bir çocuk olmasının avantajlarından biri de kişisel alana ihtiyaç duyulduğunu öğretmesidir. İçedönük çocuklar pek çok konuda itaatkâr olabilirler ama kişisel alanları konusunda bunu söylemek pek mümkün değildir. Her şeyin yerinin nerede olduğunu bildikleri, enerjilerini emmeyen, az uyaranlı bir yer ister, hatta buna ihtiyaç duyarlar.

Günümüzde pek çok ailedeki kişisel alan ihlalini gördükçe hayrete düşüyorum. İçedönük çocuklardan biri "Annem ne zaman isterse odama pat diye giriyordu, hiç kapı çalmıyordu, hiçbir zaman rahat olamıyordum" diyor. Pek çok ailede çocuklar ve yetişkinler bir başkasının odasına girerken kapı çalmak ya da çocuklardan biri çalışırken sessiz olmak zorunda değildir. İçedönük danışanlarımdan biri ikiz kardeşinin kaç kez izinsiz ayakkabılarını aldığını anlattı. Kavga çıkarmaktan korktuğu için bir şey söylemiyordu ama aslında bu durumdan nefret ediyordu. Anne babalar böyle bir şeye gülüp geçebilirler ama içedönük çocuğun bu konuda ne hissettiği çok önemlidir. Çocuk hiçbir şey üzerinde kontrolü olmadığını hissederse daha pasif olabilir ve kendini tamamen kapatabilir.



Ailede sınırlar koymak, herkesin kendini daha güvende hissetmesini sağlar. Aile bireylerinden birbirlerinin odasına girerken kapı çalmalarını, sadece izin isteyerek bir şey ödünç almalarını ve başkaları çalışırken gürültü yapmamalarını açık bir şekilde ifade edin. Sadece bu bile çocukların arasındaki pek çok tartışmayı çözecektir. Çocuklar ailelerinde belli sınırlar olduğunu bilir ve kendilerini güvende hissederlerse daha iyi ilişki kurarlar. Çocuklar bu şekilde, dış dünyada da daha uygun şekilde davranmayı öğrenirler.

Anne babalar içedönük çocuğun özel alanının nasıl korunacağı konusunda örnek olabilirler. Ona odasının kapısına asacağı üstünde "Şarj oluyorum!" ya da "...'da Dünyaya Döneceğim" yazan ve üstünde dönüş saatini belirten bir tabela verebilirsiniz. Eğer kendi odası yoksa ara sıra sizin odanızı ya da başka, rahat bir köşeyi kullanmasına izin verin. Eğer yorgunsa, gerginse, açsa enerji tankında geçireceği süre daha uzun olabilir. Eğer dışadönükler her an etrafında olursa sorun çıkacaktır.

Kardeşlerin birbirlerinin mizacına dayalı ihtiyaçlarını anlamalarını sağlayın. Sürekli kendi odalarında kalmak isteyen içedönük kardeşler bazen dışadönüklerin sinirini bozar. Kendilerini kırılmış ya da reddedilmiş hisseder ve kendi enerji kaynaklarının onlarla takılmak istememesine kızarlar. Bu fiziksel ihtiyaç farkını gördükten sonra bunu kişisel olarak alma eğilimleri azalır. Ayrıca içedönük biri kendini daha rahat hissettiğinde diğer kardeşleriyle oynamaya daha eğilimli olduğunu da açıklayabilirsiniz.

## Rekabet ve beraberinde getirdiği olumsuzluklar

*"Güzel bir bahçeniz olsun istiyorsanız bunun en iyi yolu bir çapa ve deneme yanılma yöntemidir."* –Anonim

Mizaç farklılıklarının, rekabet, egemenlik, teslimiyet ve kıskançlık gibi bazı belalı tarafları vardır. Çocukların girişken ve rekabetçi olmasının beklendiği bir kültürde yaşıyoruz. Bazı ortamlarda, örneğin spor sahasında, rekabet yapıcı olabilir. Spor, saldırganlığı yönlendirmenin sağlıklı bir yoludur. Ama global bir bakış açısıyla rekabetçilik, diğer herkesi rakip olarak görmek demektir. Rekabet insanları sınıflandırır ve "her koyun kendi bacağından asılır" anlayışını benimsetir. Sevgi dolu ilişkilerin ve hepimizin bu hayatta birlikte olduğu anlayışının önünü keser.



Sağlıklı rekabetin başkalarıyla değil insanın kendisiyle olduğuna inanırım. Dışsal rekabette amaç en iyi olmak ya da kazanmaktır. Dışsal rekabet her zaman hayal kırıklığı yaratır, çünkü daima sizden daha iyi biri vardır. İçsel rekabet ise kişinin kendi kontrolündedir. Kendi başarısına yöneliktir. Cesaret vericidir, çünkü kendi becerilerinizi geliştirmek için kendinizle yarışırsınız. Bu başarılabilir bir şeydir. Bir kişi –çocuk ya da yetişkin– her zaman bir şeyler öğrenebilir ve kendini geliştirebilir. İçsel rekabet özgüveni artırır.

Kardeşler arasındaki rekabetse yıkıcı olabilir. Bir bakım doğal olsa da, ebeveynler kardeşleri kıyaslamamalı ya da onları karşı karşıya getirmemelidir. Eğer anne babanın zihninde ideal bir çocuk varsa, bütün çocuklar o idealin altında kalır. Ve eğer çocuklardan biri kendisinin en iyi olduğuna dair bir izlenime kapılırsa, bu konumunu sürdürmek için kendi üstünde büyük bir baskı kurar. Bu, genellikle kendilerini fazlasıyla zorlayan içedönükler için çok yaralayıcıdır.

İçedönük bir çocuk asla başka bir çocuk gibi davranmaya zorlanmamalıdır. İçedönük çocuklar sık sık problemlerini içselleştirdiklerinden, hep olduklarından daha iyi olmaları gerektiğini düşünürler. Dışadönük norma göre davranma baskısı yüzünden zaten kendilerini en başından daha değersiz hissederler. Kardeşlerle rekabet etmesi için bunun üstüne daha fazla talep eklemek, onları daha geriye düşürebilir. Pes edebilir ya da tamamen kendi köşelerine çekilebilirler. Bunun yerine, her çocuğun kendi güçlü özelliklerini vurgulayın. Asla her çocuğun aynı olması gibi bir beklentiye kapılmayın. İşbirliğini ve tatmin edici bir yetişkinlik için hayati olan cömertlik, yardımseverlik, hassasiyet, mizah, uyum sağlama, başkalarını düşünme gibi becerilerin gelişmesini teşvik edin. İçedönük çocuğunuzun üstünde –tahmin ettiğinizden çok daha fazla– etkiniz var. Onların doğuştan gelen avantajlarını anlamak ve geliştirmek için bu etkiyi kullanın.



## Çocukların güçlü özelliklerini ortaya çıkarın

Mizaç konusunda kuşlar, diğer hayvanlar ve insanlar üzerinde yapılan araştırmalar, dışadönüklerin daha baskın, içedönüklerin daha teslimiyetçi olmaya eğilimli olduğunu gösteriyor. Dışadönükler daha kavgacı, içedönükler bu konuda daha isteksiz. Ailenin güvenli ortamı içinde farklı mizaçlardaki çocuklar güçlü özelliklerine önem vermeyi ve onları kısıtlayan özelliklerini ise yumuşatmayı öğrenebilirler. Örneğin sol beyinli dışadönükler dünyayı doğru ve yanlış, siyah ve beyaz olarak görme eğilimindedirler. Hepimiz ancak çok az şeyin bu kadar basit olabileceğini biliriz. Böyle çocukların sık sık sinirleri bozulur ve başkalarını suçlarlar. Öte yandan bu ya hep ya hiç bakış açısına gri tonlar eklendiğinde ve çocuğun saldırganlığı iyi idare edildiğinde bu özellikleri liderlik becerilerine dönüşebilir. Baskın olmanın olumlu yönlerini anlayıp takdir edebilirsiniz. "James bir sürü harika fikir buluyorsun. Neden çocukların seninle oynamak istediğini anlıyorum. Onları yapıcı aktivitelere yönlendiriyorsun."

İçedönük çocuğunuzun sessiz liderlik becerilerinin de farkına va-

### Kalbi karartan kıskançlık

*"Kıskançlık bir tür övgüdür."* –John Gay

Pek çok içedönük çocuk dışadönük olması gerektiğini hisseder. Ayrıca bir sürü arkadaşı olduğu ve "her şeye çok kolay sahip oluyor gibi göründüğü" için dışadönük kardeşini kıskanır. İçedönük bir çocuk, anne babasının ve akrabalarının dışadönükleri tercih ettiğini düşünebilir. Bu durumda ona bir kardeşi kıskanmanın normal olduğunu söylemek işe yarayabilir. Ona neden kardeşiyle arasındaki bazı şeylerin daha kolay olmasını dilediğinizi anlatın. Ardından onun için kolay olan şeyleri hatırlatın. İçedönükler kendi güçlü özelliklerini görmeyebilirler. Kardeşi için zor olan ve onun mücadele etmek zorunda kaldığı şeyleri konuşun. Bunlar da dışarıdan görünmüyor olabilir. Ayrıca kendi kardeşlerinizden ya da çocukluğunuzda yakınınızda olanlardan neler öğrendiğinizi anlatabilirsiniz. Siz de mutlaka bu tür duygularla içedönük çocuğunuzla empati kurabilirsiniz.

Dışadönük çocuk ise içedönük kardeşinin başının hiçbir zaman belaya girmediğini düşünebilir. Yakın zamanda 12 yaşında dışadönük bir çocukla konuştum. Anne babasının ona karşı adaletsiz olduğunu düşünüyordu. Neden böyle düşündüğünü anlıyordum. Çünkü içedönük kardeşiyle karşılaştırıldığında başını çok daha fazla belaya sokuyordu. Kendi davranışları üzerinde seçimler yapabileceğini işaret ettim. Aldığı kararlarla kuralları çiğneyebiliyordu. Başını bu kadar sık derde sokmak istemiyorsa farklı kararlar verebileceğini anlattım. Bu da kıskançlığın olumlu şekilde kullanılmasıdır. Bizi daha doğru kararlar alma konusunda motive eder.

Hem sizin hem eşinizin ailenizdeki her bir çocuğu ayrı ayrı takdir ettiğinizden emin olun. Gözlerin kıskançlıkla parlamasını en çok bu azaltır.

rın. Çoğu içedönük çocuk, başka seçeneği kalmayıncaya kadar insanları etkileme becerisini kullanmaz. Araştırmalar gösteriyor ki içedönük çocuklar anaokulu çağından itibaren anlaşmazlıkları çözmeye çalışırlar. Dışadönükler ise tartışmayı kazanmak konusunda daha isteklidirler. İçedönük çocuğunuzun gizli yeteneklerini öne çıkarın. "Rebecca, grup içinde konuşmayı fazla sevmiyorsun biliyorum ama Zach ve Sam kavga ederken ne söylediğini fark ettim. İkisinin de istediği şeyi kısmen elde etmesinin bir yolunu buldun. Tebrikler, senin önerin sayesinde bütün grup işine geri dönebildi." Onları pek duymasanız da pek çok içedönük kişi büyük şirketleri idare eder.



## Mizaç ve ikizler

İkizler her zaman aynı mizaca sahip olmazlar. İkizleri karşılaştırmak normaldir ve onlar hakkında varsayımlar yapmak, insana cazip gelir ama onları kesin sınırları olan rollere hapsetmemek gerekir. Bu eğilim, anne babalar ikizleri çok fazla birlikte olmaya zorladıklarında ve ikizler için kendini birey olarak hissetmenin tek yolunun diğerinin tersi olduğunu düşündüklerinde iyice abartılır. Ya da aile farkında olmadan birbirine zıt özellikleri destekler. İkizler hemen etiketlenir: Briana çalışkan olan, Bethany ise girişken.

İkizlerinize karşı dengeli bir tutum sergileyin. Eğer bir çocuk içedönükse, dışadönük ikizinin onun yerine çok fazla konuşmasına ya da onu gölgede bırakmasına izin vermeyin. İçedönük olanın da avantajlarını vurgulayın. Örneğin, "Tanrım, Jeremy, Jake'i gerçekten de hemen sakinleştirdin. Bu işte iyisin." İkizlerin her an birlikte olmamaları gerekir. İçedönük ikizler birbirlerine bağımlı hale gelebilirler. Farklı oyun arkadaşları, ilgi alanları ve kimlikler edinmeye ihtiyaçları vardır. Anne babalar ikizlerden her biriyle bireysel olarak ilişki kurmalıdır. Dışarıda yapacağınız günlük işler olduğunda ikizlerden birini yanınıza alın ya da ayrı ayrı "sadece ikimiz" programları yapın. İçedönük çocuğunuzun kendi tercihlerini, ilgi alanlarını ve hobilerini oluşturmasına yardımcı olun.

## Çekişmeleri önlemek

*"Farklılıklarımız bize karşı kullanılmadığı sürece güçlü yanlarımızdır."*

–Jean Baker Miller

İçedönük çocuğunuzun evinizin rahatlığına ihtiyaç duyduğunu unutmayın. Ev onun benzin istasyonu, sığınağıdır. Tartışmalara vaktinde müdahale ederek evdeki uyumun bozulmamasına çaba gösterin. Çok fazla gerilim tüm çocuklara ağır gelir ama özellikle atmosfere fazla bağlı olan içedönükler bundan daha çok etkilenir. Akşam yemeğinde ne yeneceği gibi küçük tartışmalar bile büyüyebilir. Her çocuğun tercihini göz önünde bulundurun ve arada kendi tercihlerinizi de belirtin. "Pekâlâ Max, bu akşam pizza yiyoruz ama yarın tavuk yiyeceğiz." Bu içedönüklerin kenarda kalıp görünmez olduklarını hissetmek yerine dahil olduklarını hissedip cesaret bulmalarını sağlar. Ve ara sıra kalkıp kendi isteklerini ve ihtiyaçlarını ifade etmeleri gerektiğini öğrenirler.



Sizin işin başında olduğunuzu ve evde kurallar olduğunu bilmek tüm çocukların kendilerini güvende hissetmesini sağlar. Özellikle içedönükler, tartışmaların mantıklı ve adil bir şekilde çözüldüğü öngörülebilir aile ortamlarında kendilerini rahat hissederler. Uyum arayışı, sorunları halının altına süpürmek ya da rahatsızlıkların sihirli bir şekilde ortadan kalkmasını beklemek değildir. Ve kesinlikle kardeşler arasındaki kavgayı bitirmek için sert bir şekilde müdahale etmeniz anlamına gelmez. Genellikle dışadönükler, içedönüklere göre daha fazla kurala ve yaptıkları şeylerin sonuçlarının ne olacağını bilmeye ihtiyaç duyarlar. İçedönüklerin iplerini biraz daha gevşek tutabilirsiniz, çünkü onların zaten kendilerine koydukları pek çok kural ve kısıtlama vardır. Bu farklılıkları konuşun ki, dışadönükler kendileriyle uğraşıldığını hissetmesinler.

İçedönük çocuklar uyum sağlamaya eğilimli ve münakaşadan kaçan yapıları yüzünden kendilerini savunmaktan geri durabilirler. Gerçekten, bu onlar için çok zordur. Bunu yaptıklarını gördüğünüzde onları takdir edin. "Matt, Julie senden şekerini ona vermeni istediğinde hayır demen hoşuma gitti, aferin sana!" Ama bazen müdahale etmek gerekir. Eğer içedönük çocuğunuzun despot bir kardeşi varsa, ona boyun eğmeyi tercih edebilir. "Olur, Mr. Magoo'yu tekrar izlemek benim için sorun değil." Bu durumda anne babanın araya girip, "Çoğunlukla izlenecek filmi sen seçiyorsun, bu sefer seçim yapma sırası Peter'da." "Bugün film seçme hakkı Brett'te ve bundan böyle sırayla seçiyorsunuz." Bu şekilde içedönükler arkalarında birinin olduğunu hisseder ve kendi haklarını koruma konusunda daha istekli davranırlar. Ve daha baskın olan kardeşler de başkalarını dinlemeyi, taviz vermeyi ve müzakere etmeyi öğrenirler.

İçedönük çocuklar için kardeşleriyle müzakere etmek yorucu gelebilir ama kardeşleriyle olan farklılıklarıyla başa çıkmayı öğrenen çocuklar bu becerilerini hayat boyu tüm ilişkilerinde kullanırlar.

## Konunun özü

- ✓ Kardeşlerin arasında mizaç çatışmaları olmasına hazırlıklı olun.
- ✓ Ailedeki herkesi, her çocuğun güçlü özelliklerinden bir şeyler öğrenmek konusunda teşvik edin.
- ✓ Kardeşlerden birinin diğeriyle dalga geçmesine, canını yakmasına ya da hırpalamasına asla izin vermeyin.

# 9 Aile ağacını genişletmek

## Büyükannelerle, büyükbabalarla, diğer aile üyeleriyle ve arkadaşlarla yakın ilişkiler kurmak

*"Eğer bilginiz varsa bırakın diğerleri mumlarını buradan yaksın."* –Margaret Fuller

Ailenin diğer üyeleriyle yakın ilişkiler kurmak tüm çocukları zenginleştirir. Özellikle de aile odaklı olan ve kalıcı ilişkilere yatırım yapan içedönükleri... Büyükannelerle, büyükbabalarla, amcalarla, teyzelerle, anne babanın yakın arkadaşlarıyla kurulan sağlam ilişkiler, bir yere ait olma hissini ve aile bağlarını güçlendirir, başka hayatlara pencereler açar. Klasik çocuk büyütme kitabı *Touchpoints*'te T. Berry Brazelton çocuklar için diğer nesillerle bağlarını yitirmenin çok büyük bir bedeli olduğunu iddia eder. Geniş ailenin sağladığı devamlılığı ve aile geleneklerine önem vermeyi tavsiye eder. İçedönük çocuklar günümüzün sert, rekabetçi dünyasında görünmez olduklarını hissederek büyüyebilirler.



Oysa böyle olmasına gerek yok. Sevilen akrabalarla ya da arkadaşlarla kurulan iyi ilişkiler çocuğunuza önemli olduğunu hissettirir. Çocuk büyürken ve hayatın zorluklarıyla mücadele ederken onlara sağlam birer dayanak olabilirler. Bu figürler çocuğa aileyle ilgili hikâyeler anlatabilir, çocuğa anne babasının farklı yönleri olduğunu gösterebilirler.

İçedönük çocuklar yaşlıların dünyasını büyüleyici bulurlar. Büyükanneler ve büyükbabalar* onlara; aile hikâyeleri, hobiler, kendilerine özel ilgi alanları, şakacı bir tutum ve tecrübelerini sunar. İçedönükler her türlü bilgiyi emmek için bekleyen küçük süngerler gibidir. Büyükanne ve büyükbabaların geçmişinin, aklının, bilgisinin farkına

*** Anlatımın sadeliği için (genellikle bu ilişkiler özel olduğundan) bu bölümde büyükanne-büyükbaba/torun ilişkisine odaklanıyorum. Ama söylediklerimin çoğu diğer yakın aile ve arkadaşlık ilişkileri için de geçerlidir.**

varırlar. Mizaçları ne olursa olsun büyükanne ve büyükbabalar ise yeteneklerini torunlarıyla paylaşarak kalben genç kalırlar. Kendilerini torunlarının gözünden farklı bir bakış açısıyla gördüklerinde, kişiliklerinin yeni yönlerinin kıymetini bilip bunları geliştirebilirler.

İçedönük ve dışadönük büyükanne ve büyükbabaların farklı güçlü özellikleri vardır ve torunlarına farklı büyüme tecrübeleri sunarlar. Bu farklılıklara bir bakalım.



### Büyükanne ve büyükbabaların (ve diğer aile üyelerinin ya da akrabaların) sundukları

*"Her şeyin bir mevsimi vardır."* –Vaiz 3:1

Yıllar önce büyükanneleri ve büyükbabalarıyla ilişkileri hakkında otuz yetişkinle görüşmeler yaptım. Bu ilişkilerin içedönük çocukları iyi ya da kötü anlamda etkilediği ve dünyaya bakışlarını genişlettiği açıktı. Daha önce de değindiğimiz gibi araştırmalar içedönük çocukların farklılıkları takdir ettiklerini gösteriyor. Yaptığım görüşmelerde de çoğu kişinin büyükanne ve büyükbabalarının zevklerine, ilgi alanlarına ve iletişim kurma biçimlerine değer verdiğini ve bunlardan çok şey öğrendiğini gördüm. Örneğin bir ressam olan Marcia görüşmemizde bana şöyle demişti: "Büyükannem kırmızı güller yetiştirir ve onları çok severdi. Tüm evini, yerleri bile bu güllerle süslerdi. Sıcak günlerde onun güneş alan odasında serin zemine yattığımı ve arka plandaki titrek mavi ışıkla şeker pembesi ve elma kırmızısı devasa gülleri hatırlıyorum. Ailede kimse onların kadife gibi yapraklarını büyükannem ve benim kadar sevmezdi. Odamı tamamen gül desenleriyle dekore etmek istediğimde, kardeşlerim benimle dalga geçmişti."

Bu bağ Marcia için çok kıymetliydi. Kendini diğer aile üyelerinden farklı hissetmesini sağlamıştı. Büyükannesi ona kendi olma imkânı vermişti. Bugün ailedeki tek ressam o ve sıcacık evi pembe ve kırmızı güllerle dolu.

## İçedönük büyükanne ve büyükbabalar: Nefes aldıran akrabalar

*"En önemlisi, yaşamaktan ne öğrendiğimizdir."*

—Doris Lessing

İçedönük büyükanne ve büyükbabalar içedönük çocuğun hayatında bir dinlenme alanı oluşturur. Yaşlı akrabalar genellikle daha sabırlı olur. Pek çok meşgul anne babanın yapmaya zaman bulamadığı şeyleri yapabilirler. Bu, içedönük çocuklar için hayat kurtarıcı, dışadönükler içinse iyi bir alıştırma olur. Büyükanne ve büyükbabaların dostluğu içedönük çocuklar için bir sığınak olabilir: Daha yavaş bir tempoları vardır, hayattaki küçük şeylerden zevk alırlar ve genellikle daha nazik ve anlayışlıdırlar. İçedönük büyükanne ve büyükbabalar ne kadar iyi rol model olabileceklerinin farkında olmayabilirler.

Çocuğunuzun içedönük büyükanne veya büyükbabasından bir hobisini ya da çocuğunuzla birlikte yapmayı sevdiği bir şeyi onunla paylaşmasını isteyin. Büyürken kızlarımdan biri, eşimin anne babasıyla bahçe işleri yapıyordu. Tohumları ekip sularken birbirlerine hikâyeler anlatıyor ve karşılarına çıkabilecek sorunları konuşuyorlardı. Eğer anne babalarınızın çocuğunuzla paylaşabilecekleri bir hobileri yoksa çocuğunuzun ilgi alanlarından söz ederek bir şeyleri başlatabilirsiniz. "Addy, denizkızlarını seviyor. Onu kütüphaneye götürüp birkaç denizkızı hikâyesi bulabilir misin? Buna bayılır."



İçedönük büyükanne ve büyükbabalar, çocuğun hayal gücüyle oynayabileceği alanlar sunarlar.

Yakın zamanda içedönük torunum ve ben öğle yemeği yiyor ve diş perilerinin nerede yaşadığını düşünüyorduk. Christopher'ın ikinci dişi yeni çıkmıştı ve bu konu aklını kurcalıyordu. Diş perisinin diğer on bin periyle birlikte peri dünyasında yaşadığına karar verdik. Dünyanın her yerindeki ülkelerde dişleri çıkan onca çocuğun bütün dişleriyle başa çıkabilmek için epey bir periye ihtiyaç olmalıydı. Christopher, diş perisinin nasıl onu uyandırmadan sessizce dişi yastığının altından alıp parayı koyduğunu merak ediyordu. Belki de özel bir gücü vardı ve "puf" diye fısıldadığında diş çıkıyor ve yine "puf" dediğinde para yastığın altına giriyordu.

Diş perisinin yaşamına dair "Peki şu nasıl oluyor, ya böyleyse" diye saatlerce konuştuk. Böyle geniş zamanlar günümüzde fazla bulunmuyor. Sokakta yavaş yavaş bir gezinti yapmak, karıncaları izlemek, dökülen yaprakların renklerini fark etmek, gülleri koklamak, komşulara selam vermek, diğer bahçelerin nasıl dekore edildiğine bakmak, içedönük çocuğunuzun ruhunu zenginleştirir.

**İçedönük büyükanne ve büyükbabaların güçlü özellikleri**

- İçedönük çocuğun enerji ihtiyaçlarını anlarlar.
- Bir seferinde bir toruna odaklanırlar.
- Çocuğun kendi iç dünyasına değer vermesine yardımcı olurlar.
- Çocuğu ilgi alanlarını keşfetme konusunda cesaretlendirirler.
- Derin sohbetler ederler.
- Çocuklara ortak karar alabilecekleri vakitler ayırırlar.



## Dayanıklı bitkiler: Dışadönük büyükanne ve büyükbabalar

*"Boş zamanlarımızı dolduran o kadar aktivite olmasaydı, daha çok boş zamanımız olurdu."*

–Peg Bracken

Pek çok dışadönük kişi herkesle, hatta yabancılarla ayaküstü sohbet etmeyi sever. Onlar sosyal hayatın dayanıklı bitkileridir. Başkalarıyla etkileşim kurmak için çok fazla çaba harcamalarına gerek yoktur. Diğer yandan dış dünyaya çok bağımlı olduklarından reddedilmeye karşı daha hassastırlar. Büyükanne ve büyükbabalar çocukların farklı mizaçları olduğunu anlamakta zorlanabilir ve onlar tarafından reddedildiklerini düşünebilirler.

Danışanlarımdan biri, June, yakın zamanda torun sahibi oldu. Bir gün June torunundan söz ederek "Benden hoşlanmıyor" dedi. Ona böyle düşünmesine neden olacak ne olduğunu sordum. "Karin başını çevirdi ve bana bakmak istemedi" dedi. Bana göre bu Karin'in yabancılardan çekindiği bir bebeklik döneminde olduğunun göstergesiydi. "Neden böyle düşündüğünü anlıyorum ama bu sekiz aylık bir bebek için gayet normal" dedim. "Karin anne babasıyla sağlıklı bir bağ kuruyor. Sizin yüzünüzün onlarınkinden farklı olduğunu anlıyor. Bu iyi bir işaret. Kişisel olarak almayın. Yakında bu dönem geçecek." Sonrasında Karin içedönük biri olduğuna dair işaretler vermeye başladı. Zamanla, June beklentilerini azaltmayı ve Karin'in ona gelmesini beklemeyi öğrendi. Karin'in anne babasının arkasına saklanarak bakmasının ona karşı duygularının yansıması olmadığını öğrendi. Karin büyüdükçe o da büyükannesinin coşkusunun ve eğlence seven kişiliğinin tadını çıkarmayı öğrendi.

İçedönükler, dışadönük birinin fikirlerinden, aktivitelerinden, yaşam sevinçlerinden keyif alırlar. Büyükanne ve büyükbabalarının hayatları hakkında bir şeyler öğrenmeyi ve onlarla maceralara atılmayı severler. Tabii çok fazla olmadığı sürece... İçedönük torunlar da büyükanne ve büyükbabalarına yavaşlamayı ve bir şeyleri fark etmeyi öğretirler. Dışadönükler herkesin hayattan aynı şekilde zevk aldığını ya da alması gerektiğini düşünürler. Çocuğunuzun farklı olduğunu ve gölün etrafında kısa bir yürüyüşün ve ördekleri beslemenin daha çok hoşuna gideceğini açıklayabilirsiniz. Eğer dışadönük bir büyükanne ya da büyükbaba içedönük torununu gezmeye götürmek istiyorsa ikisinin de hoşuna gidecek bir şey önerin. Çünkü çoğu büyükanne ve büyükbaba torunlarının hoşuna gidip gitmeyeceğine sormadan karar verir. Dışadönük bir danışanım, anne babasına çocuğu deniz tutup tutmadığını sormadan balina izleme gezisine çıkarmıştı. Bu hatayı bir daha yapmayacağını söyleyebiliriz.



**Dışadönük büyükanne ve büyükbabaların güçlü özellikleri**

- Yapacak bir sürü eğlenceli şey bulurlar.
- Cana yakın ve coşkuludurlar.
- İçlerinden geldiği gibi davranırlar.
- Daha uzun süre boyunca, birden fazla torunu idare edebilirler.
- Dışadönük çocukların ataklığını ve enerjilerini takdir ederler.
- İlgi ve sevgi gösterirler, iltifatlar ederler.

## Güçlü bir köprü kurmak

*"Evlerini seviyordum. Her şey eski kokuyordu, yıpranmıştı ama güven veriyordu, pişen yemeklerin kokusu mobilyalara sinmişti."* –Susan Strasberg

Pek çok sebepten ötürü bazı büyükanne ve büyükbabalar torunlarıyla bir ilişki kurmaktan çekinirler. Belki kendi çocuklarını yetiştirirken kendi anne babaları onlara çok karıştığı için aynı şeyi yapmak istemezler. Tereddütlü, çekingen ya da sorumluluk alma konusunda endişeli olabilirler. Geçmiş anlaşmazlıkların hâlâ sürdüğünü zannederek kendilerine ihtiyaç duyulmadığını ya da önemli olmadıklarını düşünebilirler. Kim bilir belki de sadece yeni model araç gereçlerden tedirgin oluyorlardır. Dört torundan sonra hâlâ o havalı bebek arabasını açıp kapatmakta zorlanıyoruz.

Bazı büyükanne ve büyükbabalar, torunlarıyla yakın bir ilişki kurmadan önce anne babaların onayına ihtiyaç duyarlar.



Bugün bile çocuktan sorumlu olan genellikle annedir ve babanın anne babası, torunlarına anneninkiler kadar kolay ulaşamayabi-

### Anne babalarınızı affedin

Bazen anne babalar büyükanne ve büyükbabalar ile torunlar arasında güçlü bir ilişki oluşmasına engel olurlar. Bunun pek çok sebebi vardır. Anne babanın, torunlarıyla zamanında kendi çocuklarıyla olduğundan daha iyi olması acı verici gelebilir. Anne babalarının kendi çocukluklarında çektikleri acıları düşünmeden onlara kin güden ve bugün oldukları halleriyle onları kabul etmeyen yetişkinler görüyorum.

Anne babanız sadece kendini düşünen, zihinsel olarak hasta (ve tedavi edilmemiş), alkolik (ve iyileşmemiş) ya da başka bir şekilde travmaya sebep olacak özelliklere sahip değilse geçmiş hatalarından dolayı onları affetmeyi deneyin. Pek çoğumuzun hayal kırıklıklarına neden olan, gergin, şaşkın ya da çocuk büyütmekten habersiz anne babaları olmuş olabilir.

lir. Eğer babanın annesi oğlunu bırakma konusunda zorlanıyorsa, bu alan hâkimiyeti bakımından sorun yaratabilir ve gelini de torunlarla ilişki kurarken pek cömert davranmayabilir. Danışanlarımdan Keri'nin içedönük annesi birdenbire üç torununa bakmak istemediğini söyleyince kırılmıştı. Keri'yi annesiyle sakin sakin konuşması ve bunun nedenini sorması için cesaretlendirdim. Keri'nin annesi, içedönük iki kız torunuylayken kendine güvendiğini ve rahat olduğunu ama dışadönük erkek torunu Jake'le birlikteyken korktuğunu ve kontrolünü kaybettiğini söyledi. Jake ele avuca sığmayan bir çocuk. Büyükannesi de onu idare edememekten ve Jake'in başına bir şey gelmesinden korkuyordu. Keri bunun için artık üzülmüyor. Şimdi sadece Keri'nin babası da oradaysa ve yardım edebilecek durumdaysa üç çocuğu birden bırakıyorlar. Ayrıca her çocuk büyükanneyi ayrı ayrı ziyaret ediyor. Keri'nin annesi ile çocukları arasındaki bağ daha da güçlendi.

Nesiller arasındaki köprüleri güçlendirecek birkaç ipucu:

- Çocuğunuzun ne kadar fazla sevgi dolu ilişkisi olursa o kadar iyi olduğunu unutmayın.



Geçmişi bırakıp bugün biraz daha büyümüş olmalarını takdir edin. Çocuğunuza bu hediyeyi verin. Büyüyüp kendi çocukları olduğunda sizin nasıl bir örnek olduğunuzu hatırlayacaklar.

Gözlemlediğim bir başka durumsa anne babaların, çocuklarının büyükanne ve büyükbabaları ya da başka akrabalarla ilişkisini kıskanması. Bu oldukça trajiktir. Çocuk büyüdüğünde anne babayla ilişkisine zarar verecektir. Pek çok danışanım, anne babalarının kendi büyükanne ve büyükbabalarıyla ya da diğer akrabalarıyla ilişki kurmalarını engellediğini, buna hâlâ üzüldüklerini ifade etmiştir. Çocukları küçük yaşta "paylaşmayı" öğrenmek gerek, çünkü çocuklar bize yalnızca emanettir ve büyüdükçe onları gitgide daha çok paylaşmamız gerekir. Büyükanneler ve büyükbabalar çocuklar için farklı rol modeller oluştururlar. Çocuklara daha az değil, daha çok sevme fırsatı verirler. Çocuklarınız bunun için size teşekkür edecektir.

- Anne babanıza çocuğunuzu anlamak için gösterdikleri çabaları takdir ettiğinizi söyleyin.
- Eğer bir şeyleri onlardan farklı yapıyorsanız, onların anne babalık ettiği dönemlerden beri bir şeylerin değiştiğini kabul edin ve onların yeni yöntemleri öğrenme becerilerini destekleyin.
- Mizaç konusunu onlarla konuşun. Özellikle de içedönük çocuğunuzla ilgili olarak... Onların ilgi ve şefkatinin içedönük çocuğunuz için ne kadar önemli olduğunu bilmelerini sağlayın. Onları mizaç testini yapmaya ve mizaçlarının hayatlarına olan etkisi konusunda hissettiklerini paylaşmaya teşvik edin.
- Büyükanne ve büyükbabasına, içedönük çocukların tanımadıkları ya da sık sık görmedikleri insanların yanında ve grup içinde farklı davrandıklarını anlatın. İçedönük çocuğunuzun onlarla birlikteyken rahat etmek için nelere ihtiyaç duyduğunu tartışabilirsiniz.
- İçedönük çocuğunuzun kart, e-posta ya da sanatsal çalışmalarını büyükanne ve büyükbabasına göndermesini teşvik edin.
- Hediyeleri onayladığınızı bildirmeyi unutmayın: "Andy aldığın kitabı çok beğendi."
- İletişiminizin sürekli olmasını sağlayın.



## Biraz değişim büyük fark yaratır

*"Değişimin sırrı korkudan kurtulmaktır."*

–Rosanne Cash

Miracle-Gro'nun bitkiler için bir ürünü var. *Southern Living* adlı dergiye verdikleri reklamda "Biraz değişimle çok büyütün" diyorlar. Yani bitkilere verdiğiniz besinlerde biraz değişiklik yapıyorsunuz ve bir de bakıyorsunuz, çok güzel büyüyorlar. Bu reklam sloganını büyükanne ve büyükbabalar için de kullanabiliriz.

Bazen eski topraklara birkaç yeni bilgi vermeniz gerekebilir. Eğer anne babanız ya da başka akrabalarınız bütün çocukların cana yakın ve grup içinde rahat olmalarını, yani küçük birer dışadönük olmalarını bekliyorlarsa onlara küçük bir içedönük çocuğa aşağıda açıklayacağım yollarla ulaşabileceklerini anlatın.

Kısa zaman önce, çok parlak ve hassas bir çocuk olan 5 yaşındaki içedönük Zara'nın anne babası Ellen ve Dan'le çalıştım. Dan'in anne babası bütün torunların aynı şekilde davranmasını bekliyordu. Konuşkan olmalılar, karşılandıklarında öpücük vermeliler, gürültülü aile toplantılarından keyif almalılar, tabaklarındaki tüm yemekleri hapur hupur yemeliler ve hediye alınca sevinçten zıp zıp zıplamalılar. Ama Zara partilerdeki bütün o gürültüden, öpüşme faslından, sosyal görünme baskısından bunalıyordu. Ne zaman büyükanne ve

### Mesafeyi kapatmak

Bugünlerde çoğu çocuk büyükanne ve büyükbabalarından uzakta yaşıyor. Biraz çaba gerektirse de aradaki mesafeye rağmen onların yakın bir ilişki kurmalarını sağlayabilirsiniz. Arkadaşlarımdan birinin başka bir şehirde yaşayan ergenlik çağında bir torunu var. Neredeyse her gün e-posta üzerinden yazışıyorlar ve arkadaşım çekingen ve içedönük torununa sosyal hayatın çetrefilli meselelerinde yardım ediyor. Çoğu içedönük çocuğa başka bir yerde yaşayan büyükanne ve büyükbabalarıyla iletişim kurmak iyi gelir. İşte birbirlerinden uzakta yaşayan aile üyelerinin sizinle yakınlığını sürdürmesini sağlamak için birkaç yöntem:

- Ortak bir defter tutmayı deneyin. Büyükbaba bir deftere günlük ya da mektup tarzında düşüncelerini yazar ve torununa gönderir. Torunu kendi yorumlarını ekleyerek günlüğü devam ettirir ya da mektubu yanıtlar ve yine büyükbabasına gönderir. Bu, zamanla ilişkilerini belgeleyecek yazılı bir sohbet, interaktif bir günlüktür.
- Sınırlı gelirleri olan yaşlı akrabalara önceden ödenmiş bir telefon kartı verin.
- Akrabalar ziyarete geldiğinde yemekleri birlikte pişirin. Onlardan yemek tarifi alın, bu tarifler hakkında konuşun. Yemeği yeniden yapacağınız zaman onlara telefon edin.
- Mektuplaşın. Bu yöntem hâlâ kullanılıyor ve herkes mektup almak için sabırsızlanıyor.
- Sık sık e-posta gönderin. Güzel olanları yeniden okumak üzere saklayın. Dijital fotoğraflar çekin ve onları e-posta yoluyla gönderin.

büyükbabasını ziyaret etse sonunda kendini berbat hissediyordu. Dan'in anne babası, Dan ve Ellen'ı Zara'ya bebek gibi davrandıklarını söyleyerek eleştiriyorlardı.

Dan ve Ellen, Dan'in anne babasıyla konuştu ve onlardan beklentilerini bir kenara bırakmalarını istediler. Bakış açılarını değiştirip tüm çocukların tek bir tornadan çıkmış gibi yaratılmadığını görebilirler miydi? Değişip başka biri olamayacak torunları için beklentilerini değiştirebilirler miydi? Bilimsel araştırmalardan yola çıkarak içedönük çocukların neden doğuştan daha farklı olduğunu anlattılar. Büyükanne ve büyükbabaların her çocuğu ayrı birer tohum olarak görmesi her birinin daha iyi büyümesini sağlayacaktı.

Dan ve Ellen anne babalarına Zara'yı okuma konusunda yardımcı oldular. Bakışlarındaki donukluk çok fazla uyarana maruz kaldığını mı gösteriyor? Huysuzlanıyor mu? Ya da içine mi kapanıyor? Enerjisi mi düştü? Çok fazla aktiviteye mi katıldı? Yeni bir şeyi tecrübe ederken ya da bir şeyleri ilk defa incelerken nasıl davrandığını gözlemleyebiliyorlar mı? Kendilerine bu soruları sormaya başlarlarsa onu okumayı öğreniyorlar ve onunla ilişki kurmaya hazırlar demektir.



Torunlarla ilişki kurmak sadece onlarla konuşmak değil, esnek olmak ve çocuklara uyum sağlamak demektir. Eğer torununuz yorgun görünüyorsa onu daha fazla uyaranla yormayın (günlerdir ona göstermek istediğiniz özel bir oyun olsa bile). Sessize alma düğmenize basın (herkeste bir tane vardır) ve ona biraz huzur verin. İçedönük çocukların grup halindeyken baş başa olduğunuz zamanki gibi ilişki kurmasını beklemeyin. Onlara el sallayarak, göz kırparak ya da başınızı sallayarak üstü kapalı bir selam vermeniz daha iyi olur. Sonradan ikinizin baş başa sohbet edebileceği bir köşe bulabilirsiniz.

## Tetikte olmak

*"Bir boğayı kuyruğundan yakalayan (bir soruna doğrudan yaklaşan) kişi bunu yapmayan birine göre altmış-yetmiş kat fazla şey öğrenir."* –Mark Twain

Anne babaların bir numaralı görevi çocuklarını korumaktır. Çocuklarımıza zarar verebilecek şeylere karşı her an tetikte olmalıyız.

**Büyük aile toplantılarında içedönük çocuk olmak**

Bayramlarda ya da özel günlerde yapılan büyük aile buluşmaları herkes için stresli olabilir ama çok fazla ilgi ve uyaran olduğunda mutsuz olan içedönük çocuklar için özellikle zordur. İşlerin daha yolunda gitmesini sağlamak için birkaç ipucu:

- Buluşmadan önce belli aile üyelerine çocuğunuzun içedönük olduğunu, biraz soğuk görünse de bunun kişisel değil, psikolojik bir şey olduğunu açıklayın.
- Enerji seviyesi sosyal durumlarla başa çıkma becerisini etkilediğinden, buluşmadan önce çocuğunuzun iyice dinlendiğinden ve karnını doyurduğundan emin olun.
- Büyüdükçe çocuklarınızı öncelikle el sallama, başını sallama ve gülümseme gibi şeyler için cesaretlendirin. Konuşmayı sonraya bırakabilirler.
- İçedönükler daha az insanın içinde daha rahat konuşurlar, bu nedenle küçük gruplar bulmalarına yardımcı olun. Herkesi tanısalar bile kalabalık içinde daha çekingen olurlar.
- Arada içedönük çocuğunuza nefes alacağı bir alan bulmaya çalışın. Fiziksel yakınlık, içedönüklerin enerjisini emer.
- İçedönük çocuğunuz hazır olana kadar kucaklaşmayacağı ya da öpüşmeyeceği konusunda aile büyüklerini uyarın.
- İçedönük çocuğunuzu hediyesini kalabalığın içinde açmaya zorlamayın. İçedönükler yanlarında sadece birkaç kişi varken hediyelerini açmaktan daha çok keyif alırlar.



Bazılarımız çocukluklarında bu şekilde korunmamıştır. Bu becerileri büyürken görmediğimizde, kendi çocuklarımızı korumakta çok iyi olamayabiliriz. Ya da diğer uca sıçrayıp onları aşırı derecede koruyabiliriz. Özellikle içedönük çocukların orta karar bir korumaya ihtiyaçları vardır. Onlara hem cesaret hem güven vermek gerekir.

Yetişkinliğe geçerken attığımız çok büyük bir adım, kendi çocuklarımız adına anne babalarımıza karşı çıkmaktır. Buna farklılaşma denir. Bu sanki metaforik bir boğayı boynuzlarından ve kuyruğundan yakalamak gibidir. Öyle zor bir şeydir ki, çoğu kişi bunu yapmaya kalkışmaz. İşin içinde boynuzlara meydan okuma korkusu vardır. Ama hepimizin inandığımız şeyler için sesimizi yükseltmemiz ve kendi yetişkin benliğimizi bulabilmemiz için onu ailemizinkinden ayırmamız gerekir. Bu genellikle ailelerimizle birlikteyken çocuklarımızı korumak için bazı şeylere hayır demekle gerçekleşir. İşin ilginç yanı, anne babalarımıza hayır demek bizi özgürleştirir ve onlarda değer verdiğimiz şeyleri kabul edip tadını çıkarmamızı sağlar.

Pek çok durumda aile kuralları –sözlü olarak ifade edilse de edilmese de– içedönük çocuğa uygun olmayabilir. Bunlar "Yemeğini bitirmelisin, (pek tanımadığın) Edna Teyze'yi öpmelisin, bir senedir görmediğin kuzenlerinle oynamalısın, hediyelerini herkesin içinde açmalısın ve ne kadar sevindiğini göstermelisin" gibi direktiflerdir. Rahatsızlık vermediği sürece başkalarının kurallarına uygun davranmaya eğilimli olabilirsiniz. Ama bazen aile kuralları zararlı olabilir.

Danışanlarımdan biri olan Milt, tabaktaki her şeyin bitirilmesinin kural olduğu bir evde büyümüştü. Bu Milt için sorun değildi, çocukken de tabağını pırıl pırıl oluncaya kadar sıyırırdı. Diğer yandan kızı Sylvie yemek seçen bir çocuktu. Evde bile yemek yemek onun için yeterince zordu ki, tabaktakilerin bitirilmesinin gerektiği büyük aile toplantılarında bu daha da zorlaşıyordu. Bir şükran gününde Milt'in babası Sylvie'nin bu iştahsız halinden rahatsız oldu. Sylvie'ye tabağındakileri bitirene kadar sofradan kalkamayacağını söyledi.



Milt babasının da kızının da geri adım atmayacağını biliyordu. Derin bir nefes aldı ve büyükbabayı boynuzlarından yakaladı. "Evinizdeki kuralların çoğuna memnuniyetle uyabiliriz ama tabaktaki her şeyi bitirme kuralı Sylvie'ye göre değil. Kızım tabağındakilerin tamamını bitirmek zorunda değil." Ziyafet masasında birden büyük bir sessizlik oldu. Boğa homurdandı. Daha önce kimse ona meydan okumamıştı. Milt, Sylvie'ye sofradan kalkabileceğini söyledi. Büyükbaba biraz yerinde kıpırdandı. Bu olayı hiçbir zaman doğrudan kabul etmedi ama bir daha Sylvie'yi tabağındakileri bitirmesi konusunda uyarmadı.

Sylvie babası tarafından korunduğunu hissetti. Babasının onun için kendi babasına karşı çıkmasına şaşırdı ve bütün o yağlı ve baharatlı yemekleri yemekten kurtulduğu için rahatladı. Ayrıca yine de büyükbabasının evinde hoşuna gitmeyen bazı kurallara uyması gerektiğini biliyordu. Milt'in eşi kocasının bu girişken tavrından etkilendi. Kızı için sesini yükselterek Sylvie'ye iyi bir model olduğunu ve bunun ileride Sylvie'nin işine yarayacağını düşündü. Milt de bu boğa güreşinden sağlam çıktığı için kendini daha bağımsız ve yetişkin gibi hissetti.

## İçedönük çocuklar ve çocuk bakımı

Aynı aile üyeleri gibi çocukların bakıcıları da onlarla güçlü ve değerli bağlar kurabilirler. İyi bir bakıcı, güvenilir bir arkadaş olabilir ve genellikle aileden farklı bir bakış açısı sunabilir. Bu yüzden lütfen içedönük çocuğunuza herhangi birinin bakmasına izin vermeyin. İçedönük çocuklar etraflarındaki yetişkinlere karşı çok hassas olurlar. Onlara uyum sağlayacak birine ihtiyaçları vardır. Güvenilir, dikkatli, esnek bir bakıcı ya da kreş bulmak için harcayacağınız fazladan zamana kesinlikle değecektir.

İdeal olan 3 yaşından küçük içedönük çocukların sinirli, gergin ya da sabırsız olmayan, istikrarlı ve nazik biri tarafından kendi evlerinde bakılmasıdır. Bu hem içedönük çocuğunuz için daha az stres hem de sizin için daha az iş anlamına gelir. Eğer bunu karşılayamıyorsanız bakıcının az sayıda çocuğa baktığından emin olun.



Kendi çocuklarını yetiştirmiş, sakin yapılı, sevgi dolu, orta yaşlı kadınlarla çalışan pek çok danışanım var. Bu kadınlar genellikle esnek oluyor ve çocuğu bir yerden alıyor, gideceği bir etkinliği varsa oraya bırakıyor, getir götür işlerini halledip, okul çağındaki içedönük çocuklarla oyunlar oynuyorlar. Böyle bir bakıcının masraflarını başka bir içedönük çocuğun ailesiyle paylaşabilirsiniz. Çocuk gelişimi (psikoloji, öğretmenlik ya da bir başka ilgili alan) okuyan bir öğrenci ya da anaokulundaki yardımcı öğretmenler de içedönük çocuklar için iyi bakıcılar olabilir.

Çocuğunuzun mizacını bakıcıyla ya da kreşteki çalışanlarla konuşmak faydalı olacaktır. Bakıcısına çocuğunuzun çok girişken olmadığını ve yoğun etkinliklerden sonra kendine gelmek için zamana ihtiyacı olduğunu söyleyebilirsiniz. Çocuğunuza bakacak kişi içedönüklük hakkında ne kadar çok bilgiye sahip olursa çocuğunuzu o kadar iyi anlayacaktır. Hatta bakıcısına çocuğunuzun mizaç testinin bir kopyasını verebilirsiniz. Mizacın önemini fark etmek, bakıcının sadece çocuğunuzla ilişkisinde değil, genel anlamda da işine yarayacaktır.

## Sohbet ve dil gelişimi

İlk 3 yaş dil gelişimi için çok önemlidir. Bakıcının çocuğun anadilini akıcı bir şekilde konuşuyor olması çok önemlidir. İspanyolca gibi başka bir dil konuşan bir bakıcıyla çalışmak çocuğun iki dilli olmasını sağlasa da onun anadilinden taviz vermek istemezsiniz. Eğer bakıcının anadili çocuğunkinden farklıysa, bakıcının aksanının çok sert olmamasına dikkat edin. Bu çocuğunuzun dil gelişimini etkileyebilir. (İçedönükler yavaş duyma yolağında baskındır ve sert aksanlar çocuğun söyleneni deşifre edip anlamasını zorlaştırır.)

Bakıcısına çocuğunuzla konuşması gerektiğini anlatın. Bakıcıların sorumlu oldukları çocuklarla hemen hemen hiç konuşmadıkları pek çok vakayla karşılaştım. Daha önce de bahsettiğimiz gibi içedönük çocukların sohbete ihtiyacı vardır.

## Disiplin



Bakıcıyla disiplin gibi zor durumlarla nasıl başa çıkacağınızı konuşun. Bakıcının çocuğunuz hakkında anlattıklarınıza ne kadar açık olduğuna bakın. Çocuğunuzun ilgi alanlarına ve onu rahatsız eden şeylere karşı hassas olmasına dikkat edin. Çocuğunuza vurmasına, bağırmasına, onu küçük düşürmesine izin vermeyin. Çocuğunuzun ihtiyacı olan sınırları nazikçe nasıl belirleyeceğini özel olarak onunla konuşun.

## Sosyalleşme fırsatları

Miniğiniz hazır olduğunda, onu bakıcısıyla gidebileceği bir müzik, spor ya da sanat kursuna yazdırın. Bakıcının, kursun amacının çocuğunuzla eğlenceli vakit geçirmesini sağlamak ve onun birkaç sosyal adım atmasına yardımcı olmak olduğunu anladığına emin olun. Torunumla böyle bir kursa gitmiştim. Geri kalan yetişkinlerin hepsi bakıcıydı. Çoğu oradaki asıl işine çok az ilgi gösteriyordu. Kendi aralarında sosyalleşiyorlardı. Küçük çocuklar sosyallik basamaklarını tırmanmak için büyüklerin gözetimine ihtiyaç duyarlar.

**Uyarı işaretleri**

Çocuğunuza her zaman bakıcısıyla nasıl vakit geçirdiğini sorun. O size anlattıkça sorun yaratabilecek şeyleri sorgulayın. Çocuğunuz bakıcıdan şikâyetçi olursa dikkatli olun. Eğer bakıcısıyla birlikteyken karamsarlaşıp ona dostça davranmazsa mutlaka bakıcıyla ilişkisini gözden geçirin. Eğer karın ağrısı gibi fiziksel semptomlardan şikâyet ediyorsa veya yeme ve uyku alışkanlıkları hayatında herhangi bir değişiklik olmadığı halde bozulduysa bakıcıyı kontrol edin.

## Gözünüzü ayırmayın

Üzgünüm ama "bakıcı kamerası" olarak bilinen ve bakıcının haberinin olmadığı kameraları da tavsiye ediyorum. Her gün kaydın bir kısmını izleyip bakıcının çocukla nasıl ilişki kurduğunu görmelisiniz. Gerçek şu ki, herkes uzun süre küçük bir çocuğa bakmaya uygun değildir ve bakıcınızın çocuğunuza en iyi şekilde baktığından emin olmalısınız. Kolay bir bebeğe bakmak bile bir yetişkini (hele de yorgun veya hastaysa) hırçınlaştırabilir. Gizli kameralar iyi birer sigortadır, çünkü çocuğunuz kendisine sert davranıldığını ifade edemeyecek kadar küçük olabilir. Bir başka yöntem de arada sırada haber vermeden uğramak ya da bir arkadaşınızın veya akrabanızın uğramasını sağlamaktır.



## Sürekli haberleşin

Çocuğunuzun yanında olmasanız da onu düşündüğünüzü bilmesini sağlayın. Gün içinde çocuğunuzla haberleşin. Telefon edin ve büyüdükçe ona notlar bırakın ya da e-posta gönderin.

## Değişimler

Sabahları sizden ayrılmak içedönük çocuğunuza zor gelebilir. (İçedönük çocuklar enerjilerini tüketen durumlarda kendilerini kaybedebilirler.) Bir yere gitmeden önce ona haber verin ve güvenebileceği bir rutin oluşturun. "Hoşça kal" demek için ritüel oluşturmak işe yarayabilir (tanıdık hareketler çocuğun endişesini azaltır). Küçük bir çocuk için şöyle bir rutin eğlenceli olabilir: "Görüşürüz, yukarıdan çak" (ikiniz de ellerinizi kaldırıp yukarıdan birbirine vurursunuz) ve sonra "Görüşürüz, aşağıdan çak (ikiniz de ellerinizi aşağıdan birbirine vurursunuz). Eve geleceğinizi, bakıcının çocuğunuza haber vermesini sağlayın. Çocuğunuzun gelişinize hazırlıklı olmasına izin verin. Belki de yorgunluktan, ne kadar heyecanlı olduğunu göstermeyebilir. Ancak emin olun ki sizi gördüğünde mutlu olacaktır.

## Yedek planınız olsun

Çocuğunuzun hasta olması, bakıcının hasta olması ya da başka bir acil duruma karşı listenizde iki üç yedek bakıcı olsun. Çocuğunuz anlayacak kadar büyüdüğünde ona yedek planınızı ve gerektiğinde devreye kimin gireceğini anlatın. Bu endişesini azaltır. Sizin ve eşinizin hızlı bir şekilde ulaşamayacağı acil bir duruma karşı çocuğunuzun tıbbi bilgilerini okulun yakınındaki iki yetişkine ya da bakıcıya gönderin.



## Akşam dışarı çıktığınızda...

Akşam dışarı çıktığınızda çocuğunuzun ona bakacak kişiyi tanıdığından emin olun. Mümkünse o kişinin siz evdeyken birkaç kez uğramasını sağlayın. Çocuğunuza akşam dışarı çıkacağınızı, onu bir akrabanıza ya da bakıcıya bırakacağınızı önceden haber verin. Neye ihtiyacı olduğunu düşünecek zamanı olsun. Ona telefon numaranızı ve yatmadan önce okuyacağı bir not bırakın. Özel bir jest olarak yatağınızda yatmasına ya da bakıcıyla birlikte oturma odasında çadır kurmasına izin verebilirsiniz. Eşinizle dışarı çıktığınız zamanların onun için de özel olmasını sağlayın. Geri geleceğinizi ve acil bir şey olursa sizi arayabileceğini söyleyin. O da sizden biraz ayrı zaman geçirmekten hoşlanabilir!

Çocuğunuza bakacak kişi, içedönük çocuğunuzun güvenebileceği, anlamlı bir ilişki kurabileceği, büyükannesi ya da aile dostu gibi biri olmalıdır. İyi bir seçim yaptığınızda hem çocuğunuzun bakımı konusunda içiniz rahat olur hem de çocuğunuz güven kazanır ve dünyaya dair daha çok şey öğrenir.

### Konunun özü

- ✓ İçedönük çocuğunuzu aile içinden dostlar edinmeye teşvik edin.
- ✓ İçedönük ve dışadönük akrabalar çocuğunuzun dünyasını zenginleştirir.
- ✓ İçedönük çocuklara bakacak kişinin sıcak ve anlayışlı olması gerekir.

# 4 İçinde olanı ortaya çıkarmak

*"Eğer engelsiz bir yol bulduysanız, muhtemelen hiçbir yere gitmiyordur."*

–Frank Capra

10

# Sınıfta içedönük çocuk olmak

## İçedönük çocuğunuzun en iyi nasıl öğrendiğini bildiğinizde okul yıllarında ona yardımcı olabilirsiniz

*"Zihnimizi yeni bir fikir üstünde biraz esnettiğimizde bir daha önceki haline dönmez."* –Oliver Wendell Holmes

Julianne'in annesi ne olduğunu anlayamadı. Anaokulunda ve birinci sınıfta Julianne okulu seviyordu. Ama ikinci sınıfa başladığında kızı okula gitme konusunda şikâyet etmeye başlamış ve notları düşmüştü. Julianne eve çalışma kâğıtlarına yapıştırılmış gülen yüz çıkartmaları yerine üzgün suratlarla geliyordu. Bir gece yatma saatinde ertesi gün okula gideceği için ağladı. "O üzgün suratları almaktan nefret ediyorum" dedi. Julianne'in annesi kızının öğretmeni Bayan Chan'le görüşmeye gitti. Bayan Chan kızının birinci sınıfa devam etmesi gerektiğini söyledi. Julianne'in annesi şok olmuştu. Julianne'in birinci sınıfta o kadar iyi olduğunu nasıl düşünebilmişti? Bayan Chan, Julianne'in yavaş olduğunu düşündüğünü, çünkü sınıftaki tartışmalara katılmadığını, talimatlara hızlı bir şekilde uymadığını ve ödevler hakkında sık sık soru sorduğunu söyledi. Öğretmen ayrıca Julianne'i teneffüslerde içeride tutuyordu, çünkü çalışmasını tamamlaması çok uzun sürüyordu. Julianne'in annesi titreyerek sınıftan çıktı.



Ne yazık ki bu içedönük bir çocuk ile sabit beklentileri olan bir öğretmenin uyumsuzluğunun gerçek hayatta yaşanmış bir örneği. Bayan Chan yeni yıla tamamen yeni materyallerle başlamış olmaktan gurur duyuyordu. Hıza önem veriyordu ve talimatların sadece bir kez verilmesi gerektiğine inanıyordu. Eğer bir çocuk bir şeyi ilk seferinde duymadıysa dinlemiyor demekti. Bayan Chan sertti ve aksanı biraz zor anlaşılıyordu. Julianne'in önceki öğretmenleri ona daha uygundu.

Julianne'in annesiyle birlikte bir strateji belirlemeye çalıştık. Okul Julianne'i başka bir sınıfa vermiyordu, bu yüzden Bayan Chan'in sınıf arkadaşlarından birini Julianne'e yardım etmesi için görevlendirdi. Talimatlarla ya da ödevlerle ilgili anlamadığı şeyleri bu arkadaşına soracaktı. Ayrıca sınıfın yardımcı öğretmeni de olumlu bir rol oynadı. Daha sıcak bir kadındı ve çocukların bireysel ihtiyaçlarına karşı daha hassastı. Julianne'in annesi zihninin nasıl çalıştığı ve neden bazı şeyler için daha fazla zamana ihtiyaç duyduğu konusunda Julianne'le konuştu ve her zaman her şeyi doğru yapamamanın sorun olmadığını söyleyerek onu cesaretlendirdi. 7 yaşındaki kız ders yılı boyunca kıvrandı. Onun bu halini izlemek annesi için de acı vericiydi. Tüm yardımlara rağmen Julianne'in morali bozuktu ve okula gitmek istemiyordu. Her şey için çok yavaş olduğunu düşünüyordu. O ve annesi takvime çıkartmalar yapıştırarak yaz tatiline kadar gün saydılar. Yaz tatili gelene kadar Julianne'in karnı sık sık ağrıyor ve gözlerinin etrafında mor halkalar oluşuyordu.

Yaz tatilinde Julianne biraz canlandı, ama okul zamanı yaklaştıkça endişeleri yeniden başladı. Annesi, onun daha uyumlu olacağını düşündüğü bir öğretmenin sınıfında olmasını istedi ama okul bunun garantisini vermiyordu. Julianne'in şansı yaver gitti ve her çocuğun zihninin aynı şekilde çalışmadığının bilincinde olan bir öğretmene düştü, böylece hepimiz rahat bir nefes aldık. Yeni sınıfında geçirdiği altı haftanın sonunda Julianne annesine "Yeniden okulu sevmeye başlıyorum" dedi.



## İçedönük olmanın olumlu ve olumsuz tarafları

Okul tüm çocuklar için engellerle dolu bir yerdir. Ama içedönükler sınıf ortamında belli zorluklarla karşılaşırlar. Birincisi, dışarıda olmanın ve dışsal şeylere odaklanmanın enerjilerini tüketmesidir. Kendi rahat alanlarının dışındadırlar, bu da ellerinden gelenin en iyisini yapmalarını zorlaştırır. Tipik sınıflar gürültülüdür, dikkat dağıtıcı görsellerle doludur ve başkalarına çok yakın olmayı gerektirir. Duymak zordur, insanlar hızlı konuşur ve farklı aksanları vardır. Üstüne üstlük şarj olunabilecek çok az zaman ve yer vardır.

İkincisi, içedönükler bilgiyi işlemek, iletişim kurmak ve çalışmaları hızlı bitirmek konusunda sıkıştırılırlar. Becerileri; hızlı çalışma, hazır olmadıkları görevleri üstlenme ve süreli sınavlara göre ölçülür. Buna ek olarak sınıf önünde konuşmak, başkalarının standartlarını ve görüşlerini benimsemek, sözlerin kesilmesine tahammül etmek, konudan konuya atlamak ve grup halinde çalışmak gibi çok gayret gerektiren şartlara zorlanırlar. Ayrıca içedönük çocuklar sınıfta küçük görülebilirler. Cevval çocuklar öğretmenlerin daha çok ilgisini çeker.

Öğretmenler, özellikle de dışadönük olanlar, içedönük davranış ve nitelikleri genellikle yanlış yorumlarlar. İçedönüklerin bilgiyi işlemesi daha uzun zaman aldığı için kendilerini rahat hissetmezlerse öğretmenlerin sorularına cevap veremeyebilirler. Zamanla ya da başka bir şekilde sıkıştırıldıklarında heyecanlı görünmezler. Bunun yerine ilgisiz ve isteksiz görünürler. Gerçek duyguları dışarıdan anlaşılmaz. İçedönüklerin işitsel yolakları daha yavaş olduğundan talimatları ilk seferinde anlayamayabilir ve geride kalabilirler. Bu nedenle içedönük çocuğun pek akıllı olmadığı, arkadaşlarına yetişemediği, heyecansız, inatçı ve asi olduğu, sınıfta yeterince sosyal olmadığı, talimatlar ve materyaller hakkında çok fazla soru sorduğu düşünülebilir.



Bunlar potansiyel problemlerdir. Çoğu içedönük çocuk öğrenmeye açtır ve öğretmenleri onları fark edip destekler. Bana da böyle oldu ve pek çok içedönük danışanım da bana benzer tecrübelerini anlattı. Bazı öğretmenler içedönük çocuklara düşkündür, çünkü onların derin sohbetlerinden hoşlanırlar. Öğretmenler onların güçlü gözlem yeteneklerine ve kavrayışlarına değer verirler. İçedönük çocuklar öğretmenlerin kuzusu da olabilir, çünkü yardımcı olmayı severler, sınıfta başa çıkılmaları kolaydır, hatta öğretmenlerini ararlar. Torunum, anaokulu birinci sınıf ve üçüncü sınıf öğretmenlerini çok çok sevdi. Kızım artık evde Bayan McDonald'ın ismini duymaktan bıktı. Çoğu içedönük çocuk öğretmenlerini daha ilgi çekici bulur, çünkü onlarla sınıf arkadaşlarına göre daha çok ortak yönleri vardır. Hatta çoğu içedönük çocuk kendi yaşıtları yerine yetişkinlerle sohbet etmekten hoşlanır. Dışadönük öğretmenler onların iç dünyasını gördüklerinde genellikle büyülenirler.

Çoğu içedönük çocuk, burada enerjileri tükendiği halde, okulu

**Önemli olan akıl gözüdür**

Unutmayın, içedönükler, karmaşık fikir ve kavramları birbiriyle birleştirip geliştiren beynin ön kısmındaki yönetsel alana giden direkt yolağı kullanmaya programlıdır. İçedönükler büyüyüp geliştikçe düşünceleri, duyguları ve tecrübeleri entegre olur. Bu, onlara karmaşık zihinsel işlevler kullanma becerisi verir. Beynin frontal alanı, hüküm verme becerisini, sosyal ve etik davranış algısını, yaratıcılığı ve belki en büyük yeteneğimiz ve duygusal zekânın en sofistike özelliği olan akıl gözünü, yani başkalarının zihnindekileri bilme ve niyetlerini anlama becerisini barındırır.

bir bilgi bahçesi gibi görür. Öğrenmekten keyif alır. Okuldan keyif almalarına yardımcı olmak için bazıları aşırı uyarılmalarıyla başa çıkacak yaratıcı yollar bulur. Çoğunlukla şarj olmak için okulun daha az hummalı yerlerini keşfederler. Eğer sakin bir yerse öğle tatillerini kütüphanede geçirirler. Çalıştığım içedönük çocuklardan biri bir çocuğa kitap okumak için bir saatliğine anaokulu sınıfına gidiyordu. Bir başkası okul hemşiresinin yanına gidiyor ve öğle tatilinde onunla sohbet ediyordu. Ben lisedeyken bir süre arka taraftaki sessiz bir ofisi kullanıyordum. Kızlarımdan biri lisedeyken uzun teneffüste yakındaki ilkokula gidip oradaki öğretmenlere sanat projelerinde yardım ediyordu.



## İçedönükler nasıl öğrenir?

*"Bana göre çocuk gelişimindeki her şey bağlantılıdır. Geçmişte yaşanmış olanlar, şimdi yaşananlar ve gelecekte yaşanacaklar."*

–Fred Rogers

Bir çocuğun içedönük mü dışadönük mü olduğu, nasıl öğrendiğini büyük oranda belirler. Dışadönükler beynin arka tarafındaki geçmiş dışsal olaylardan edindikleri algıları şekillendirirler. İçedönükler tecrübelerini içsel düşüncelerine ve duygularına dayandırırlar. Bunlar beynin ön tarafında, yani frontal alanda işlenir. Öğrenmek beynin çeşitli kısımlarını art arda hızlı bir şekilde çalıştıran karmaşık bir işlevdir. Öğrenmek, lunaparklardaki hızlı trenler gibi bir trenin beynin çok çeşitli yerlerinden geçerek dolaşmasını gerektirir. Bu sürecin içedönük ve dışadönüklerde nasıl birbirinden farklı olduğuna bakalım.

İçedönükler ilgilerini çeken şeylere katılırlar. Bedenlerinden ve beyinlerinin daha bilinçsiz ve yavaş yolaklarından bilgi alırlar. Zihinleri uzun süreli hafızalarını kullanarak ve bilgileri bir araya getirerek çalışır. Gün içinde oluşturulan hatıraların gece boyunca işlenmesi ve depolanmasıyla daha karmaşık algılar oluşturulur. Bu noktada düşünceler bir araya gelir ve bir fikir ya da hareket planı oluşturmaya hazır olur. İçedönükler, içsel bilgilerini başkalarına göstermek için zamana ve cesaretlendirilmeye ihtiyaç duyarlar. Bilgilerini genişletmek için fikirlerini gerçek dünyada test ederler.

Dışadönükler dikkatlerini çeken şeylere odaklanır. Bilgiler, duyularından beyinlerine hızlı ve bilinçli yolaklardan geçerek girer. Bu veriler önceki iyi ya da kötü tecrübelerle eşleştirilir ve beynin gerisinde hızlıca bir algı oluşturulur. Hızlı karar verebilir; konuşma, yazma ya da küçük bir veriye dayanarak fikir değiştirme gibi eylemler için harekete geçebilirler. Bilgiler kısa süreli hafızalarından –aynı anda yaklaşık yedi öğeyi bir arada tutabilen hafıza– sürekli olarak içeri ve dışarı hareket eder ve kalıcı olmayabilir. Öğrenme becerilerini geliştirmek ve daha karmaşık algılar, planlar ve eylemler geliştirmek için dışadönüklerin durmaya, düşünmeye, beynin ön tarafında daha fazla şeyi bir araya getirmeye ihtiyaçları vardır.



İyi öğretmenlik beynin öğrenme becerisini geliştirme sanatı olarak görülebilir. Beyin öğrenmek için tasarlanmıştır ve öğrendikçe gelişir. Bir çocuğun bilgisi arttığında nöral bağlantıları da artar. Öncelikle çocuk evde ve dış dünyadaki tecrübelerinden bir temel oluşturur. Sonra yeni bilgiler bu tecrübelerle bağlantılandırılır. Sonuç, yeni bir bilginin ve tamamen yeni birleşimlerden oluşmuş bir kümenin çocuğun zihinsel repertuvarının bir parçası olmasıdır.

İçedönük bir çocuğun en güçlü özelliği, bağlantılar kurarak öğrenmesidir. İçedönükler için noktaları birleştirmek doğal bir eğilimdir. Öğretmenler yeni bilgiler verir, bu da içedönüklerin zaten sahip oldukları noktalar ile bunlar arasında çizgiler çekmesini sağlar. Böylece bağlantı kurulur. Çocuk kişisel tecrübelerine yeni bilgiler ekledikçe daha dolu bir resim ortaya çıkmaya başlar.

Bayan Chan, birinci sınıfta yapılanların üstünden geçmeyince Julianne yeni materyallerle bağlantı kurabilecek hiçbir nokta bulamadı ve uyumlu bir resim oluşturamadı. Elinde sadece birbirinden bağımsız bilgi parçaları vardı. Noktaları birleştirmek çocuğun bağlantıları görmesini sağlar (örneğin "Eğer matematik öğrenirsem bu para saymama yardımcı olur" ya da "Fen öğrenerek bir ayçiçeği yetiştirebilirim"). İçedönüklerin pek çok içsel noktaları vardır, bunlar yeni öğrendikleri bilgileri astıkları kancalar gibidir. Ama noktaların birleştirilmesi için bu bilgilerin belli bir sırayla gelmesi gerekir.

### Okul seçmek

*"Çocuklarınıza vereceğiniz en iyi şey, iyi alışkanlıkların yanında iyi hatıralardır."* –Sydney J. Harris

İçedönükler ortamın sakin, teşvik edici, esnek ve sıcak olduğu okullara ihtiyaç duyarlar. Rekabetçi, yargılayıcı, aşağılayıcı, katı ve sert okullara giden birçok içedönükle çalıştım. Böyle bir atmosferde içedönükler içlerine kapanır, öğrenemez, derslerinden geri kalır ve ne yazık ki yeterince akıllı olmadıklarını düşünürler. Çalışanların çocuklarla olmaktan hoşlandığı (bu ne yazık ki çoğunlukla geçerli değildir) ve öğrencilerin birey olarak görüldüğü bir okul ortamına ve farklı öğrenme biçimlerine ayak uydurabilecek öğretmenlere ihtiyaç duyarlar. En önemlisi, içedönük çocukların yeteneklerini kullanabilecekleri bir ortam olmasıdır. Sessiz, beklentilerin çocuklara göre belirlendiği bir sınıfta olmaları gerekir. Sınıfın küçük olması daha iyidir. Eğer öğretmen çocuğunuz hakkında bir şeyler öğrenmeye, ona ihtiyacı olan alanı ve beyninin düşünmek için ihtiyaç duyduğu süreyi vermeye açıksa iyi bir uyum yakalanabilir.

Pek çok anne babanın okul konusunda tercih şansı yoktur.

Sınıfta, bilgiler merak uyandırıcı, uygulamalı ve beyni uyaracak şekilde verilirse çocuklar en iyi şekilde öğrenir. Örneğin canlı hikâye anlatımları çocuğun beynindeki tüm bölgeler (duygu, bilgi, anlam, hafıza) arasında bağlantı kurar. Ezbere öğrenmek bilginin oluşturulmasını ve yenilikçi düşünceyi desteklemez. Gerçek öğrenme beyni tüm seviyelerde harekete geçirir. Öğrenmeyi, basit bir mod olan verileri alma ve dosyalamadan çok daha karmaşık bir sürece, verileri alıp bilgi yaratma ve bunları içedönük yolaktan beynin yönetici bölgelerine gönderme sürecine dönüştürür.

## Hangi ortamlar içedönüklerin öğrenmesi için daha iyidir?

**İçedönük çocukların zamana, mekâna ve kendi tempolarını belirlemeye ihtiyaçları vardır.** İçedönük çocuklar enerji, hu-



Eğer sizin böyle bir şansınız varsa çocukların bireysel olarak güçlü olan özelliklerini teşvik edecek ve onlara baskı yapmayacak bir okul seçin. Evde öğrenme, temelde birebir ve kişiye göre tasarlanmış olduğundan içedönük çocuklar için uygun olabilir. Diğer yandan evde eğitim alan çocukların dışadönük kaslarını güçlendirmeleri için başka gruplara ve sosyal tecrübelere ihtiyaçları olacaktır. Çok rekabetçi, katı ve talepkâr olmadıkları sürece bilim ve sanatta yetenekli çocuklar için tasarlanmış okullar da içedönüklere uygun olabilir.

**İçedönük çocuklar için en iyi öğrenme ortamı şunları içerir:**

- Sessiz, belli bir yapısı olan, az sürprizli sınıflar.
- Düşünecek, bilgiyi işleyecek ve hazırlanacak zaman ve mekân.
- Önce büyük resmin sunulması ve çocukların hayatlarıyla bağlantılı materyallerin kullanılması.
- Grup halinde ya da bireysel olarak çalışma seçeneğinin olması. Grup halinde değil, tek bir arkadaşla çalışma yapma, gerektiğinde ona sorular sorma seçeneğinin bulunması.
- Her çocuk için ayrı ekran ve kulaklıklarla "öğrenme alanı" olarak tasarlanmış bir yerin olması.

zur ve tatmin için kendi içlerine döndüklerinden, konuların derinlemesine tartışıldığı, bir seferde bir konunun işlendiği, düzenli, sessiz sınıflarda başarılı olurlar. Dikkatlerini toplarken kıpırdamadan dururlar (onlardan öyle durmaları beklendiği için değil, gayretli bir şekilde dinlerken fazladan enerji harcamamak için). Oturur ve çoğu zaman ifadesiz bir şekilde izlerler (yine enerjiden tasarruf). Ara sıra uzağa ya da yere doğru bakabilirler (bilgiyi işleme sürecini kolaylaştırmak için). Gürültü ve hareket onların konsantre olma becerilerini sekteye uğratır.

**İçedönükler, kendilerini kabul eden hoşgörülü bir ortamda başarılı olurlar.** Eğer içedönüklerden sorulara anında cevap vermeleri istenirse cevap genellikle kafalarından uçup gider. Ama bu, bilginin orada olmadığı anlamına gelmez, sadece doğru yolu bulması gerekiyordur. Baskı altında olmadıklarında gönüllü olarak cevap verebilirler. Güven ve rahatlığın olduğu bir atmosferde verdikleri karmaşık cevaplarla herkesi şaşırtabilirler. Jonathan'ın sınıfında (dördüncü sınıf) uçuş tarihini öğreniyorlardı. Birden genelde sessiz olan Jonathan elini kaldırdı ve bir kaynaktan fışkırır gibi bilgilerini boşalttı. "Yüz tane B-1B bombardıman uçağı yaptıklarını biliyor musunuz? Bunlar gizli bombardıman uçakları. Yere çok yakın uçuyorlar ve radara yakalanmıyorlar. Çok şık ve kalktıktan sonra kanatları içeri çekiliyor. Motorlarına kaçan kuşlar yüzünden dördü düştü ama bu sorunu çözdüler ve şimdi onları Irak Savaşı'nda kullanıyorlar." Herkesin ağzı açık kaldığı kısa bir sessizlikten sonra öğretmeni, Jonathan'a B-1B'ler hakkında daha fazla şey sordu.



İçedönük çocuklar net talimatları ve bilgileri sever. Ellerinin altında net bir görev olduktan sonra gerisine kendi başlarına devam edebilirler. Bir konuyla kişisel olarak bağlantı kurabilmenin yolunu bulduktan sonra kendi kendilerini motive edebilirler. Hayden beşinci sınıfta ve derste Güney Amerika'yı işliyorlar. Hayden'ın dağcılığa ilgisi var. "Acaba Güney Amerika'daki en yüksek zirve ne?" diye düşünüyor. "Ve acaba hangilerine tırmanılmış?" Öyle çok merak ediyor ki teneffüste kütüphaneye gidip kitaplardan ve internetten araştırıyor.

**İçedönükler fikir ve izlenimlerini parlatmayı severler.** İçedönük çocuklar sıkıştıklarında internette araştırma yapmayı, video iz-

**Beklemeyi bilenler kazanır**

Psikolog Walter Mischel, Columbia Üniversitesi'nde, 4 yaşındaki anaokulu öğrencileriyle, onların beklemek ve şeker almak için duydukları dürtüye direnme becerilerini ölçtüğü uzun süreli bir araştırma yaptı. Çocukların bekleme süresi birkaç saniyeden beş dakikaya kadar uzuyordu. Aynı çocuklar ergenliklerinde yeniden incelendi. Uzun süre beklemeye tahammül eden çocuklar büyüdüklerinde SAT sınavından daha yüksek puan alıyordu. Sosyal ve bilişsel becerileri daha yüksekti. Yaşıtlarına göre stresle daha iyi başa çıkıyorlardı. Araştırmacılar küçük çocukların bekleyebilme yeteneği ile ileride oluşan duygusal ve bilişsel kapasiteleri arasında çok önemli bir bağ olduğu sonucuna vardılar. Anne babalar genellikle içedönüklerin kendilerini tutmalarını bir dezavantaj olarak görse de bu aslında kendi kendini kontrol edebilme yeteneği ve bekleme becerisi anlamına geliyor. Bu beceri, içedönük çocuklara yetişkinliklerinde hayatta başarılı olmalarını sağlayan sağlam bir temel oluşturur.



lemeyi, kitap okumayı ya da güvendikleri biriyle tartışmayı tercih ederler. İnsanların önünde bir şey yapmadan önce, bir kişinin önünde bile olsa, buna hazırlanmak ve araştırma yapmak isterler. Okulun yıllık Shakespeare gösterisinde, 12 yaşında içedönük bir çocuk olan Veronica, Kral Lear rolünde harika bir iş çıkardı. Annesi şaşkına dönmüştü. Veronica'nın bütün o replikleri nasıl ezberlediği hakkında hiçbir fikri yoktu. Her şeyi kendi başına yapmıştı.

**İçedönükler bir konsepti kendileri tamamen anladıktan sonra başkalarının görüşlerini bilmek isterler.** İçedönükler başkalarının fikirlerini dinlemeyi severler ama zamanlama doğru olmalıdır. Bilgileri formüle ettikleri aşamada çok fazla veri girişi olması, bunları işleme süreçlerini yavaşlatır ve sonunda çıkarım yapmalarını engeller. İçedönükler sonuca ulaşmaya çalışırken harcadıkları zamanın ve çabanın küçük görülmesine ve umursamazlıklara karşı hassastırlar. Eğer fikirlerine değer verildiğini hissederlerse o zaman işbirliğine, fikirlerini genişletmeye ya da başkalarınınkilerle birleştirmeye açık olurlar.

## Sınıfların içedönüklere zor gelen özellikleri

**Sınıflarda çok fazla uyaran olabilir.** Geleneksel sınıf ortamı içedönüklerin kapasitelerini en iyi şekilde sergilemelerine uygun olarak düzenlenmemiştir. Çoğu sınıf kalabalık ve gürültülüdür. Çok fazla kargaşa, çok fazla parlak ışık, çok fazla baskı, yani her şeyden çok fazla vardır. İçedönükler kafalarını toplayıp düşünme, yaptıkları şeye konsantre olma, çalışmalarını zamanında bitirme şansı bulamayabilirler.

**Öğretmenler içedönük çocukları yanlış anlayabilir.** İlköğretim ve ortaöğretim alanındaki çoğu öğretmen dışadönüktür. Normal bir okul gününün bile sonunu getirebilecek enerjiye sahip olmaları gerektiğini düşününce bu gayet mantıklıdır. Çoğu öğretmen içedönük çocukları anlamaz. Onlara göre zeki demek hızlı demektir. Araştırmalar çoğu öğretmenin bir soru sorduğunda öğrenci birkaç saniye içinde cevap vermezse, başka birine geçtiğini gösterir. İçedönük çocuklar kendilerini sürekli olarak bir türlü diğerlerine yetişemedikleri bir yarışta gibi hissederler. Ne yazık ki böyle bir ortamda yalnızca çok az sayıda içedönük çocuk yeteneklerini gösterebilir.



İçedönük çocukları anlamayan öğretmenler ve sınıf arkadaşları onların kendilerini reddettiklerini düşünebilirler. Bazı öğretmenler içedönük çocuğun davranışlarını yanlış yorumlar; çocuğun asi, akılsız, kayıtsız olduğunu ya da iletişim kuramadığını düşünebilirler. Bazı öğretmenler böyle çocuklara ulaşamadıklarını hissettiklerinden sinirleri bozulur. Üzücü olan, başkalarının çocuğun kendi içine dönme eğilimini olumsuz bir şey, bir reddediş olarak yorumlamasıdır. Aslında çocuk ona sunulan materyalleri işlemeye ve bir araya getirmeye uğraşıyordur. İçedönük bir çocuğun dışarıya yönelik olarak sergilediği davranışlar zihninde olup bitenleri yansıtmıyor olabilir.

**Öğretmenler içedönük çocukları gözden kaçırabilir.** İçedönük çocuklar genellikle sessiz, dikkatli, etrafını rahatsız etmeyen çocuklardır ve öğretmen daha cevval olan çocuklarla başa çıkmaya çalışırken onları gözden kaçırabilir.

## Okul yıllarını geçirmek

*"Merak duygusu doğanın asıl okuludur."* –Dr. Smiley Blanton

Okulu düşündüğümüzde aklımıza okuma, yazma, aritmetik, belki biraz da fen ve tarih gelir. Ama okul, eğitim kurumu olmaktan öte bir şeydir. Çocuğunuz bir bütün olarak okula gider. Ve karatahtaya yazılanların yanında, onu etkileyen pek çok faktör vardır: Duygusal iniş çıkışları, uyum sağlama hissi, enerjisi, arkadaşları ve öğretmenleriyle ilişkileri bunlardan birkaçıdır. İşte içedönük çocuğunuzun eğitim hayatı boyunca nasıl ilerleyeceğinin bir özeti. Onu nelerin beklediğini bilmek onu daha iyi savunmanızı sağlayacaktır.

### Anaokulu

İçedönükler için anaokulu, anne baba yardımı olmadan dış dünyaya nasıl ayak uyduracaklarını öğrenmek demektir. İçedönük çocuklar anaokulu yardımıyla alışık olmadıkları mekânlarda kendilerini idare etmeyi; ilişkilerini rahat evleri ve ailelerinin dışına doğru genişletmeyi; enerjilerini, duygularını ve uyarılma seviyelerini nasıl ayarlayacaklarını keşfederler.



İçedönük çocuklar yaklaşık 3 yaşında anaokuluna başlar. Sınırlı bir programla, örneğin haftada üç günle başlamaları hem bir istikrar hem de evde bolca vakit geçirmelerini sağlar. Küçük bir anaokulunda sınıfta on ila on dört öğrenci ve en az iki öğretmen olur. Net bir şekilde yapılandırılmış ve öngörülebilir bir program, içedönük çocuğunuzun kolayca uyum göstermesini sağlar. İyi eğitim almış bir anaokulu personeli farklı mizaçlardaki çocukları anlar ve çocukların hangi evrelerde hangi gelişim özelliklerini gösterdiğini bilir. Özellikle anaokulu çağındaki çocuklarla çalışmak üzere eğitim almışlardır. İyi bir öğretmen bazı çocukların sınıfa girişlerini kolaylaştırmak gerektiğini, ayrılıkla başa çıkma becerilerinin daha yavaş geliştiğini bilir ve çocuğunuz alışana kadar yanında bulunmanıza izin verir. Özellikle içedönük çocuklar, hele de yakın zamanda kardeşleri olmuşsa (bu onlar için fazladan bir stres kaynağıdır) bu geçiş sürecine biraz daha zor alışırlar. Bazı çocukların alışması bir haftayı, bazılarınınki birkaç haftayı bulur. Kısa bir aradan sonra bile, tatil ya da hastalık sonrasında okula geri döndüklerinde yeniden uyum sağlamak için biraz yardıma ihtiyaç duyarlar.

Çocuğunuzu açılmadan önce okuluna getirin. Hafta sonunda okulun oyun alanını ziyaret edin ve yakında başlayacak macera hakkında konuşun. Yıl boyunca içedönük çocuğunuzu bayram tatilleri ya da okulun son günü gibi şeylere önceden hazırlayın.

Günlük sohbet zamanınızda okulda olup bitenler hakkında konuşun. Herhangi bir şey için endişeleniyor mu? Çocuğunuz dinlendikten sonra ona günü hakkında sorular sorun ve onu heyecanlandıran olayları ailesiyle paylaşması için teşvik edin: "Hey bugün okula bir sihirbazın geldiğini duydum! Bize bundan bahseder misin?" Çocuğunuzun okuldan sonra dinlendiğinden emin olun.

Öğretmenlerle iletişim kanallarını her zaman açık tutun. Eğer çocuğunuz sık sık tek başına oynuyorsa öğretmeni diğer çocukların onunla oynamaya çağırması için teşvik edin. Eğer öğretmen diğer çocuklar çocuğunuzun elindeki oyuncağı aldığında ya da yaptığı



şeyi yıktığında sesini çıkarmadığını söylüyorsa evde benzer senaryolarla alıştırma yapın. Çocuğunuzun dinlenmiş olduğu bir zaman seçin ve ona bloklarla oynamayı teklif edin. Onun yaptığı kuleyi yıkacak gibi yapın ve "Hey, yapma!" demesini isteyin. Rolleri değişince işbirliğine dayalı bir oyuna örnek olacak bir şekilde davranın ve onu sizinkinin yanında bir köprü yapmaya davet edin. Oyun alanındaki kendi mücadelelerinizi anlatın. Bu içedönük çocukların başkalarının da bu gibi durumlarda zorlandıklarını anlamalarını sağlar.

Uzun süre oynayamayan ya da dürtüsel hareket eden çocuklar içedönük çocukların sinirlerini bozabilir. Bu, her çocuğun kendi mizacı olduğunu ve kendi temposuna göre hareket ettiğini konuşmak için iyi bir fırsattır. İçedönük çocuğunuza onun bu alanda güçlü olduğunu ve dürtüsel hareket eden diğer çocukların da başka özel yetenekleri olduğunu anlatın.

## Hazırlık sınıfı

5 yaş, tüm çocuklar için en sosyal yaştır. Çoğu çocuk bu yaşta çok tatlı olur. İçedönükler iç dünyalarıyla dış dünyayı karşılaştırmayı

öğrenir; çocukları, öğretmeni, neler öğrendiklerini anlamaya çalışır, kendi düşüncelerini eyleme geçirirler. Yeni tecrübeleri alır ve bir araya getirirler. Bütün bunlar çok fazla enerji ister.

Anaokulunda bir iki yakın arkadaş edinememiş içedönük çocuklar, genellikle hazırlık sınıfında bunu yapmayı başarırlar. Çocuğunuz artık okula daha alışkın olduğundan gözlem yeteneklerini diğer çocuklarda kullanmaya başlar. Bazı çocuklarla oynamanın eğlenceli olduğunu bazılarıyla ise eğlenceli olmadığını görür. Bir çocuğun davranışları ile niyetleri arasında bağlantı kurar ve anlaşmazlıklarla başa çıkmayı öğrenir.

Pek çok içedönük çocuk, özellikle büyük kardeşleri olanlar, "büyüklerin gittiği" okula gitmek konusunda endişelenirler. Çocuğunuzun okulun ilk gününden önce okulu ziyaret etmesini sağlayın. Tuvaletler, kafeterya ve ofisler dahil olmak üzere tüm okulu gezin. Çocukların sınıfta eğlendiklerini anlatın. Eğer bu okula giden bir arkadaşı ya da kardeşi varsa, bir parti sırasında ya da buna benzer eğlenceli bir zamanda çocuğunuzun onlara katılmasını sağlayın. Bu sırada öğretmene merhaba demesi için onu cesaretlendirin.



İçedönükler için en büyük zorluk, onların yapısına uygun olmayan bir ortamda öğrenmek zorunda olmanın giderek artan baskısıdır. Bazen eski okullarına geri dönmek isterler. Bu tecrübesinin zorluğunu kabul ederek çocuğunuzun uyum sağlamasına yardım edin. "Gürültülü bir yer ve burada düşünmek zor, biliyorum." Çözümler bulmasına yardımcı olun. Sizinle birlikte beyin fırtınası yapması için onu teşvik edin: "Sence bunun için ne yapabiliriz?" İçedönük çocuklar harika fikirler bulabilirler.

Sınıfta daha rahat oldukça öğretmenine bir çiçek ya da kart gibi küçük bir hediye vermesi için onu cesaretlendirebilirsiniz (öğretmene yaklaşmasına yardım etmenizi istiyorsa bu normaldir). Eğer ailecek bir seyahate çıktıysanız, oradan deniz kabukları gibi küçük şeyler getirip sınıf arkadaşlarına dağıtabilir. Bu sınıfına değer verdiğini ve kendisini sınıfın bir parçası gibi hissettiğini gösterir. Sevdiği çocuklarla kısa oyun buluşmaları ayarlayın. Çocuğunuzla günlük olarak sohbet edin ki okul hakkındaki düşüncelerini ve hislerini anlatabilsin. Bu ayrıca kendi kendine suçlayıcı konuşmalar yapmasını da önler. Örneğin, "Nemo'nun (sınıfta bulunan akvaryumdaki balık) sen yanlış bir şey yaptığın için mi öldüğünü düşünüyorsun?" "Evet, onu beslemek benim görevimdi ve sanırım çok fazla beslemiş olabilirim." "Tatlım, bana bunu söylediğin çok iyi oldu, çünkü bu senin hatan değildi; Bayan Clark'la konuştum ve o da Nemo'nun çok yaşlı bir balık olduğunu söyledi."

## İlkokul

İlkokula başlamak içedönük çocuklar için büyük bir adımdır. Artan dersler ve baskı onları bunaltabilir. Giderek kolaylaşacağını söyleyerek içedönük çocukları rahatlatmak gerekir ki, zaten öyle de olacaktır. İçedönük çocuklar yeni öğrendikleri bir şey ile zaten bildikleri bir şey arasında bağlantı kurabildiklerinde onu en iyi şekilde öğrenirler. Ve bu öğrendiklerini önceki bilgi ve tecrübelerinin üzerine inşa ederler. Materyaller tek lokmalık, kolay sindirilebilir bölümler halinde olduğunda en iyi şekilde öğrenirler. Temel şeyleri yaratıcı yollarla (kartlar, şarkılar, tekerlemeler ve resimlerle) bol tekrar yaparak öğrenirler. Onların işitsel ve görsel olarak okuma ve matematik becerilerini geliştirmelerine yardımcı olun. İçedönük çocuklar matematik için kullanılan kısa süreli hafızaları güçlü olmadığından toplama, çıkarma yaparken ve çarpım tablosunu ezberlerken pek çok kez alıştırma yapmaya ihtiyaç duyarlar. Hâlâ sınıftaki uyaranlarla başa çıkmaya çalıştıklarından, bu temelleri öğrenmekte biraz yavaş olabilirler. Ama kendi ayakları üstünde durmaya başladıklarında (üçüncü sınıf civarında) geri çekilin ve onların işi ele almasına izin verin. Pek çok içedönük çocuk bu aşamada öğrenmeyi gerçekten sevmeye başlar. En büyük sıkıntıları seslerini çıkarıp bildiklerini göstermektir.



Çocuğunuzla öğrenmeyi sevdiği şeyler hakkında konuşun. Onun organize olmasına yardımcı olun ki, bunun için endişelenip fazladan enerji harcamasın. Çünkü bu sadece öğrenme becerisini azaltır. Çoğu içedönük çocuk çalışmalarını düzenli tutmak için renkli kutu ve sepetleri tercih eder.

Eğer öğretmen çocuğunuzun sınıfta bir şeyler karaladığını, hayallere daldığını ve dersten uzaklaştığını söylüyorsa bunu not edin. Bu, daha iyi dinleyebilmek için zihnini susturmaya çalıştığı ya da dersle ilgisini kestiği anlamına gelebilir. Eğer dersle ilgisini kesiyorsa, bunu onunla konuşun: Konu ilgisini mi çekmiyor? Bunalmış mı?

Geride mi kalmış? Sınıf çok mu gürültülü? Sorunu çözmek için onunla sürekli diyalog halinde olmaya devam edin.

## Ortaokul

Ortaokul yıllarında çoğu içedönük çocuk farklı olma hissiyle mücadele eder. Kültürün zorladığı ideal tipte olmadığını yavaş yavaş fark ederken onun güçlü özelliklerini anlamasına yardımcı olun. Çocuğun yeteneklerini ve ilgi alanlarını teşvik etmek, farklılığını kabul etmesini kolaylaştıracaktır. Gerçek şu ki, çoğu çocuk dışadönüktür. Bunu bilmek çocuğunuzun farklı olma hissini kabul etmesini sağlar ve kendisi gibi olma konusunda onu özgürleştirir. Ailesi ve birkaç arkadaşı tarafından kabul edilmek, bir de hoşuna giden ilgi alanları edinmek, okulun en cana yakın ve popüler çocuğu olmadığı gerçeğini dengeleme konusunda epey işe yarar.

Ortaokulda içedönük çocuklar fazlasıyla enerji harcarlar. Sınavların ve aynı anda birçok dersi öğrenmenin giderek artan baskısıyla başa çıkmaları gerekir. Bu temel birtakım becerileri öğrenmelerinin gerektiği bir başka dönemdir. Bunlardan biri not tutmaktır. İçedönüklerin daha yavaş olan işitsel yolakları bunu zorlaştırır. İçedönüklerde işe yarayan sistemlerden biri, üç sütun sistemidir: Bir kâğıdı üç sütuna ayırın. Çocuğunuza bir konuyla ilgili temel noktaları birinci sütuna, bunlarla ilgili detayları ikinci sütuna yazmayı gösterin. Yapılan diğer önemli yorumları dersten sonra üçüncü sütuna yazabilir. Ona ayrıca ödevlerinde öncelik sıralaması yapmayı ve büyük projeleri küçük parçalara ayırmayı öğretebilirsiniz.



Sosyal ve duygusal olarak rahat olmak, öğrenmekle doğrudan ilişkilidir. En çok da ortaokul yıllarında... Bu yaştaki çocuklar anne babaları onlarla bağlantı kurmak için çaba göstermezse biraz sürüklenip uzaklaşabilirler. Çocuğunuzun okulda ne öğrendiğine ilgi gösterin. Eğer ünlü ressamları öğreniyorsa onu bir müzeye götürün ya da bu ressamların hayatlarını anlatan kitaplar alın. Kalabalık bir etkinlikteyken içedönük çocuğunuza zor gelen davranışlarda ona model olun. İçedönük çocuğunuza "Haydi, şunlarla biraz kaynaşalım" diyebilirsiniz. "Merhaba, bu kızım Gretchen ve ben de Lindsey. Yemekler harika değil mi?"

Bu yıllarda çocuğunuza uygun daha çok okul sonrası etkinlik vardır. İzcilik, fazladan fen dersleri, gelişim programları, spor ve sanat kursları vs. Çocuğunuzu bunlardan birine katılma konusunda cesaretlendirebilirsiniz. Her dönem yeni bir taneyi denemesini önerebilirsiniz.

Unutmayın, içedönük çocuğunuzun sizin yanı başınızda olduğunuzu bilmesi önemlidir. Ayrıca öğrenmenin hem okulda hem de okul dışında gerçekleştiğini unutmamak gerekir. Ortaokul yılları özellikle zordur, çünkü tüm çocuklar ergenlik döneminde dengesizleşir. Çocuğunuza sürekli sahip olduğu avantajları hatırlatın ve içindekileri yüksek sesle söylemesine yardımcı olun ki kendi kendini eleştirme girdabına düşmesin. Onun hâlâ ayakları üstünde durmaya çabaladığını unutmayın.

## Lise

Pek çok içedönük çocuk bana liseden nefret ettiğini söyler. Gürültülüdür, kalabalıktır ve gruplaşma baskısıyla doludur. İçedönük çocuklar çoğunlukla çizginin dışındadır, çünkü bu dönemde daha zengin bir öğrenme deneyimine açıktırlar. Yapılacak en iyi şey, içedönük çocuğunuzun güçlü özelliklerine uyacak şeyler bulmaktır. İnsanın kendi isteklerine göre hareket etmesinin kıymetini anlaması, liseyi daha başa çıkılabilir hale getirir. Üniversitenin daha iyi olacağını bilmek de işe yarar.



Lisede içedönükler kendilerine özel zamanları ile sosyal zamanlarını dengelemek için hiç olmadığı kadar fazla çalışırlar. Bu yaşlarda pek popüler olmasa da mümkün olduğunca dinlenmeleri için onları teşvik edin. Çözüm uykudur. Araştırmalar ergenlerin beyinlerinin büyümek için daha çok uykuya ihtiyaç duyduğunu kanıtlamıştır.

İçedönük bir ergen gıcık ya da inek olarak görünmek konusunda hassas olabilir. Çocuğunuzu akademik olmayan bazı derslere, örneğin tiyatro ya da fotoğraf kursuna veya daha geniş bir çevre edinebileceği aktivitelere katılması için cesaretlendirebilirsiniz. Müzik grubunda çalmak, okul gazetesinde çalışmak, spor takımında oynamak içedönük çocuğunuzun yeni çocuklarla tanışmasını ya da zaten tanıdığı çocuklara kendisini farklı bir ışıkta göstermesini sağlar. Bazı içedönük çocuklar inandıkları şeyler hakkında düzgün bir şekilde tartışma fırsatı sunduğu için münazaraları severler. Çocuğunuzun sorumluluk hissini ve ilgi alanlarını geliştirmesi için okul dışında gönüllü olarak çalışmasını teşvik edebilirsiniz. Ya da eğer belli bir kariyer konusunda istekliyse, bu alanda biraz bilgi kazanmak için staj yapmasını önerebilirsiniz.

Bazen içedönük çocuklar lisede sıkılır, sadece ilgilerini çeken konular hakkında öğrenmek isterler. Okuldaki konular ile içedönük çocuğunuzun ilgi alanları ve tecrübeleri arasında bir bağ kurmaya çalışın. Bu fikirleri onunla tartışın ve okulda edindiği tecrübeleri farklı bir şekilde ifade etmesinin yollarını arayın. Sadece neyin ilgimizi çektiğini bilmek değil, aynı zamanda bir konuyu daha ilginç hale getirmek hayatta sahip olunması gereken iyi bir yetenektir. Hayat boyu bize çok büyüleyici gelmese de, bazı şeylerle uğraşmak gerekir. Eğer konu, tarihin bir dönemiyle ilgiliyse o döneme ait biyografiler var mı, aile kökenleri incelenebilir mi, çocuğunuzun kuru bilgilerini daha canlı hale getirebilecek o döneme dair müzeler var mı diye araştırın.



Lisede içedönük çocuğunuzun performansını etkileyebilecek iki faktör daha vardır. Biri göze batma korkusudur. Özellikle kızlar fazla dikkat çekmemek ve zekâlarından ötürü alay edilmemek için yeteneklerini baltalarlar. İkincisi ise isyandır. Bu tepkiler özgüven eksikliğinden, bazen de anne babaya ya da başka bir otorite figürüne öfke duymaktan kaynaklanır. Ayrıca içedönük çocuğunuz büyümekten korkuyor, hatta kendi okul performansını sabote ediyor olabilir.

Unutmayın, içedönükler hazırlıklı olduklarında kendilerini iyi hissederler. Çocuğunuzun organizasyon ve zamanı kullanma becerilerini geliştirmek için biraz alıştırma yapmaya ihtiyacı olduğunu bilin. Bu beceriler, ergenlik çağındaki içedönük çocuğunuza bağımsız olarak yaşayabilmesi için ihtiyacı olan güveni verecektir. Zaman zaman sizin varlığınızı ve yardımınızı reddetse de lise yıllarıyla boğuşurken hep yanında olun. Programını yapmakta, derslerini planlamakta, ödevlerini nasıl yapacağına dair stratejiler belirlemekte yardımınıza ihtiyaç duyabilir. Onun sorunları çözmesine yardım etmek ile sorumluluk hissini teşvik etmek arasındaki ince çizgide durun.

## Orman ve ağaçlar

*"Mantığımızla kanıtlar, sezgilerimizle keşfederiz."* –Henri Poincaré

Daha önce de söz ettiğimiz gibi beynin sağ ve sol yarıküreleri genellikle birbirinden bağımsız hareket eder. Sağ beyin ormanı algılar, sol beyin her bir aracı görür ve inceler. Ama bu işlevleri düşünce ve duygu olarak birleştirebilmek, bilinçsiz ve bilinçli olarak işleyebilmek için ikisinin birlikte çalışması gerekir. Sağ beyinleri baskın olan çocuklar azınlıktadır. Çoğu ilköğretim okulu ve lise sol beyinli dışadönüklere uygun olarak hazırlanmıştır. Üniversite seviyesine gelene kadar da çoğu öğretmen dışadönük ve sol beyinlidir.

Önde gelen beyin araştırmacılarından Daniel Siegel şöyle der: "Birilerinin kalkıp sağ beyni savunması gerek! Unutmayın, sağ beynin işleyişi öz düzenleme, benlik hissi ve başkalarıyla empatiye dayanan ilişkiler kurabilme bakımından önemlidir." İçedönük çocuklar gibi, sağ beyinli çocuklar da okulda zorluk çeker. Hatta bazı uzmanlar dikkat eksikliği bozukluğunun bir bozukluk olmadığını, sağ beynin baskın oluşunu yansıttığını savunurlar. Bence de dikkat eksikliği ve hiperaktivite bozukluğu dışadönük sağ beyinlilik ve dikkat eksikliği bozukluğu içedönük sağ beyinlilik olabilir. Bu anlamda sözünü ettiğimiz durumlar bozukluk olmaktan çıkar ve sadece beynin farklı güçlü yanlarını gösterir.



Sol beyin becerileri okuma, yazma, aritmetik, doğrusal düşünce, mantık ve dilde kullanılır. Ama bu yönelimin detaylara çok takılma, siyah-beyaz düşünme, yeni bilgilere direnme ve bütün resmi görememe gibi sınırlamaları vardır. Sağ beyin becerileri dizilimleri fark etme, bedensel ve duygusal duyumları algılama, sanatsal yaratıcılık, yeni bilgilere karşı duyarlılıktır. Öte yandan sağ taraf sözlü dilde sınırlıdır, hikâye anlatımında zorlanır ve manen boğulmaya eğilimlidir.

Çocuğunuzun beyninin hangi tarafının baskın olduğunu bilmek onun güçlü yanlarını desteklemeye yardımcı olur ve bazı sınırlamalarını da açıklamayı sağlar. Sağ ve sol beyinli çocuklar için çalışma stratejilerini aşağıda bulabilirsiniz:

**Sağ beyinli çocuklar en iyi nasıl öğrenir?**

- Görseller, benzetmeler ve müzik kullanın.
- Dersler ve etkinlikler için çok net bir şekilde yapılandırılmamış bir zaman oluşturun.
- Zaman yönetimi ve sorun çözmede ona yardımcı olun.
- Spontane tepkilere ve yeni eklenen bilgilere açık olun.
- Yaratıcı yaklaşımlardan yararlanın ve alternatif ödevler verin.
- Öğrencinin yakınlığına ve kendine özgü bakış açısına değer verin.
- Materyalleri başkalarıyla çocuğun kendi hayatı ve tecrübeleriyle bağlantılandırın.
- Teşvik edici olun, nadiren ve dikkatlice eleştirin.
- Merak ve yaratıcılık gibi sağ beyin özelliklerini fark edin ve tasdik edin.

**Sol beyinli çocuklar en iyi nasıl öğrenir?**

- Net beklentiler ve değerlendirme kriterleri oluşturun.
- Somut biçimde neden-sonuca dayalı mantık yürütün.
- Sözcüklerde ve sayılarda iyi olmak gibi sol beyin özelliklerini tasdik edin.
- Eleştirel düşünme ve problem çözme fırsatları sunun.
- Müzakereler ve sözlü raporlar için fırsat yaratın.
- Esnek olma ve karar almadan önce düşünme becerilerini geliştirin.
- Ona kişiler arasındaki farklılıkların değerini ve grup halinde çalışmanın faydalarını öğretin.
- Bağımsız çalışma becerilerini geliştirecek fırsatlar sunun.
- İnsanlardaki, nesnelerdeki ve fikirlerdeki kusurları en hafif şekilde ifade edin.
- Başarıyı ödüllendirin, başarısızlığın üstünde fazla durmayın.
- Rekabet ve işbirliği arasında bir denge oluşturun.

Eğitim, tek bir modelin herkese uyacağı türde bir iş değildir. Farklı ortamların, öğretme biçimlerinin, eğitim tarzlarının farklı çocuklardaki etkilerine dair hâlâ yeni birçok şey öğreniyoruz. İçedönüklerin okulu nasıl tecrübe ettiklerini anlayarak çocuğunuzun aldığı eğitimden en iyi şekilde faydalanmasına yardımcı olabilirsiniz.

## Konunun özü

- ✓ İçedönük çocuklar genellikle dışadönüklere göre tasarlanmış okullara giderler.
- ✓ Anne babalar ve öğretmenler içedönük çocukların nasıl öğrendiklerini anladıklarında çocuklar iyi bir performans gösterir.
- ✓ Beyinlerinin sağ tarafını kullanan içedönükler ile sol tarafını kullanan içedönüklerin öğrenme becerileri birbirinden farklıdır.

11

# İçedönük çocuğunuzu okulda ve oyun alanında desteklemek

## Öğretmenlerle ilişkisinde, ders çalışırken, ödev yaparken, üniversiteye hazırlanırken ona yardım eli uzatın

*"Çocuk, doldurulacak bir vazo değil, yakılacak bir ateştir."*

–Rabelais

İçedönük çocuklar öğrenmek üzere doğarlar, doğuştan böyledirler. Sessiz bir şekilde gözlemler, bağımsız bir şekilde çalışır ve her zaman düşünürler. Beyin yolaklarını beslemek için uyarıcı bilgilere ihtiyaç duyarlar. Anne babaları ve öğretmenleri onların nasıl düşündüğünü anlarsa, okulda başarılı olurlar.



Ne yazık ki çoğu geleneksel okul ortamı içedönük çocuklara göre tasarlanmamıştır ve içedönük çocuklar burada çalışabilmek için çok fazla enerji harcarlar. Genellikle yeteri kadar teşvik edilmezler, çünkü ya fark edilmez ya da yanlış anlaşılırlar. Çocuklarının onlara uygun ve anlamlı bir şekilde eğitim aldığından emin olmak içedönük çocukların anne babalarının görevidir. Bu, çocuğunuzun okul hayatında aktif bir rol oynamak demektir ve hem öğrenci hem de ailesi açısından çok faydalıdır.

## Öğretmenlerin çocuğunuza yabancı olmasına izin vermeyin

Çocuğunuzun öğretmeniyle (ya da öğretmenleriyle) onun mizacını ve doğuştan sahip olduğu özelliklerini konuşabilirsiniz. Eğer öğretmen çocuğunuzun mizacını anlarsa onun öğrenme tarzına daha uyumlu davranacaktır. Öğretmenle işbirliği içinde olmaya çalışın. Eğer okuldaki durumu konusunda öğretmeni aydınlatacağını düşünüyorsanız, ona çocuğunuzun ihtiyaçlarından ve evdeki davranışlarından söz edin. Öğretmeni, çocuğunuzun öğrenmeyi sevdiğine ama kendine has bir temposu olduğuna ikna edin. Çocuğunuzla belli bir konu üzerine ettiğiniz sohbetten yola çıkarak onun okul derslerine ilgisinden bahsedebilirsiniz. Bu, öğretmeni şaşırtabilir ve ona cesaret verir. Eğer çocuğunuza zor gelen belli öğrenme yöntemleri varsa –örneğin hızla yeni bir konuya geçmek gibi– bunu da sorun. Bazen öğretmenin yaptığı bir şeyin arkasındaki nedeni daha iyi anlamak, çocuğunuzu buna daha iyi hazırlamanıza ya da sorunu çözmek için daha iyi fikirler bulmanıza yardımcı olabilir. Öğretmene okulu daha verimli hale getirmek için sizin neler yapabileceğinizi de sorun.

Öğretmenle konuşurken onun içedönük mü dışadönük mü olduğunu tahmin etmeye çalışın. Bu, onun dilinde konuşmanızı ve çocuğunuzun ihtiyaçlarını ona daha iyi iletmenizi sağlar. Sessiz bir enerjisi var mı? Birkaç grup etkinliği organize edip çocukların yaratıcı fikirler ortaya çıkarmasını bekliyor mu? Sınıfı düzgün bir şekilde yapılandırmış mı? Bu soruların yanıtı evetse, çocuğunuzun öğretmeni içedönük olabilir. Çok mu enerjik? Pek çok grup etkinliği yapılmasını teşvik ediyor mu? Sınıfta tartışmalar yapılmasını ve bunun canlı bir atmosfer olmasını bekliyor mu? Bu soruların yanıtı evetse çocuğunuzun öğretmeni dışadönük olabilir.



Piyano öğretmenleriyle, spor koçlarıyla ve diğer eğitmenlerle konuşurken de mizaç unsurunu göz ardı etmeyin. Örneğin çoğu spor koçu dışadönüktür ve her çocuğun kendilerininki gibi bir enerji seviyesine sahip olmasını beklerler.

**Öğretmenlerle konuşmanın ipuçları:**

- Çocuğunuzun öğretmenleriyle, müdürle ve diğer okul çalışanlarıyla başından itibaren ilişki kurun.
- Çocuğunuzun sınıfında herhangi bir şeye ihtiyaç olduğunda, öğretmene bu konuda yardımcı olun, ayrıca okulu desteklemenin farklı yollarını bulun. Bu, öğretmene de çocuğa da okulun sizin için önemli olduğu izlenimini verir.
- Öğretmenliğin aşırı derecede zor bir iş olduğunu unutmayın. Öğretmeni suçlamaktan ve eleştirmekten kaçının. Arada sırada

bir not ya da kart gönderin ya da yüz yüze olduğunuzda ona teşekkür edin.

- Öğretmenin görüşlerine açık olun. Size anlatılan, hikâyenin tamamı olmayabilir.

Evde bir savunucusunun olduğunu bilmek içedönük çocuğunuzun okul ortamındaki sıkıntılarla daha iyi başa çıkmasını sağlar. Mesele, önceki bölümün başında anlatılan Julianne'in hikâyesinde olduğu gibi öğretmenin öğrenciyi anlamaması olabilir. Ya da öğrenci sürekli acele ettiriliyordur ve çalışmasını bitirecek vakit bulamıyordur. Veya çocuğunuz mizacı nedeniyle geliştirdiği çalışma alışkanlıkları yüzünden haksız bir şekilde cezalandırılıyor olabilir.

Yani öğretmenin çocuğunuza ulaşmak için en iyi yolu kullandığından emin olamazsınız. Dışadönük bir anne ya da baba çocuğun avukatlığını yapma işini daha kolay üstlenebilir. İçedönükse de dışadönük olan eşi gönderebilir ya da kendi dışadönük özelliklerini geliştirmeye çalışabilir. Çocuğunuzun okulda neyle karşılaştığını anladığınız zaman onu daha iyi hazırlayabilir ve ailecek yaratıcı çözümler bulabilirsiniz. Öğretmen sizin önerilerinize gücenmek yerine teşekkür etmelidir.



## İçedönüklerin ders çalışma sırları

İçedönükler, kararlılıkları ve konsantre olma becerileri sayesinde ders çalışma konusunda doğuştan iyidirler. Yine de tüm çocuklar gibi iyi çalışma alışkanlıkları geliştirmek için biraz yardıma ihtiyaç duyabilirler. Öğrencinin kendi öğrenme stilinin değerini anlaması çalışma becerilerine ciddi anlamda katkıda bulunur. İşte içedönüklerin güçlü özelliklerine uygun ipuçları:

### Ezberleme

İçedönükler asıl uzun süreli hafızalarını kullanırlar. Yeni öğrendikleri şeyleri kişisel hafızalarındaki şeylerle ilişkilendirdiklerinde, görsel ve işitsel hafıza sistemlerini bir araya getirdiklerinde daha iyi öğrenirler. Bir sözcüğü hatırlamayı ve matematik becerilerini etkileyen kısa süreli hafızada daha zayıf olma eğilimindedirler.

İçedönüklerin hafızalarını maksimum şekilde kullanmalarına yardımcı olabilecek birkaç öneri:

- Yeni bilgiler ile zaten bildikleri şeyler arasında bağlantı kurun (yemek yaparak kesirleri öğrenme, harçlıklarıyla para birimlerini öğrenme vs.).
- Kelimelerin baş harflerinden yeni sözcükler oluşturmayı, sözcükleri bir araya getirmeyi ve şapşal ifadeleri deneyin. İçedönükler için yeni şeyleri başka şeylerle bağlantı kurarak öğrenmek daha kolaydır.

**Teşvik edici ifadeler kullanın**

İçedönük çocuğunuzun kendi kendine nasıl konuştuğuna dikkat edin ve olumlu bir içses oluşturmasında ona örnek olun. Herkesin özgüveni için önemli olsa da, içedönükler için bu gerçekten hayatidir, çünkü baskın beyin yolakları beynin içsel konuşma alanından geçer. İşte olumsuz içsesi olumluya çevirmeyi sağlayacak birkaç adım:

1. "Çok vasatım" diye düşündüğünüz zaman bunu fark edin.
2. Dikkatinizi düşüncenin altındaki duygulara verin. "Daha yüksek bir not alamadığım için hayal kırıklığına uğradım ve sinirlerim bozuldu."
3. Teşvik edici içsesinizi devreye sokun: "Hayal kırıklığına uğramam normal, bu ödev için çok çalışmıştım. Belki notumu artırmak için öğrenmem gereken başka bir şey var. Bir dahaki sefer olacak."

Farklı durumlar için teşvik edici ifadeler:
"Bu bazen sinir bozucu olabilir, ama hayat her zaman adil değildir."
"Bundan hoşlanmıyorum, ama başa çıkabilirim."
"Elimden geleni yapıyorum."
"Herkesin başına kötü şeyler gelir."
"Bugün canım sıkkın, ama bu geçecek."
Ve benim en sevdiğim: "İnsanlar tuhaftır, ben de öyleyim."

- Yeni bilgileri görsellerle sunun. Örneğin çocuğunuz Lincoln hakkında bir şeyler öğreniyorsa ona Lincoln'ün farklı durumlardaki çizimlerini gösterin.
- Tekrar edin, tekrar edin ve evet, tekrar edin.

## Ders çalışma

Çocuklar akıllı olmadıklarını, çünkü çok çalışmaları gerektiğini söylediklerinde her zaman şaşırırım. Bu yanlış algının nedeni, kültürümüzde hızlı olanın iyi olduğu anlayışıdır. Hız her zaman iyi değildir. Çalışmayı öğrenmek tüm çocuklar için hayati bir şeydir. Özellikle de basitten karmaşığa doğru küçük adımlar halinde öğrenmesi gereken içedönükler için.

- Çocuğunuzun aşırı uyaranları azaltmak için ders çalışmaktan kaçıp kaçmadığına bakın. İçedönükler genellikle acele etmeden ders çalışmak ve ödevlerini yapmak isterler. Diğer yandan, kısa süre sonra bölüneceklerini düşünüyorlarsa bir şeye konsantre olmaktan kaçınabilirler, çünkü ilginç bir konuyu ya da kitabı bırakıp dış dünyaya geri dönmek onlar için acı vericidir. Ayrıca çok aktif bir zihinleri vardır ve yeni bir şey öğrenmek onlar için çok heyecan verici olabilir. Muhtemelen farkında bile olmadıkları bu rahatsızlıktan kaçınmak için ders çalışmaktan da kaçınabilirler. İçedönük çocuğunuza bu durumu anlatabilir ve aşırı uyarılmayı nasıl belli bir sınırda tutabileceğini öğretebilirsiniz. Böylece "Tamam beyin, düşünce selini durdur" diyebilir. Bu ona geri adım atma şansı verir.
- Çalışırken onunla birlikte oturmayı ve iş yükünü başa çıkılabilir parçalara bölmeyi teklif edin.
- Küçük adımlar atmanın bir anda çok fazla şeyle uğraşmaktan daha iyi olduğunu hatırlatın.
- Farklı renklerde keçeli kalemler ve Post-it'ler kullanın. Görsel olarak öğrenmeye eğilimli olanlar renklerle daha iyi hatırlarlar. Bu yüzden okudukları şeylerin altını renkli kalemlerle çizmeleri, okuduklarını anlamalarını ve akıllarında tutmalarını kolaylaştırır. Her türlü işaretleyici malzeme bilgiyi idare edilebilir parçalara ayırmayı sağlar.

- İçedönükler görsel ve/veya işitsel olarak iyi öğrenirler. Çalıştıkları konulara dair kayıtlar dinlemelerini ve videolar izlemelerini sağlayın. Eğer rahatlamasına ve konsantre olmasına yardımcı oluyorsa ona müzik dinletin.

## Sınav olma

İçedönüklerin bir sınavda en iyi performanslarını göstermeleri için iyi hazırlanmaları ve rahat olmaları gerekir. Dışadönükler heyecanlı hissetmenin eğlenceli olduğunu düşünebilirler ve bu gerçekten de onların performansını artırabilir. Ama adrenalin ve dopamin içedönük bir çocuğun düşünme becerisini azaltır ve bilgisini göstermesi için bundan uzak durması gerekir.

- Çocuğunuzun iyi dinlenmiş olduğundan, yeterince su ve protein aldığından emin olun.
- Ona sakinleşmeyi, ara vermeyi ve derin nefes almayı öğretin.
- Kendi kendini cesaretlendirmek için içsesini kullanmayı öğretin.



### İçedönük çocuğunuza evde yardımcı olun

Çocuğunuzun öğrenme gücünü evde artırabilirsiniz. İçedönük çocukların canlı konuşmalara, sanatsal denemelere ve soruların iyi karşılandığı bir ortama ihtiyaçları vardır. Fikirlerle oynayacakları, hayal kuracakları, icat edecekleri ve akıl yürütecekleri bir alana ihtiyaç duyarlar. Onların fikir ve becerileriyle uyuşan etkinlikler "noktaları birleştirmelerine"; algılarını, fikirlerini ve sezgilerini uyarmaya yarar. Çocuğunuzun en iyi nasıl öğrendiğini anlamasını sağlayabilirsiniz. Üstelik aile üyelerinden gelen destek, onun kendine güvenini ve zaten sahip olduğu kararlılığı artırır.

İşte içedönük çocuğunuzun öğrenme sevgisini ve beyin gücünü günden güne artırmanın yolları:

- Kaç yaşında olursa olsun, çocuğunuza yüksek sesle kitap okuyun, arabada sesli kitaplar dinletin. Okuma köşeleri oluşturun. Diş hekimi ya da doktor randevusunda beklerken

- Öğrendiği şeyi hatırlayacağını kendi kendine hatırlatmasını söyleyin.
- Sınavı önce şöyle bir taramasını, yönergeleri okumasını ve en iyi bildiğini önce cevaplamasını söyleyin. Uzun süreli hafızaya giden kapı açıldı mı gerisi gelir.

## Sınıf içi tartışmalar

İçedönükler sınıf içi tartışmalarda geri durmaya eğilimlidirler ve söz verildiğinde donup kalabilirler. Aşağıdaki ipuçları çocuğunuza kendi kendine parmak kaldıracak yeterli güveni verecektir.

- Bölüm bölüm okuma yaptırın ve her bölümün en önemli noktasını sorun. Bu onun soru sormaya, yorum yapmaya ve cevap vermeye hazır olmasını sağlar.
- Ders için hazırlanırken çalıştıklarını hem yazdırın hem de yüksek sesle söyletin.
- Dersteki her konuyla ilgili soracak bir soru bulmasını sağlayın.



okuması için yanınıza kitaplar alın. Yeni okumaya başlayan çocuğunuzun size her şeyi okumasını sağlayın (etiketleri ve fişleri bile).

- Yüksek sesle okurken hikâyenin sonuna doğru durun ve "Ne olacak?" ya da "Ne olmasını istiyorsun?" diye sorun. Bu, çocuğunuzun zihninin farklı ihtimallere ve alternatiflere açık olmasını sağlar.
- Akşam yemeği saatini güncel olayları ve her aile üyesinin okulda ve işte neler yaptığını anlattığı bir aile zamanı haline getirin.
- Herkesin "ya olsaydı" kartları hazırladığı "ya olsaydı" oyununu oynayın. Örneğin "Ya ayda yaşasaydık?" veya "Ya evcil bir filimiz olsaydı?" Bir kart seçin ve ihtimaller üzerinde konuşun.
- Beslenme çantası notları ya da onu küçük sürprizlere götüren notlar bırakın. Onun da size not bırakmasını teşvik edin. Her yaştan içedönük çocuk not bulmayı ve bırakmayı sever.

## Grup dinamikleri

Grup halinde çalışırken içedönükler genellikle işin büyük çoğunluğunu yaparlar, çünkü konuları derinlemesine incelemekten hoşlanırlar ve iyi bir iş çıkarmayı önemserler. Eğer diğerleri çok çalışkan değilse asıl iş içedönük çocuğa kalabilir. Bir proje için bir miktar bilgi toplama ve dışadönük çocuğun da sunumu yapması için pazarlık eden pek çok içedönük öğrenci tanıyorum.

# Ödev kargaşasını en aza indirmek

*"Bilgisayarların pek çok yeni işlevi olduğu söyleniyor. Bunlardan biri de eskiden köpekler tarafından yenilen ödevleri yapmak."*

**–Doug Larson**



Ödevin bir değerinin olması için çocuğunuzun ona zamanını ve dikkatini verebilmesi gerekir. Yatma saatine beş dakika kala bir sürü matematik problemini yetiştirmeye çalışmak, herkesin sinirlerini bozmaktan başka bir işe yaramayacaktır. Ödev de ya bitmeyecek ya da kötü olacaktır. Çocuğunuzla birlikte ödev yapacak en uygun saati belirleyin. Onun enerji seviyesini değerlendirmesine, zirvelerini ve vadilerini anlamasına yardımcı olun. En kolay konu ne, en zoru ne? Hangisinden başlamak gerek? Hangisi öncelikli? Ödevini bitirdikten sonra kendini bir tatlıyla ödüllendirmek ister mi? Çocuğunuzun programını çok fazla doldurmayın ki, ev ödevi çok aceleye gelmesin. İçedönük çocuklar sıkıştırıldıklarında iyi performans göstermezler. Sadece cesaretleri kırılır. Eğer yorgun değillerse ve o derste zorlanmıyorlarsa, kendi kendilerine ödevlerini yapacaklardır. Esnek olun ve ödevi saplantı haline getirmeyin. İçedönük çocuğunuzun oyun ve yaratıcı faaliyetler için de zamanının kaldığına emin olun.

İş ödeve geldiğinde, içedönük çocuğunuz şunları yapabilir:

- Sizi yakınında isteyebilir.
- Öncelikle atıştırmalık bir şeyler isteyebilir ya da yalnız kalmak istediğini söyleyebilir.

- Birkaç ara vermek iyi olur. Önce matematik ödevini yapın, sonra kız kardeşini müzik dersinden almaya gidin, ardından fen ödevini yapın.
- Okul ya da okul sonrası etkinliklerin ardından arabada ödevini yapabilir.
- Akşam yemeğinden ya da banyodan sonra çalışmayı tercih edebilir.
- Çalışacak sessiz yerler bulma konusunda stratejiler belirlemesi gerekebilir, özellikle de okul sonrası etüte gidiyorsa.

## Ödevlere yardım etmek

İçedönük çocuğunuzun projelerini birkaç güne bölmesini teşvik edebilirsiniz. Örneğin pazartesi projede ne yapılması gerektiğini okuyun ve lazım olacak malzemeleri satın alın. Salı, araştırma günü olsun. Çarşamba temel fikirleri not etsin. Perşembe bir taslak yazmayı denesin. Cuma anne ya da babayla yapılanların üzerinden geçilsin. Hafta sonu proje tamamlansın ve pazartesi teslim edilsin.



İçedönük çocukların ödevlerine yardım etmenin diğer yolları:

- Çocuğunuzun bölünmeyeceği sessiz bir alan yaratın. Gerekli eşyaları ve besleyici atıştırmalıkları hazırlayın.
- Onu mükemmeliyetçi davranmaktan caydırmaya çalışın. Siz de dahil herkes hata yapar.
- İçedönük çocuğunuza öğrendiği şeyin üstüne uyuması gerektiğini hatırlatın. Bu gece çalıştığında, yarına daha iyi öğrenmiş olur.
- Eğer zorlanıyorsa endişelerini dinleyin ve neye ihtiyacı olduğunu sorun. Düşünce ve duygularını netleştirmek için sürekli sorular sorun. Ondan daha iyi bildiğinizi düşünmeyin, sınıfta olan oydu.
- Bir şeyi hatırlamak için zihinsel resimler oluşturmasını teşvik edin.
- Öğrendiği şeyle kişisel bir bağlantı kurmasına yardımcı olun. "Bu, hücrelerin nasıl çalıştığını anlatıyor. Bu tipte hücrelerden oluşuyorsun. Bütün bu minik hücreler bir organı, ardından bir insanı oluşturuyor, muhteşem değil mi?"
- Onun problemler üzerinde düşünmesini sağlayacak sorular sorun, ama onun ödevini yapmayın. Örneğin "Sence burada en

önemli nokta ne? Sence öğretmen neden bunu bilmenizi istiyor? Sence bu nasıl oldu?"

- Kendi kendini cesaretlendiren bir içsesi olmasını teşvik edin: "Bunu yapabilirim", "Bunu adım adım bitireceğim", "Düne göre daha çok şey biliyorum."
- Ev ödevlerini kendi hayatıyla ilişkilendirmesine yardımcı olun. Örneğin eğer para hakkında bir şey öğreniyorsa ona şöyle sorun: Sekiz lirayla kaç tane çikolata (en sevdiği) alabilirsin?"

## Üstün yetenekli içedönük çocuklar

*"Çocuğunuz sizden doğum gününde sözlük istiyorsa, üstün yetenekli olduğunu anlarsınız."* –Judy Galbraith

İçedönük çocuklarla ilgili inanılmaz bir çelişki vardır. Onların fizyolojisini anlamayan öğretmenler, onları yavaş ve ağır olarak görür, pek akıllı olmadıklarını düşünürler. Bu toplum için büyük bir kayıp olabilir. Üstün yetenekli çocukların yüzde yetmişi içedönüktür. Onların doğuştan sahip oldukları özellikleri anlarsanız bunun neden olduğunu görebilirsiniz. Pek çok dışadönük bireyin geniş kapsamlı bir zekâsı vardır. Ama karmaşık bilgilere derin bir şekilde konsantre olabilme yeteneklerinden ötürü fen, bilgisayar bilimleri, tıp, mühendislik, mimari ve psikoloji gibi alanlarda içedönükler daha baskındır. Albert Einstein'ın dediği gibi "En güçlü yanım, bir problem üstünde uzun süre düşünme becerimdir."



İçedönük üstün yetenekli çocuklar, yaşıtları arasında (hatta kendi ailelerinde) duygusal ve entelektüel olarak denklerini bulamadıklarını düşünür ve kendilerini dışlanmış hissederler. Ayrıca yetenekleri küçük görülürse motivasyonlarını kaybedebilirler. Beyinlerini besleyecek karmaşık ilgi alanlarının olmadığı durumlarda içedönük üstün yetenekli çocuklar kendi entelektüel güçlerinin farkına varamayabilirler. Zeki çocukların uyuşturucuya başlamasının nedeni de izole oluşlarıyla ve uyaran eksikliğiyle mücadele etmek içindir. Bu nedenle onların yeteneklerini fark etmek, onlara zenginleştirici tecrübeler sunmak ve bunları paylaşacakları diğer çocuklar ve yetişkinler bulmak hayati önem taşır.

İçedönük bir çocuğun üstün yetenekli olduğunun anlaşılmasından sonra bile birtakım engeller çıkabilir. California'da üstün yetenekli çocuklar için programlanmış sınıflarda okuyan bazı içedönük çocuklarla çalıştım. Çoğu, sonunda kendini daha az zeki hissediyordu. Bu, programın çocuklardan belli konuları daha hızlı öğrenmelerini beklemesi ve onları standart sınavlarda iyi sonuçlar almaya yönelik olarak hazırlaması yüzündendi.

## Hayatta kalış, başarı ve üniversite eğitimi

Pek çok içedönük çocuk üniversitede açılır. Çocuğunuzun yeteneklerine tam olarak uygun bir üniversite ve bölüm bulması için ona yardım etmeye erkenden başlayın. Ayrıca içedönük çocuklar üniversite eğitimi için önceden para biriktirmeye başlayabilirler. Böylesi çarpıcı bir geçiş, içedönük biri için yorucu olabilir. O yüzden büyüme döneminde yükseköğretimin her yönünü düşünerek adım atması yerinde olur. Seyahatlerinizde farklı üniversitelerin kampüslerini ziyaret edin. Kendi torunumu üniversitemdeki oyunlara, planetaryuma ve konferanslara götürmüştüm. Binaları gezdik, ona kendi üniversite yıllarımla ilgili hikâyeler anlattım. Arkadaşlarınızdan ve akrabalarınızdan kendi üniversitelerinde yaşadıkları tecrübeleri anlatmalarını isteyin. Nelerden hoşlanıp, nelerden hoşlanmamışlar? Neden o üniversiteyi seçmişler?



Çocuğunuzun üniversite seçimi yaklaştığında bu süreci bir keşif macerasına çevirin. İçedönük çocuğunuzun karşılaştırmalı zekâsını kullanarak ona sunulan seçenekleri keşfetmesine yardımcı olun. İletişim kanallarını açık tutun ve yaklaşan üniversite macerasını tüm yönleriyle tartışın.

Bazı içedönük çocukların ve anne babaların üniversite seçerken akıllarında bulundurması gereken hususlar, üniversitenin büyüklüğü, atmosferi, felsefesi, kampüs hayatı, konumu, seçilecek bölüm ve öğrenci sayısıdır. Büyük üniversiteler içedönük çocuklar için bunaltıcı olabilir ve onların ihtiyacı olan ortamı sunmayabilir. Büyük ve rekabetçi üniversiteler seçen pek çok içedönük gençle çalıştım. Mutsuz olup ilk senelerinden sonra daha küçük üniversitelere geçtiler ve orada kendilerine daha benzer öğrencilerle tanıştılar. Buralarda hem daha az bunaldılar hem de hocalarla daha yakın ilişki kurma fırsatı buldular. Üniversitenin konumu da önemli olabilir, çünkü içedönük gençler başlarda sık sık eve gelmek isteyebilirler. Kendi şehirlerindeki küçük bir üniversite içedönük gençler için büyük bir metropol üniversitesine kıyasla daha az stresli olabilir.

Devasa amfilerde ders işlenen büyük, rekabetçi kurumlar ya da sürekli partileriyle ünlü okullar içedönük gençler için genellikle en iyi tercih değildir. Küçük üniversitelerde genellikle daha sessiz sakin ortamlar ve daha ciddi öğrenciler olur. Bazen ailelerin böyle bir üniversiteye gitmenin daha az prestijli olduğunu düşünmelerine şaşırırım. Ama pek çok içedönük genç için (kendim de dahil) böyle küçük bir üniversite akademik hayata girişte daha uygun olabilir. Ayrıca küçük üniversiteler arasında çok itibarlı olanlar da vardır. Evlerine yakın küçük üniversitelerde okumak içedönük çocuklar için iyi bir köprü olabilir. Bununla başa çıkmayı öğrendikten sonra, daha büyük bir üniversiteye transfer olabilirler.

Toplu olarak yaşamak, çalışmak ve yemek yemek içedönüklere zor gelebilir. Küçük bir odaya sıkışacaklarından uygun bir oda arkadaşı onlar için önemlidir. Şarj olabilecekleri ve çalışabilecekleri özel alanlara ihtiyaçları vardır. Pek çok öğrencinin eve gittiği tatillerde ve hafta sonlarında kampüste kalmak, içedönüklerin kafalarını dinleyip şarj olmasının harika bir yoludur. Günümüzde üniversiteler oda arkadaşlarını mizacın da içlerinde bulunduğu pek çok kritere göre belirliyorlar. Bir araştırmaya göre benzer mizaçlardan oda arkadaşları seçilmesi öğrencilerin memnuniyetini yüzde 65 artırıyor.



Araştırmalar gösteriyor ki, içedönük çocukların okuyacakları bölüme karar vermesi daha uzun sürüyor. Bunun nedeni, kendi ilgi alanlarına dair yeterince tecrübelerinin olmaması olabilir. Onları neyin heyecanlandırdığını bulmaları için erkenden yardımcı olmaya başlayın. Araştırmalar ayrıca içedönük gençlerin dışadönüklere göre daha az sosyalleştiğini ve flört ettiğini gösteriyor. İçedönük çocuğunuza kelebek gibi oradan oraya uçup sosyalleşmek zorunda olmadığını söyleyebilir ve eğitimini devam ettirmek konusunda onu destekleyebilirsiniz. Yüksek lisans ve doktora ise daha derin ve spesifik bilgilere olan merakları nedeniyle içedönüklerin en rahat ettikleri yerdir.

## Spor sahasındaki çocuklar

*"Spor karakter oluşturmaz, karakteri ortaya çıkarır."*

**–Heywood Hale Broun**

Spor deyince pek çok kişinin aklına rekabetçi takım sporları gelir. Ama açık ve kapalı alanlarda yapılan ve farklı türde çocukların ilgisini çeken pek çok spor dalı vardır. Amerikan Pediatri Akademisi'ne göre çocuklar en azından 6-7 yaşına kadar kuralları belli sporları yapmamalıdır. Çünkü bu, son derece kurgulanmış olan takım oyununa ve kazanmaya odaklanmalarına neden olur. Çocuğun gelişmekte olan bedeni ve bireysel becerileri çok az takdir görür. Bir spor dalı yetişkinler tarafından organize edildiğinde, çocukların çok küçük yaşta takım oyuncusu olması beklenir. Üstelik organize bir spora katılmak çocuğun serbest oyun zamanından çalar ki, bu da çocuğun asıl işidir.

İçedönük çocuklar genellikle dövüş sanatları, dağcılık, kayak gibi bireysel sporları tercih ederler. Kendini inek olarak kabul ettiğini söyleyen bir ergenle çalıştım. Yüzme takımına katılmaya karar verdi. Böylece "inekliğini" sportifliğiyle dengeledi. Ayrıca kendini daha sosyal hissetmeye başladı ve kendi yüzme derecelerini geliştirme konusunda iddialı olmak da hoşuna gitti.



Anne babaların çocukların oynadığı bir oyundaki tartışmalı bir gol için ortalığı ayağa kaldırdığı şu dönemde, geri çekilip şu soruyu sormak gerek: Çocukların spor yapmasının amacı nedir? Kendinizi ilgilendiren hususları çocuklarınkilerle karıştırmayın. Ders almanın ve takım oyunlarında oynamanın amacının çocukların sportif egzersizler yapması, fiziksel ve sosyal beceriler geliştirmesi, takım olarak çaba göstermeyi tecrübe etmesi ve keyif aldıkları şeyleri keşfetmesi olması gerekir. Burada mesele alıştırma yapmak, keşfetmek ve eğlenmektir. Çok ender durumlarda, spor bir kişinin kariyeri haline gelir. Çocuğunuzun neden hoşlandığını keşfetmesi için bir spor dalını denemesine ve bir dizi ders almasına izin verin. Çocuğunuz ilk denediği ya da sizin en çok sevdiğiniz sporu sevmek zorunda değildir.

İçedönük çocuklar okullarda öğrencilerin spor takımlarına seçilmesinden nefret ederler. Genellikle onlar seçilmez. Bu durumu tartışmak ve bir çözüm bulmasına yardımcı olmak iyi olur. Belki çocuklar popüler oyunları evde oynarlarsa, okulda daha iyi olabilirler. Bireysel bir spor yapmak ise onları hem güçlendirir hem de kendilerine olan güvenlerini artırır. Okul takımlarına seçilmediklerinde ise kendilerini daha az reddedilmiş hissederler.

Eğer içedönük çocuğunuz bir takımdaysa, koçuna dikkat etmek gerekir. Çoğu koç nasıl davranması gerektiğini bilir ama bazıları çok sert olabilir ya da sportmenlikten ziyade kazanmaya odaklanabilirler. Anne babaların buna müdahale etmesi gerekir. Çocukların spor yapmasının amacı bu değildir.

Tanıdığım içedönük çocuklardan biri olan Mia uzun yıllardır jimnastik yapıyordu. Mia jimnastiği çok seviyordu ama birden bırakmak istedi. Hatta ağlayarak spor salonuna girmeyi reddetti. Annesi şaşkına dönmüştü ve bana ne yapması gerektiğini sordu. Ona sadece Mia'yı dinlemesini söyledim. Mia sakinleştikten sonra bunun altındaki sebepleri bulmaya çalışabilirdi. Diğer anne babalarla ve koçlarla konuşup Mia'yı strese sokan şeyin kaynağını bulabilirdi. Herhangi bir değişiklik oldu mu? Örneğin yeni bir koç geldi mi? Mia ile derslerde dalga geçen ya da ona zorbalık eden oldu mu? Çok fazla baskı var mıydı? Kendini dışlanmış hissetti mi?



Mia'nın neden böyle davrandığı sonunda anlaşıldı: Jimnastik kursunda zor aşamalara geçilmişti. Mia yapamamaktan korktu ve cesareti kırıldı. Koçu onun gayet iyi olduğunu düşünüyordu, ama Mia bunu bilmiyordu. Annesi koçla konuştu ve onu biraz cesaretlendirmesini istedi. Mia'nın annesi ayrıca koçtan onu yeni becerileri öğrenmek konusunda gergin olan diğer kızlarla konuşturmasını rica etti. Böylece Mia kendini yalnız hissetmeyecekti. Mia hâlâ jimnastiğe devam ediyor.

Çocuğunuz katıldığı bir aktiviteyi bırakmak istiyorsa neler olduğunu anlamaya çalışın. Edindiğiniz bilgileri bir araya getirdiğinizde eğer sporu bırakması mantıklı geliyorsa sezonun sonuna kadar odaklanacağı bir şey seçmesini ve öyle bırakmasını isteyin. Neler döndüğü kesin değilse iki hafta daha devam etmesini, ondan sonra ne hissettiğini yeniden değerlendirmesini sağlayın.

## Konunun özü

- ✓ İçedönük çocuğunuzun mizacını öğretmenlerine anlatın.
- ✓ Çocuğunuzun beyninin işleyiş tarzına uygun olarak çalışmasına yardımcı olun.
- ✓ Unutmayın, üniversiteye gidenler arasında içedönüklerin oranı dışadönüklerden daha fazladır.

# 12 İçedönük sosyal algı

İçedönük çocuklar için arkadaşlık ne demektir? Çocuklukları boyunca değişik dönemlerde onlardan neler beklemek gerekir?

*"Arkadaşlık sevinci çarpar, acıyı böler."* –H.G. Bohn

Sosyal arenada içedönükler ile dışadönükler arasındaki farklar daha net görünür. Dışadönükler pek çok farklı insanla buluşup konuşmayı severler ve geniş bir çevreleri vardır. İçedönükler de başkalarını sever ama küçük gruplara ve birebir ilişkilere daha eğilimlidirler. Genel kanı içedönüklerin sosyal olmadığıdır. Ama daha önce de gördüğümüz gibi içedönükler rahat ettikleri ortamlarda her zaman çekingen, içe kapalı ve sessiz değildir. Bu fikir karmaşası, insanların sosyal olmanın sadece bir tek yolu olduğunu düşünmesinden kaynaklanır. Nasıl sosyalleştiğimize bir bakın, genellikle dışadönüklerin bakış açısıyla bakıyoruz. Kriter şu: Birisi popüler mi? Çok arkadaşı var mı? Partilerden ve grup etkinliklerinden hoşlanıyor mu?



İçedönüklerin penceresinden bakacak olursak, farklı bir resim görürüz: İçedönük çocuğunuzun bir iki çok yakın arkadaşı var mı? Uzun süreli arkadaşlığa değer veriyor mu? İlgisini çeken konularda birebir sohbetlerden hoşlanıyor mu? Başkalarının duygularını önemsiyor mu? Gerçek resme bakıldığında içedönükler ile dışadönüklerin birbirine zıt sosyal becerileri ve eğilimleri olduğunu görüyoruz. Dışadönükler Batı'nın kültürel ideali olan sürekli görünür olma konusunda başarılıdırlar, pek çok insanla rahatça sohbet ederler. İçedönükler ise dışarıdan pek görünmeyenler olarak yakın ilişkilerde ve kişisel samimiyet becerilerinde parlarlar.

İçedönük çocuğunuz, içedönük ve dışadönük başka çocuklarla ve yetişkinlerle etkileşim halinde, özgüvenli ve rahat olabilir. Bu tür beceriler alıştırma ve deneyim gerektirir. Kendine güvenen içedönükler kendilerini anlarlar ve şarj olmaları gerektiğinde yalnız kalmaya ihtiyaç duyduklarını bilirler. Ne tür arkadaşlıklara ve sosyal deneyimlere değer verdiklerinin farkındadırlar. Birkaç yakın arkadaşları vardır ama diğer çocuklara da arkadaşça davranırlar. Pek çok durumda sakindirler ve sevildiklerini bilirler. Sosyal ortamlar olduğunda ayarlarını dışadönüğe çevirme becerisine sahiptirler. Yine de bunu kendi yöntemleriyle yaparlar.

## Ödül sistemleri

*"Mutluluğun zirvesi bir insanın kendi olmaya hazır olmasıdır."* –Erasmus

İkinci bölümde de açıkladığım gibi, içedönükler ve dışadönükler kendilerine farklı ödül sistemleri sağlayan beyin yolaklarına sahiptir.

Dışadönük çocuklar toplu halde olmak için tasarlanmıştır. Beyinleri etrafta dolaşmaktan, dalga geçmekten, grup halinde oynamaktan anlık mutluluklar elde eder. Hızlı hızlı konuşmaktan keyif alırlar. Pek çok konuda açık konuşur ve konudan konuya atlarlar. Sözlerinin kesilmesi onları rahatsız etmez. Fiziksel olarak dışadönük çocuklar itişli kakışlı oyunları daha çok sever. Çoğu çocuğu arkadaşları olarak görürler ve geniş bir çevreleri vardır.

İçedönük çocuklar daha karmaşık konuları içeren samimi sohbetlerden hoşlanırlar. Keyifle, rahat rahat, durup düşünerek sohbet etmeyi severler. Beyinleri düşünce ve duygular üstünde çok fazla vakit harcar ve bir konu hakkında derinlikli bir noktaya ulaşmalarını sağlar. Yavaş konuşurlar ve sözleri kesildiğinde nerede kaldıklarını unutmazlar. Dinler, soru sorar ve karşılarındaki kişinin fikirlerini dikkate alırlar. Doğuştan sahip oldukları bu yetenekleri güçlendirebilmeleri için içedönüklerin sohbet sanatlarını geliştirebilecek güvenilir ilişkilere ihtiyaçları vardır. İçedönük çocuklar da genellikle sevilir ama bir çocuğu arkadaş olarak addetmesi için onu iyi tanıması gerekir.

## Birbirinden ayrılan iki yol

İçedönüklerle dışadönüklerin ilişkileri özel kişilerarası ihtiyaçları ve çeşitli sosyal becerileri beraberinde getirir. İçedönükler ile dışadönüklerin yollarının ayrıldığı üç esas yola bakalım: Arkadaşlık algıları, sohbet etme biçimleri ve sosyalleşme enerjileri.

### Arkadaş nedir?

İçedönükler ve dışadönükler arkadaşlığı farklı şeyler olarak görürler. İçedönük çocuklar için arkadaş terimi sıradan değil, daha derin bir ilişki anlamına gelir. Bunun bir örneği 8 yaşındaki Kathy'dir. En iyi arkadaşının adı Samantha'dır. Öğretmencilik oynamayı ve ödevler uydurmayı severler. Pek çok farklı senaryo uydurarak saatlerce oynayabilirler. Kathy ve Sam 3 yaşından beri birbirlerinin en iyi arkadaşıdır. Kathy, Sam onlara geldiğinde ne olacağını bilir. Genellikle sorunları çözer ve kolayca taviz verirler. Pek kavga etmezler. Kathy'nin dışadönük kardeşi Noah, Sam'i rahatsız ederse –genelde bunu yapmayı sever –Kathy arkadaşını korumak için hemen fırlar. İlginç olan, bunu çoğu zaman kendi için yapmamasıdır. Kathy büyüdükçe onu ilgilendiren konularda derin bir şekilde konuşabileceği arkadaşları olsun isteyecek. Şimdiden arkadaşlarla paylaşmanın ve sorunları birlikte çözmenin güzel olduğunu biliyor.



İçedönük çocuklar pek çok türde arkadaşlıktan keyif alır. İçedönüklerin yaşlı ya da genç, kız ya da erkek arkadaşı olabilir. Farklı kültürlerden, dinlerden, mizaçlardan arkadaşı olabilir. 1999'da *British Journal of Social Psychology*'de yayımlanan bir araştırma, dışadönüklerin yabancıları içedönüklerden daha fazla reddettiğini göstermektedir. Bir içedönük prototipi olan Kathy'nin arkadaşlık ettiği pek çok türde insan var. Bazen yolun aşağısındaki yaşlı komşuları Miriam'a uğruyor. Miriam ona nasıl dikiş dikebileceğini öğretiyor. Bebek kuzeni Zach'i ziyaret etmeyi seviyor. Onun dünyayı öğrenişini izlemek Kathy'yi rahatlatıyor. Kathy'nin diğer en iyi arkadaşı dışadönük ve enerji dolu bir çocuk olan Tom. Aniden "Haydi, filmdeki gibi Spy Kids olalım" gibi heyecan verici önerileri olabiliyor. "Benim casus araçlarımı kullanarak diğer evlerdeki çocukların neler yaptığını öğrenebiliriz." Kathy'nin annesi Tom'un geldiği günlerin sonunda Kathy'nin gerçekten bitap düştüğünü fark ediyor ve oyun oynama süresini kısa tutmaya çalışıyor. İçedönük çocuklar bazen dışadönüklerle arkadaşlık kurmaya meyleder ve birlikte çok eğlenirler. Ama içedönük çocukların içedönük arkadaşları da olması gerekir, yoksa sonunda çok yorgun düşebilir ve dışadönüklerin baskısı altında kalabilirler.

Dışadönükler ise arkadaş sözcüğünü içedönüklerin tanıdık olarak addettikleri kişiler için kullanırlar. Örneğin Kim, okuldan arkadaşlarıyla ya da diğer arkadaşlarıyla oyun oynamak için buluşur ama parkta yahut başka bir yerde o sırada tanıştığı bir çocukla da en az diğerleri kadar keyifle oynayabilir. Dışadönükler genellikle kendileri gibi dışadönükleri sever. Kim'in en iyi arkadaşı onun gibi canlı ve enerjik olan bir kızdır. Birlikte bisiklet binerler, top oynarlar, paten kayarlar. Eğlenirler ama bazen oyun oynarken kavga da ederler. Kim büyüdükçe daha uzun sohbetlerden de hoşlanacak ama içedönükler kadar değil. Dışadönükler dışarıda oynamayı, kutu oyunları oynamayı, evin içinde koşturmayı ve pek çok farklı aktiviteyi severler.



## Sohbet biçimleri

İçedönükleri ve dışadönükleri sohbet ederken incelerseniz aralarındaki farkı net bir şekilde görebilirsiniz. İçedönükler yanınızda rahat ederlerse, sizinle harika sohbet ederler. 4 yaşındaki Paula bir gün gözümün içine baktı ve "Kedin var mı?" diye sordu. "Evet var" dedim. "Ne renk? Dişi mi erkek mi?" diye devam etti ve cevap vermemi bekledi. Ona kedimin çikolata rengi olduğunu söyledim ve Mocha'yı anlattım. "Senin kedin var mı?" diye sordum. Biraz düşündü ve "Evet, gri bir kedim var, o da benim gibi 4 yaşında" dedi. "Yatağımda ve buzdolabının tepesinde uyumayı seviyor." Paula bana kedisinin cinsiyle ilgili bir sürü şey anlattı.

Paula'nın sohbet etmekteki amacı, hem kendi iç dünyasını hem de başkalarınınkileri anlamaktır. Hoşuna giden bir şey hakkında rahat bir ortamda sohbet etmeyi sever. Dinler, düşünür ve ona söylediklerimi hatırlar. Büyüdükçe kendi ilgi alanlarını ya da diğer çocuklarınkilerini keşfetmekten zevk alacak. İlişki kurmayı, başka insanları tanımayı, ortak özellikler (kedileri sevmek gibi) ve farklılıklar bulmayı sevecek.

9 yaşındaki dışadönük Halli sık sık yalan söylediği için azar işitiyor. Annesinin neden kızdığını tam anlamıyor. "Bil bakalım ne oldu? Andersenlerle kampa gidiyorum" diyor annesine. "Öyle mi?" diye cevap veriyor annesi şaşırmış bir halde. "Henüz bana sormadılar ama sanırım soracaklar" diyor Halli. "Eğer sana sorarlarsa bana haber ver, bunu o zaman konuşuruz" diye cevap veriyor annesi. Ertesi gün Halli kampa gitmek istediğini bile unutabilir.

Dışadönükler eğlence için sohbet ederler. "Biliyor musun?" diye başlayıp spordan, kıyafetlerden, birçok şeyden bahsederler. Konudan konuya atlar, akıllarına geleni söyler, rahatça birbirlerinin sözlerini keserler. Halli daha küçükken bir keresinde bir kadına neden bu kadar çirkin bir şapka taktığını sormuştu. Annesi utançtan yerin dibine girmişti. Ama Halli itiraz etti. "Gerçekten çok çirkin!" Dışadönük çocuklar bir konu hakkında bilgileri olsa da olmasa da rahatça konuşurlar.



## Enerji tüketimi

Şunu bir düşünün: İçedönük bir çocuğun dış dünyada yaptığı her şey enerji gerektirir ve karşılığında ona ya çok az enerji verir ya da hiç vermez. Buna bir de içedönüklerin kendi iç uyaranlarını kapatıp dış dünyaya odaklanmak için harcadıkları ekstra enerjiyi ekleyin. Diğer yandan, dışadönükler dışarı çıkar ve dış dünyanın canlılığını emerler. Dışarıya odaklanmaya zaten hazırdırlar, bu yüzden fazladan enerji de harcamazlar. Bu farklılığın, içedönükler ile dışadönüklerin sosyalleşmeyi nasıl tecrübe ettikleri ve nasıl algılandıkları üzerindeki etkisi büyüktür.

Torunum Emily evin içinde fırtına gibidir, oradan oraya koşturup durur. Bir öğleden sonra onu bir alışveriş merkezinin oyun alanına götürdüm. Bambaşka bir çocuk gibiydi. On beş dakika boyunca benim yanımda heykel gibi oturdu. Yüzünde en ufak bir hareket olmaksızın sadece izledi. Kaydırağın etrafındaki çocuklara baktı. "Bana diğer çocuklara katılmaya hazır olduğun zamanı söyle" dedim.

Onları dikkatle izledi ve "Hazırım" dedi. Oyun oynayıp etrafı keşfederken ara sıra onayımı almak ister gibi dönüp bana baktı. Onun ablası Katie'yi de pek çok kez aynı oyun alanına götürdüm. Katie doğrudan içeri girer ve arkasına bile bakmazdı.

İçedönük çocuğunuza sınırlı sosyal enerjisini idare etmek ve iyi bir şekilde kullanmakta yardımcı olabilirsiniz. Ona sosyal etkinliklerden önce enerji depolamayı öğretin. Eğer bitkin düştüğünü fark ederseniz, orada fazla kalmayın. İçedönük çocuklar genellikle misafirlik ya da bir akşam yemeği gibi uzun süre oturmayı gerektiren durumlarda bile sessizce durabilirler. Arada sırada daha aktif ve huzursuz olurlar. Ama memnun görünüyor olsalar da yine de şarj olabilmek için uygun bir alana, sessizliğe ve huzura ihtiyaçları vardır.

Çocuğunuzun enerjisini aniden düşüren şeyleri fark etmeye çalışın; çok fazla gürültü, sıcak hava, zaman baskısı, çatışma, hayal kırıklığı vs. Böyle durumlarda biraz nefeslenebilir, gölgede, biraz gruptan ayrı durabilir, yaşadığı çatışmayla başa çıkma işini erteleyebilir. Bu sırada siz de onunla konuşabilir ya da kısa bir yürüyüş yapabilirsiniz.



## Çocukluk boyunca sosyalleşme: Ne beklemek gerekir?

*"Arkadaşlar, insanın kendi bulduğu akrabalardır."*

–Eustache Deschamps

Sosyalleşmek her çocuğun gelişimi için esastır. Araştırmalara göre çocukların beyinleri, onları büyüten en yakınlarıyla olan ilişkileriyle gelişir. Kişinin sosyal algısı aile içinde başlar ve 1-2 yaşlarında dış dünyaya doğru genişler. Çok küçük yaşta bile içedönük çocuklar –gözlem müptelaları– diğer çocukları incelemeyi severler. Büyürken yeni filizlenen sosyal becerileriyle denemeler yaparak arkadaşlıklar kurmaya çalışırlar. Arkadaşlık kurmak oldukça zorlayıcı, sofistike, pek çok deneme gerektiren ve reddedilme ihtimali olan bir iştir. Sosyal yetkinlik, bir beceri setinin diğerinin üzerinde yükseldiği uzun bir inşa süreci gerektirir. İçedönük çocuklar kendilerini aile dışında göstermeye yavaş yavaş alışırlar. Ailenin görece güvenli ortamında bir şeyler verip almayı, gücü paylaşmayı, empati kurmayı, girişken olmayı, taviz vermeyi, reddedilmekle başa çıkmayı tecrübe ederler ve hazır olduklarında bu becerilerini dışarıda da kullanabilirler.

Farklı dönemlerde neler olup bittiğine daha yakından bakalım.

## 1-3 yaş dönemi

Yürümeye yeni başlayan çocuklar özgürlüklerini test ederler. Sınırları zorlar ve dünyayı kendi bildikleri gibi keşfetmek isterler. Başka çocuklarla ilgilidirler ama birlikte oynamak yerine, birbirlerinin yanında oynarlar. İçedönük çocuklar genellikle daha uzun süre anne babalarının yanından ayrılmak istemezler. Genellikle bu yaşta dışadönük çocuklarda çok görülen krizleri fazla yaşamazlar. Ama şimdiden kendi kararları olduğundan daha inatçıdırlar ve bir şeye karar verdiler mi bunun engellenmesine kızarlar.

Bir oyun grubu oluşturarak, çocuğunuzu bu yaş grubu için programlanan müzik derslerine ya da parka götürerek onun sosyal becerilerini geliştirmesine yardımcı olabilirsiniz. Onu pek çok farklı ortamla tanıştırın. Bahçelere gidin, feribota binin, tramvaya atlayın, hayvanat bahçesini gezin, akvaryumun ya da başka küçük çocuklara uygun mekânların tadını çıkarın. Çocuğunuzun yeni yerlere ve gruplara girişini her zaman kolaylaştırın. Bunlar alışma yıllarıdır.



Unutmayın, bu yaştaki çocuklar büyüklerin oyunlarını idare etmesine ihtiyaç duyarlar. Ara vermesi ve sakinleşmesi gerektiğinde bunu anlamasına yardımcı olabilirsiniz. Başkalarına bir şeyler verip almayı teşvik edebilirsiniz. Ona sözcükleri kullanmayı, kimsenin elinden bir şeyi çekip almamayı, ısırmamayı, vurmamayı hatırlatabilirsiniz. Bu tür davranışları, çocuğunuzun yorgun, aç ya da sinirliyken yaptığını görürsünüz. Başka bir çocuk oyuncağını almak istediğinde pasif davranmaması için onu destekleyin. Kendi hakkını koruyabildiğini bilmek, kendini hem daha güvende hem de sosyal durumlarda daha güçlü hissetmesini sağlar. Oyun buluşmasının sonuna doğru kitap okuma ya da boyama gibi daha sakin bir aktiviteye geçin.

Çocuk 20 ila 24 aylık arasındayken büyük bir değişim gerçekleşir. Çocukların sosyal ilgileri bu dönemde gelişir. Birbirlerini taklit etmeye başlarlar. Bir çocuk kutunun üstünden atlar, öbürü de atlar. Araştırmacılar bunu sosyal etkileşimin başlangıcı olarak görürler. "Bir ileri bir geri, sen şunu yap ben bunu yapayım." İçedönükler yeni çocuklara, yeni durumlara ve gruplara dışadönüklere göre daha tedirgin yaklaşırlar. İçlerinde yer almak konusunda yavaş olsalar da diğer çocukları izlemeyi severler. Onların izlemelerine izin vermek sosyal ortamlara girişlerinde önemli bir başlangıçtır. Onlara katılmadan da davranışlarını taklit etmeye başlayabilirler.

Birkaç ay önce içedönük torunum Emily ile bir müzik kursuna gitmeye başladık. 18 aylıktan 24 aylığa kadar yaklaşık on çocuk vardı. Emily müziği ve dans etmeyi sever. Benim fikrim de onu yaşıtlarının arasına sokup grup içinde olmaya alıştırmaya çalışarak birlikte eğlenmekti. Birkaç dersten sonra oraya giderken Emily binayı görünce "Bebekler" diye bağırmaya başladı. Hemen gidip, ayakkabılarını çıkarıp davula vurmak için heyecanlıydı.

Kurs boyunca benim kucağımdan ya da duvara yaslanarak diğer çocukları izledi. Bazı aktivitelere katıldı ama diğer çocuklar kadar değil. Bazen şarkı söyleyen ya da konuşan tek kişi olup herkesi şaşırttı. Sınıfa katılımı enerji seviyesine, sınıftaki çocuk sayısına ve yapılan aktivitenin zorluk derecesine bağlı olarak artıp azaldı. Eğer pazartesi günkü dersten önce yoğun bir hafta sonu geçirdiyse genellikle daha geride duruyordu. Çocuklar "Etrafı topluyoruz" diye şarkı söyleyerek enstrümanları yerine koyarken, onlara katılıyordu. Ama çoğu içedönük çocuk gibi ilgisini çeken tek bir şeye takıldı. İsim etiketleri! Diğer çocukların isim etiketlerini kıyafetlerinden sıyırıp yüzünde mutlu bir gülümsemeyle duvara yapıştırıyordu. Kısa süre içinde bir akım başlatmış oldu, çünkü diğer çocuklar da aynısını yapmaya başladılar.

2-3 yaş arasında çocuklar sosyal tercihler yapmaya, bir çocuğu diğerine tercih etmeye başlarlar. Çocuğunuz ve oyun arkadaşları arasında ilgi uyandıracak bir şey bulmaya çalışın. Benzer oyunlardan hoşlanan çocuklar bulun. İkisi de bloklarla oynamayı ya da evciliği seviyor olabilir. Bu yaştaki çocuklar küçük oyun gruplarında haftada bir oynayarak sosyal becerilerini geliştirebilirler. Yeni arkadaşlarıyla oyun buluşmaları ayarlayın ve arkadaşlıklarını ciddiye alın. Oynamaları için iki fincan, iki top, iki küçük davul getirin. Çünkü bu yaşta birbirini taklit etmek paylaşmaktan daha önemli bir aşamadır. Çocuğunuzun arkadaşı hakkında konuşun. "Bugün Justin'i göreceksin. En sevdiğin bazı oyuncakları kaldırmamı ister misin?" (Evet, bazı oyuncakların paylaşılmaması daha iyidir.) Hem içedönük hem dışadönük çocuklar sırayla oynamalarına yardımcı olacak ve etkileşimlerine rehberlik edecek büyüklere ihtiyaç duyarlar.

Uyarı: İçedönük çocuğunuzu çok fazla çocuk ve sosyal etkinlikle bunaltmayın. Uzun oyun buluşmalarından ve telaşla bir yerlere gitmekten kaçının.

## 4-5 yaş dönemi

4-5 yaş dönemi palavracılığın, abartılı ifadelerin ve duygusal olarak beklenmedik tepkiler vermenin yaşıdır. İçedönük çocuklar ani kişilik değişimleriyle anne babalarını şaşırtabilirler. Şapşalca davranmaya başlayabilirler ya da inatçılıkları meydan okumaya dönüşebilir. Aynı zamanda duygusal olarak neden-sonuç anlayışı edinmeye başlarlar. "Eğer kız kardeşime vurursam o ve annem bana kızar." Bu yoğunluk 5 yaşa doğru azalır. Bu yaşta çocukların ilişkileri daha istikrarlı hale gelir. Grup içinde birebir oynamaya başlarlar. Hâlâ karşı cinsten çocuklarla oynamaya devam etseler de drama gibi hayali oyunlar sırasında hemcinsleriyle oynamayı tercih etmeye başlarlar.



Bu cana yakın, işbirlikçi oyun anlayışının hâkim olduğu dönemde içedönük çocuklar daha başarılı olur. 2002'de *Elementary School Journal*'da yayımlanan bir araştırma, çocukların aynı fikirde olmadıkları zaman yaptıkları sözlü yorumları incelemiş. Araştırmanın sonucuna göre içedönük çocuklar daha işbirliğine açık yorumlar yaparken, dışadönüklerin ifadeleri daha gerginmiş.

Çocuğunuzun sosyal ortamlara girmesine yardımcı olmaya devam edin. Yakın arkadaşlarıyla düzenli olarak oyun buluşmaları düzenleyin ve istikrarlı olarak süren bir oyun tecrübesi kazanmasını sağlayın. Bazen başka çocukların da davet edilmesi iyidir. Çocuğunuz kimlerin geleceğini önceden bilirse, bu onun diğer çocukların farklı oyunlar oynadığını görmesini ve yavaş yavaş yeni çocuklara alışmasını sağlar.

Bu yaşta çocuğunuz oyun buluşmalarının planlı olmasına ihtiyaç duyar. Arkadaşı gelmeden önce esnek bir plan yapabilirsiniz. Arkadaşı geldiğinde oynayacakları iki üç oyunu ya da bazı oyuncakları seçmesine yardımcı olabilirsiniz. Ona arkadaşı geldiğinde belli oyuncaklarla sırayla oynamaları gerekeceğini söyleyin. Eğer bir oyuncak için kavga çıkarsa alarm kurun. Herkese on dakika süre verin. Eğer istiyorsa onun için özel olan bazı oyuncaklarını dolaba kaldırabilir. Henüz her şeyini paylaşması beklenemez. Ailecek kısa süreli bir geziye giderken arkadaşlarından birini yanınıza alarak arkadaşlığını güçlendirebilirsiniz.

4 yaş civarında kendiliğinden gruplaşmalar başlar. Pek çok çocuğun aynı anda koşturduğunu görürseniz artık daha organize bir oyuna geçtiklerini anlayabilirsiniz. Durabilir, aralarında kararlar verebilir ve farklı yönlere de koşabilirler. Grup çok uzun süre bir arada hareket etmeyecektir ama o kısa süre de çocuklar için eğlencelidir.

İçedönük çocuklar artık nasıl gruplara gireceklerini öğrenmeye başlayabilirler. Çoğu zaman bu fiziksel bir katılım, yani grubun alanına girmek anlamına gelir. Çocuğunuza, cana yakın görünen bir çocuğa gülümseyerek ya da başını sallayarak, ardından grubun yaptığını yaparak katılmayı öğretebilirsiniz. Çocuklar bir kayadan atlıyorsa, bu onun da atlayabileceği anlamına gelir. Çatışmaları, taleplerini yöneterek ifade etmesi için onu cesaretlendirin.



Uyarı: Aynı anda çok fazla çocuğu oyun oynamaya çağırmayın. Kısa buluşmalarla başlayın, çocuklar daha iyi oynamaya başladıktan sonra bu süreyi uzatırsınız. Amaç, sosyal becerileri eğlenceli bir şekilde geliştirmektir.

## 6-8 yaş dönemi

Çocukların kişilikleri bu dönemde daha karmaşık hale gelir. Bir yandan daha coşkulu ve işbirliğine açık olurken, bir yandan da daha talepkâr ve zor olurlar. Kendilerini sakinleştirme ve sosyal olarak önemli noktalara dikkat etme konusunda alıştırma yaparlar. Rollerini benimsemeye ve hemcinsi olan ebeveynle kendilerini özdeşleştirmeye başlarlar. Çatışmaları yetişkinler olmadan da çözebilmeye başlarlar, ama unutmayın, dünyayı hâlâ hayal ve gerçekliğin bir kombinasyonu halinde algılarlar.

Okul çağındaki içedönükler nazik çocuklardan hoşlanır. Diğer yandan kendilerine benzemeyen çocuklarla ilişki kurmak enerjilerini çok fazla tüketir. Bu anne babaların çocuklara sosyal ritimlerini yakalama konusunda yardım edebileceği bir deneme-yanılma dönemidir. Bazen farklı ortamlarda farklı çocuklarla ilişki kurmaları için teşvik edilmeye ihtiyaç duyarlar. Bazen de anne babanın geride durması, hatta çocuğu yoracak davetleri geri çevirmesi gerekebilir.

Çocuğunuzun güçlü yanlarını destekleyecek aktivitelere katılmasını sağlayın. Resim, dans, bilim, dövüş sanatları ya da müzik gibi... Çocuğunuzun oynayabileceği başka sessiz çocuklar bulun. Çocuklar genellikle sosyal yaş dediğimiz 5 yaşta en iyi arkadaşlarını edinirler. Eğer çocuğunuzun yakın bir arkadaşı yoksa, öğretmenine onunla uyum sağlayabilecek bir çocuk olup olmadığını sorun. Kısa bir oyun buluşması ayarlayın. Bu buluşma iyi geçerse, biraz daha uzun bir buluşma organize edin. Oyun buluşmasının başarılı geçip geçmediğini gösteren işaretlere bakın. Benzer oyunlardan keyif alıyorlar mı? Benzer enerji seviyelerine sahipler mi? Canlı görünüyorlar mı? Farklılıklar söz konusu olduğunda başarılı bir şekilde pazarlık ediyorlar mı?



İçedönük çocuğunuzun arkadaşlıklarını değerlendirmesine yardımcı olun. İçedönük çocuklar bazen dışadönüklerden etkilenir ama aslında içedönüklerle daha iyi oynarlar. "Sen ve Ana kıyafet değiştirmek ve rol yapmaktan keyif alıyorsunuz Ama Stacy ile oynayacak bir şey bulmanız daha uzun zaman alıyor. Sence neden?" Bu tip sorular çocuğunuzun nelerle oynamaktan hoşlandığı ve hangi arkadaşlarını davet etmek isteyeceği üzerinde düşünmesini sağlar.

Bir gruba katılmak, genellikle içedönük çocuklar için mücadele demektir. Çocuğunuzu, çocukların kapalı ve açık gruplarda nasıl hareket ettiklerini gözlemlemesi konusunda teşvik edin. Kapalı gruplarda çocuklar kümelenmiş şekilde bir arada dururlar. Bedenleri birbirine yakındır, grubun dışındakilere bakmazlar. Biriyle göz göze gelmek zordur. Açık bir grupta çocuklar güler ve gülümser. Aralarında mesafe vardır. Birbirlerine doğru eğilir ve rahat görünürler. Birinin dikkatini çekmek zor değildir. Sizin de cesaretlendirmenizle içedönük çocuğunuz izlemeyi, taklit etmeyi ve katılmayı öğrenebilir. Ona bazen birden fazla deneme yapmak gerektiğini hatırlatabilirsiniz. Pek çok sosyal deneme ilk seferinde işe yaramasa bile ikinci deneme başarılı olabilir.

Uyarı: İçedönük çocuğunuzun arkadaşlarını sınıf arkadaşlarıyla kısıtlamayın. Daha küçük ya da daha büyük çocuklarla oynamaktan da keyif alabilir. İçedönük bir çocuğun farklı yaş gruplarından arkadaşları olmasının, onun yaşıtlarının arasında kendine daha çok güvenmesini ve daha rahat olmasını sağlayabilir. Bu onun lider, takipçi, uzman, çırak gibi farklı rolleri denemesini sağlar.

## 9-11 yaş dönemi

Bu yaş döneminde okul bahçesi politikaları zirvededir. Çocuklar artık farklılıklarla, başkalarının ne yaptığı ve yapmadığıyla daha çok mücadele ederler. Bu dönemde içedönük çocuğunuzun sosyal dinamikleri anlamasına yardımcı olabilir ve onu başka çocuklar hakkında hissettiği karmaşık duyguları ifade etmesi için cesaretlendirebilirsiniz. Örneğin: "Michael'ın kurallara göre oynamasını seviyorum ama topu zapt etmesinden hoşlanmıyorum."



İçedönük çocuğunuza diğer çocuklara göre daha fazla yalnız başına zaman geçirmesinin normal olduğunu söyleyin. Katılmak istediği ve istemediği etkinlikleri seçmesinin ya da ne kadar süre kalacağına karar vermesinin de öyle... Bir yere gitmek istediğine ya da istemediğine karar verirken, kendi kendine hangi soruları sorduğunu konuşun. Son zamanlarda çok fazla kişiyle tanıştı mı? Evde çok uzun vakit geçirdi ve bu alışkanlık haline geldi mi? Eğer gitmek istemezse bu bir arkadaşı için çok önemli bir davet olduğundan onun kalbini kırma ihtimali var mı? Orada olacak diğer çocuklardan hoşlanıyor mu? Bu, içedönük bir çocuğa anne babalık etmenin en zor yönlerinden biridir. Dışarı çıkmanın ve evde kalmanın artılarının ve eksilerinin tartışıldığı, sürekli devam eden bir diyaloğun kurulması gerekir. Çocuk kendi kendini sürekli değerlendirmelidir: Ne kadar yorgunum? Çocuklardan ve yapılan etkinliklerden hoşlanıyor muyum? Gitmezsem, yakın bir arkadaşımı hayal kırıklığına uğratır mıyım?

İçedönük çocuklar için bu dönemde ait olma ve kabul edilme hissi çok önemlidir. Çocuğunuz her gün bir deneme yaparak arkadaş çevresini genişletebilir. Bir gün tanımadığı bir çocuğa hafifçe gülümsemeyi denemesini önerin. Başka bir gün bir arkadaşına onu cesaretlendirecek bir not bıraksın, yeni birine merhaba desin, maçta iyi oynadığı için bir arkadaşını tebrik etsin ya da birine yer tutsun. Ona denemenin nasıl geçtiğini sorun ve onunla gurur duyduğunuzu söyleyin.

Gruplar içedönük çocuklar için her zaman zordur. Bu yüzden onun grup düzenini anlamasına yardımcı olun. Dışadönük gruplar havadan sudan sohbet edilen, hafif konuların konuşulduğu, çocukların beş ila on beş dakikada bir gelip gittiği değişken gruplardır. Çocuklar sıkılmaya başlayıp hareket etmek isteyebilir ya da sohbet edilen konunun sonuna gelinmiş olabilir. Bu yüzden siz geldiğinizde biri kalkarsa üstünüze alınmayın. Çocukların eğleniyor gibi göründüğü, çok fazla tartışmanın olmadığı ve herkesin sohbet ettiği bir grup iyi bir tercih olabilir. Bir-bir buçuk metre mesafeden çocuğunuz birine gülümseyebilir ve diğer çocukların tepkisini değerlendirebilir. Yeni bir üyeye açıklar mı? Eğer çocuğunuz aralarına girerse, gülümseyebilir, başını sallayabilir, şakalara gülebilir ve birkaç dakika sonra konuşulan konuda bir yorum yapabilir. Kısa, hızlı ve hafif cevaplar verebilir. “Ne demek istediğini anlıyorum”, “Bana da olmuştu” gibi...



## Ergenlik öncesi ve ergenlik dönemi

Bunlar abartılı davranış yıllarıdır. Bu dönemde çocuk oldukça sert olabilir. Grup etkileşimleri ve herkes gibi olmaya yönelik baskı çok yüksektir. Arkadaşlıklar bir gecede değişebilir. Bu, o yaştaki her çocuk için acı verici olsa da, içedönükler özellikle daha çok yaralanabilir ve cesaretlerini kaybedebilirler. Bu yıllar boyunca en popüler çocuklar bile sevilmeme korkusuyla acı çektiklerini fark etmeyebilirler. İçedönüklerin grup zihniyetini anlamada yardıma ihtiyaçları olabilir. Bunu anlamadıkları takdirde içlerine kapanabilirler. Çocuğunuzu birçok çocukla samimi birebir ilişkiler kurma konusunda cesaretlendirin. Grubun dışındaki bir iki iyi arkadaş zor dönemleri kolaylaştırır.

İşte sosyal hayatından bahseden içedönük bir ergen:

*D*iğer çocukların dikkatini çekmeye uğraştığım için konuşmak benden tonlarca enerji götürüyor. Eğer ne söyleyeceğimi belirlediysem gücümü toplayıp söylüyorum. Çoğunlukla görmezden geliniyorum. Cesaretim kırılıyor. Genellikle ben bir şey söyledikten sonra diğer çocuklar hatta yetişkinler hiçbir şey söylememişim gibi konuşmaya devam ediyorlar. Sonra birisi benim söylediğim şeyin aynısını söylüyor ve herkes ona cevap veriyor. Acaba neyi yanlış yaptım diye merak ediyorum. Sonra eve dönerken ya da ertesi gün, bana sınıfta sorulan o soruya verilecek müthiş bir cevap aklıma geliveriyor. İhtiyacım olduğu sırada neredeydi? Hafızam var mı yoksa kafamın içi bomboş mu emin değilim.

Arkadaşım John biraz soğuk olduğumu söylüyor. Neden böyle düşündüğünü anlamıyorum. Belki de bazen sessiz olduğum için. Dışarıdayken bazen aklıma tek bir sözcük bile gelmiyor. İç dünyamı seviyorum. Biliyorum bazen düşüncelerimi toparlamaya çalışırken yüzümü hiç kıpırdatmıyorum ve ayakkabılarıma bakıyorum ama aslında diğer çocukları da seviyorum. Bir şeyler hakkında konuşmak hoşuma gidiyor. Keşke benim bu kadar "gizemli" olduğumu düşünmeseler. Bence hiç de öyle biri değilim!



İçedönük bir ergenin hissettikleri sosyal dünyanın içedönük çocuklara nasıl geldiğini anlamamızı sağlıyor. Arkadaşlarıyla arası gayet iyi ama bazen dengeyi sağlamakta zorlanıyor ve bazılarının onu soğuk bulması kafasını karıştırıyor.

Çocuğunuz kendini pek çok bakımdan bağımsız hissedebilir ama yine de arkadaşlarının davranışlarını süzgeçten geçirmek ve çözümlemek için yardımınıza ihtiyaç duyabilir. Onu cesaretlendirin, sosyal becerileri üzerinde çalışmasına yardımcı olun ve eleştirmeyin. Daha büyük yaştaki içedönük çocuklara farklı ilişki kurma biçimleri olduğunu ve çocukların birbirinden farklı amaçlarla arkadaş edindiklerini açıklayabilirsiniz. Bu, bir arkadaşla yolda bir tümseğe denk geldiğinde, bunu bir felakete çevirmesini önler.

Pek çok içedönük çocuk iyi niyetlidir ve bütün çocukların böyle olduğuna inanırlar. İyi bir arkadaş, bir gün iyi bir gün kötü olmaz. İyi bir arkadaş sizi önemser, farklılıklara tahammül eder ve bunları konuşur. Çocuklar iyi niyetli olduğunda ve arkadaşlıklarını sürdürmek istediklerinde sorunları çözmeye çalışabilirler. İçedönük çocuğunuza isteklerini nasıl dile getireceğini öğretin ve kendini savunması için onu teşvik edin. Arkadaşının isteklerini dinlemesini ve müzakere etmesini destekleyin. Doğuştan sahip olduğu dinleme becerilerini kullanabilir, arkadaşının söylediklerini yansıtabilir ve bir çözüm bulmaya çalışabilir. Bu becerileri şimdi geliştirmesi önemlidir, çünkü birileriyle çıkmaya başladığında iyi niyetli olanları anlamak için buna ihtiyacı olacaktır.

İçedönük çocuğunuza duygularına güvenmeyi öğretin. Eğer savunmacı davranıyorsa ya da bir şeylerden emin değilse bir sebebi var demektir. Eğer dinlenmediğini hissediyorsa arkadaşı bir şeyleri düzeltmeyi deniyor gibi yapıyor ama aslında gerçekten elinden geleni yapmıyordur. Ona, duyguları kabul etmenin öneminden söz edin. Sinirlendiğinde nasıl sakinleşeceğini ve çözüm bulma moduna nasıl geçeceğini gösterin. İçedönük çocuklar duyguları kabul edildiğinde genellikle kendi çözümlerini bulurlar. Sorunu açıklığa kavuşturmasına yardımcı olabilir ve çocuğunuzun ne istediğini anlayabilirsiniz. Çocuğunuza en çok yardımcı olacak olanlar onun düşünce ve duygularını netleştirecek nötr yorumlardır. "Andi'nin seninle gelmesini istiyor gibisin?", "Onun zaten birine söz verdiğinden mi endişeleniyorsun?", "Öyle mi?", "Eğer o şimdiden birine söz verdiyse başka kime sorabilirsin?" 

Özellikle yıkıcı olan sosyal motivasyonlardan biri de intikamdır. Lisenin ilk yıllarında bu davranış çirkin yüzünü göstermeye başlar. Amaç, karşısındaki kişiyi incitmektir. Savaş, ilk başta kavgaya neden olan şeyden daha önemli bir hal alır. Kendini güvende hissetmeyen ve başkalarından korkan kişi dünyayı bir savaş alanı gibi görür. Anlaşmazlıkları aşıp bir orta yol bulmak yerine bunu karşısındakine ödetmek ister. Çocuğunuza kendine kavga edecek birini arayan çocukları fark etmeyi ve onlardan uzak durmayı öğretin.

Grup içi ilişkiler ve yapılar ergenlik döneminde daha ayrıntılı hale gelir ama aynı kurallar geçerlidir. Eğer içedönük çocuğunuz kendini dışlanmış hissediyor ve bir gruba katılmak istiyorsa, en iyisi açık bir grup seçmesidir. Unutmayın, konuşkan çocuklar onları dinleyecek birine ihtiyaç duyarlar. Başka birinin ilgisini iyi karşılayacaklardır. Ayrıca sosyal grupların uzun süre bir arada durmadığını da unutmayın. Daha küçük sohbet kümelerine bölünebilirler. İçedönük çocuğunuza aktarabileceğiniz bir tavsiye de şudur: Yeni bir gruba girdiğinde gruptakilerin fikirlerine karşı çıkmaktan, alaycı ifadelerden, konuyu değiştirmekten ya da kişisel sorulardan kaçınması gerektiğidir.

Uyarı: Çocuğunuza okulda arkadaş edinmesi ya da her sosyal etkinliğe katılması konusunda baskı yapmayın. Sessiz bir çocuk zaten sosyal baskı hisseder ve genellikle "Keşke bu kadar sessiz olmasaydım" diye düşünür. Arkadaşlık konusunda sık sık yorum yapılması, kendini daha hatalı hissetmesine neden olur. Bazen "Keşke daha dışadönük olsaydım" diye düşünür. Kimi zaman içedönük çocuklara arkadaşlarının yanından ayrılmak zor gelir ama enerjilerinin tükendiğinin de farkındadırlar. Geri kalan zamanlarda da kendilerini dışlanmış gibi hissetme korkusuyla grubun yanında kalma baskısını hissederler. Arkadaşlarıyla yeniden ilişki kurmak için çok vakti olacağını onlara hatırlatın.



İçedönük çocuklar ortak ilgi alanları ve güvenilirlik temelinde bir ilişki kurarlar. Çocuğunuza anlamlı bir arkadaşlığın değerinden söz ederek onu cesaretlendirebilirsiniz. Sosyal başarının temeli geyik muhabbeti değildir.

## Konunun özü

✓ İçedönüklerin ve dışadönüklerin farklı yetenekleri vardır.

✓ İçedönükler samimiyet kurar, uzun süreli ilişkileri idare eder ve daha derin sohbetlerden tatmin olur.

✓ İçedönük çocuklara, sosyalleşmenin öğrenebilecekleri kuralları olduğunu öğretin.

13

# İçedönük çocuğunuzun sosyal yönden gelişimini desteklemek

## Alıştırma yapmak zor durumlarda bile dengeyi ve özgüveni korumayı sağlar

*"İyi bir arkadaş isminizi sever ve onu baloncuklarla yazar."*

–Emily Barnett, 6 yaşında

Pek çok anne baba sosyal hayatı kontrollerinin dışındaki bir şey olarak görseler de, içedönük çocuğunuzun sosyal becerilerini olumlu ve güçlü bir şekilde etkileyebileceğinize inanın. Sonuçta çocuğunuz başkalarıyla nasıl ilişki kuracağını sizinle günlük hayatında yaşadığı tecrübelerden öğrenir. Sosyal gelişimine yardımcı olmanın en önemli yollarından biri onun sosyal yeteneklerini takdir etmek ve yaşadığı sıkıntıları anlamaktır. Ona örnek olarak bazı sosyal becerileri edinmesini ve her türlü sosyal ortamda özgüveninin yüksek olmasını sağlayabilirsiniz. Bir süre sonra bu özellikleri benimseyecektir.



## Geçiş dönemi

*"İnsan arkadaş edinmez. Arkadaşı olacak kişiyi tanır."*

–Garth Hendricks

Mesele içedönüklerin sosyal hayata girişi olduğunda, geçiş dönemi çok önemlidir. İçedönük çocuklar kendilerini alıştırmak için yaklaşan sosyal etkinlikleri düşünecek zamana ihtiyaç duyarlar. İkinci bölümde söz ettiğimiz gibi içedönükler belli bir davranış biçimini önceden planlayan beyin yolağını kullanırlar. Daha sonra bu davranışın planlanan davranışa ne kadar uygun olduğunu değerlendirirler. Çocuğunuzu sosyal ortamlara girmeye hazırlayarak onun işini kolaylaştırabilirsiniz. Yaklaşan etkinliği önceden bilmeye, enerji depolamaya ve dışarıya odaklanmak için kendini hazırlamaya ihtiyaç duyar. Yaşanacakları önceden ne kadar iyi bilirse o kadar az enerji harcar. Eğer onu hazırlamazsanız, enerjisini neler olacağını öngörmeye çalışmak için kullanır ve endişelenir. Ayrıca birtakım beklentiler oluşturabilir ve düşündüğü gibi çıkmazsa hayal kırıklığına uğrar. "Noah'nın benimle yüzmeye geleceğini sanıyordum, futbol antrenmanı olduğunu bilmiyordum." Eğer içedönük çocuğunuzun beklentisinin ne olduğunu bilirseniz, yanlış anlaşılmaları aydınlatabilir ve hayal kırıklıklarını en aza indirebilirsiniz. "Bu çok kötü. Noah'nın programını öğrenelim, böylece ne zaman seninle yüzmeye gelebileceğine dair daha doğru bir fikrimiz olur." Eğer sormazsanız, ne düşündüğünü bilemezsiniz.

Çocuğunuza yaklaşan olayları bir iki gün önceden haber verin. "Maria, bil bakalım ne oldu. İki gün sonra büyükanne ve büyükbaba bizi ziyarete geliyor." İçedönük bir çocuk, birinin ziyarete gelmesi gibi rutin değişimlere, enerji seviyesi, gelen kişilerle nasıl geçindiği ve aynı anda gerçekleşen diğer olaylar gibi etmenlere bağlı olarak tepki gösterir. Misafir gelmesi çok fazla koşuşturma demektir. Gelen misafirleri sevse bile evde fazla kişi olmasının etkisi ve hissettiği heyecan çok fazla enerji harcamasına neden olur.



Programı dile getirmeniz, içedönük bir çocuğun bilinmeyene karşı duyduğu endişeyi azaltır. "Haydi, onların geleceği güne kadar ve burada olacakları zaman boyunca takvimimize çıkartmalar yapıştıralım." Bunu önerdikten sonra, onlar gelmeden almanız gereken şeylerin listesini çıkarabilir, birlikte çikolatalı kurabiyeler yapmayı teklif edebilirsiniz. İçedönük çocuğunuzdan, misafirlerle birlikte yapmak istediği şeylerin resmini çizmesini isteyin. İçedönükler çoğunlukla zihinlerinde resimler oluştururlar. Bir tecrübeyi yaşamadan önce onun resmini zihninde oluşturmasına yardım ederseniz, yaşayacakları durumla daha iyi başa çıkabilirler. ("Geçen sefer geldiklerinde ne yaptığımızı hatırlıyor musun? Çocuk müzesine gitmiştik. Resmine bakılırsa bu sefer de hayvanat bahçesine gitmek istiyorsun.") Ara sıra yaklaşan ziyaret hakkında sorular sorun. İçedönük çocuklardan biri bana "Büyükanne ve büyükbabamın gelmesini istiyorum ama onlar buradayken kendi yatağımda yatamamaktan nefret ediyorum" demişti. Çocuğunuzun böyle bir şey hissettiğini bilirseniz uyku düzenini değiştirmekten kaçınabilirsiniz.

Çocuğunuzla aranızda özel bir işaret belirleyin. Böylece içedönük çocuğunuz ne zaman molaya ihtiyacı olduğunu size söyleyebilir. Bazen mola ihtiyacı çok ani bir şekilde gelir. Enerji seviyesi bir asansörün birdenbire en alt kata düşüşüne benzer. Bir çıkış yolu sunmak sinir krizlerinin önüne geçmeye yardımcı olur.

Çocuğunuza yaklaşan bir etkinliği haber vermekten fazlasını da yapabilirsiniz. Bu etkinlik hakkında kısa bilgiler verebilirsiniz. Diyelim ki bütün ailenin olacağı büyük bir düğüne davetlisiniz. İçedönük çocuğunuza düğünün başaktörleri ve onlarla olan ilişkinize dair bir şeyler anlatın. Eğer varsa fotoğraflar gösterin. "Buradaki genç kızı görüyor musun? İşte o benim kuzenim Anne, yani gelin. Eskiden birlikte merdivenin altına saklanır, dondurma yerdik." Bir olayın öncesinde onun resmini zihinlerinde oluşturmak, içedönük çocuklara yardımcı olur. Yabancılar hakkında birtakım bilgileri olduktan sonra onlarla ilgili sorular sormaları da kolaylaşır. Karşılaşacakları karakterler hakkında bilgi sahibi olmak, içedönük çocukların daha az enerji harcamasını ve daha az gergin olmasını sağlar.



Eğer bu etkinlikte başka çocuklar olacaksa aralarındaki buzları eritmek için birkaç oyuncak götürmek iyi bir fikir olabilir. Birkaç lastik kertenkele ya da küçük uçak, çocukların hemen oyuna dalmasını ve rahatsız edici anların kolayca geçmesini sağlar. Resmi olmayan durumlarda kullanılabilecek bir başka strateji "bal oyuncakları" adını verdiğim, diğer çocukların bala toplanan arılar gibi toplanmasını sağlayan oyuncaklardır. Diğer çocukların ona gelmesini kolaylaştırarak içedönük çocuğunuzun arkadaş edinmesine yardımcı olun. Torunlarımı mahallemizdeki havuza götürdüğüm zaman, suyun üstüne doğru baloncuklar üflerim. Hemen bütün çocuklar üstlerinden uçan baloncukları patlatmaya çalışır. Bir de çocukların havuzun dibinden dalıp çıkarması için "mücevherlerle" dolu plastik bir hazine sandığım var. Örneğin, normalde yeni çocukların arasına kolayca katılmayan Christopher (o zaman 6 yaşındaydı) hazineden hoşlanan bir kızla hemen oynamaya başlamıştı. Anında Karayip korsanları (Jack Sparrow ve arkadaşı) oldular ve saatlerce suyun içinde dalıp çıktılar.

## Olayları değerlendirmek

Bir olayı yaşadıktan sonra, ona dönüp bakmak en az onu planlamak kadar verimli olabilir. Günün sonunda ya da önemli bir sosyal olayın ardından, çocuğunuz dinlenip rahatladığında bunun hakkındaki duygu ve düşüncelerini ifade etmesi için onunla konuşun. Ona bu fırsatı vermezseniz yanlış sonuçlar çıkarabilir, tecrübelerinden bir şey öğrenemeyebilir ve ileride bunun gibi sosyal etkinliklerden kaçınabilir. Çocuğunuzun geribildirim sistemi içindeki yargıca katıldığı zaman, bu geri tepmeye dönüşebilir. Eğer bu yargıç ya da eleştirmen çok fazla konuşursa çocuğunuzun cesareti kırılabilir. Bu, çocuğunuzun dışarıda keyifli vakit geçirmesine engel olabilir. Çocuğunuzla günlük sohbetiniz sırasında "Üstünden düşünecek biraz zaman geçtiğine göre sorayım. Arkadaşlarınla kaldığın gece nasıl geçti?" diye sorun. "Pekâlâ, belki biraz fazla konuşmuş olabilirim." (Bu içedönükler nihayet konuştuklarında hissettikleri yaygın bir kaygıdır.) "Gerçekten mi? Arkadaşların söylediklerini dinlemedi mi?" "Hayır, sanmıyorum ama o kadar fazla konuşunca kendimi biraz komik hissettim." Bu algıyı düzeltebilirsiniz. "Diğer kızlar bu sırada sana bakıyorlarsa, demek ki söylediklerine ilgi gösteriyorlardır."



**Ortamı yumuşatacak sözler**

Yetişkinler için bile sosyalleşmenin en zor kısmı, bir sohbeti başlatmaktır. Çocuğunuza bir sohbeti başlatma cümleleri öğretin. Bunlar kişinin karşısındakine "Seni daha iyi tanımak istiyorum" mesajı veren, kolay cevaplanabilir sorulardır. "Evet"i "hayır"a tercih etmenizi öneririm, çünkü "hayır" genellikle sohbeti kapatır. İçinde bulunulan ana uygun sorular sormak en iyi yaklaşımdır, ("Su ılık mı?" gibi). İkinci en iyi yaklaşım, bir konuda fikrini sormaktır. ("Salıncakları mı daha çok seviyorsun, yoksa lastikleri mi?", "Neden karate yapmaya karar verdin?", "Dün öğretmen film hakkında ne söyledi, ben yoktum.") Ortak bir şeyle ilgili bir yorum da yapabilirsiniz. ("Hey, bende de aynı *Star Wars* tişörtünden var. Sen nereden aldın?")

İçedönük çocuklar korktukları, görünür oldukları ve gerildikleri zaman olumsuza odaklanmaya meyillidirler. Bu onların işitsel öğrenme sisteminin bir parçasıdır, olumsuz tecrübeleri etiketlemeyi ve depolamayı işaret eder. Gecikmeli duygusal tepkileri olduğundan, gergin olduklarında ve fazla uyarıldıklarında diğer çocukların tepkilerini doğru okuyamayabilirler. Çocuğunuzun sakin olduğu bir sırada olayı yeniden değerlendirmesine yardımcı olun ki, aldığı tepkilere dair zihninde daha doğru bir resim oluşsun. İçedönük çocuklarla "Her şey yanlış gitti" ile başlayan ve "Aslında o kadar kötü değildi, sonuçta birinci oldum" ile biten görüşmeler yaptım. Abartmıyorum.

## Yardım etmenin diğer yolları

İçedönük çocuğunuzun sosyal becerilerini desteklemek için yapabileceğiniz en önemli şey, diğer insanlara ilgi göstermektir. Karşılaştığınız herkese cana yakın davranın ve başkalarını dışlamayın. Çocuğunuzun arkadaşlarının isimlerini öğrenmek için çaba gösterin ve onlar hakkında sorular sorun. Kendi arkadaşlarınız hakkında olumlu konuşun. Uygun ve doğru şekilde iltifat edin. Çocuğunuzun arkadaşları geldiğinde sosyal olarak iyi örnek olun. İçedönük çocuğunuzu iyi bir ev sahibi olma konusunda cesaretlendirin. Örneğin yapabilecekleri birkaç etkinlik önerebilir ve birlikte atıştırmalık bir şeyler hazırlayabilirsiniz. Eğer gelen misafir planladığınız etkinlikleri yapmak istemezse ve sıkılmaya başlarsa, ne olacak diye düşünüp B planı üstünde de konuşun.



### İçselleştirmekten uzak tutun

İçedönük çocuklar tartışmaları içselleştirmeye ve bir şeyleri kişisel olarak algılamaya eğilimlidirler. Bir taraftan bunun bir avantajı vardır: İçedönük çocuklar eksiklikleri için başkalarını suçlama eğiliminde değildir ve büyüyüp değişmek için kendi tecrübelerinden faydalanabilirler. Bu aynı zamanda neye önem verdiklerini ve neyin ilgilerini çektiğini bildikleri anlamına gelir. Diğer yandan, çok fazla kafalarının içinde yaşamaları, içedönük çocukların hoş olmayan şeylerin sadece kendi başlarına geldiğini düşünmelerine neden olur. ("Cevap verdim ama öğretmen beni görmezden geldi." "Söyleyecek başka bir şey aklıma gelmedi." "Beni davet etmediler.") Görüştüğüm çoğu içedönük çocuk sadece kendilerinin problemleri olduğunu sanıyordu. Bu izlenimi düzeltebilirsiniz.

Çocuğunuzla sosyal hayatın kontrol edebileceği ve edemeyeceği yanları hakkında konuşun. Bir kere başkalarının davranışları, onun kontrolünde değildir. Diğer yandan bazı sosyal yapıları ve tepkileri nasıl tanımlayacağını öğrenebilir. İçedönük çocuğunuzun içindeki eleştirmenin sesini kısmasına biraz yardımcı olun ki normal çocukluk tepkileri için kendini suçlamasın. İçedönük çocuğunuza, nasıl davranacağına ve kime güveneceğine dair seçimi kendisinin yapabileceğini söylemeniz hayati önem taşır. Ne tür arkadaşlara ihtiyaç duyduklarını ve onları nasıl seçeceklerini bilirler. Çocuğunuzu iyi bir arkadaş olduğuna inandırın. Bazı çocuklar başka türde arkadaşlar isteyebilir, bu çocuğunuzun hatası değildir. Ve bu çocuklar sonradan yola gelebilir de.



Çocuğunuzun seçebileceği bir şey de, ne zaman ve ne kadar sosyalleşmek istediğidir. İçedönük çocuklar çok fazla sosyal baskı hissetmezler ve dışadönükler gibi her şeye dahil olmak istemezler. Bu onların enerjilerini idare etme meselesidir. Olivia arkadaşı Ashley'yi cumartesi günü oyun oynamak için evine davet etti ve akşam da piyano resitali vardı. Pazar günü Sarah, Olivia'yı öğle yemeğine ve ardından ailesiyle birlikte yeni *Star Wars* filmini izlemeye davet etti. Olivia gitmek istemedi ve annesi de bunun nedenini sordu. Olivia, Sarah'nın ailesinin çok kalabalık olduğunu ve eğer yorulursa, eve dönme şansı olmayacağından endişe ettiğini söyledi. Annesi taviz vermesine yardımcı oldu. Öğle yemeğine gidecek ama filme kalmayacaktı.

## Ev kuşu sendromunu sarsın

"Haydi Ryan, gidelim! Ryan... *Ryan.* HAYDİ!" Ryan'ın annesi öfkelenmeye başlıyor. "Gitmek istemiyorum" diyor 11 yaşındaki Ryan, son arkadaşını da kaybetmiş gibi annesine bakarak. "Para koleksiyonumdan inceleyeceğim bir defter daha var." Çoğu içedönük çocuk ev kuşudur. Ev onların sığınağıdır. Tanıdıktır. Enerjilerini sabit bir noktada tutar, böylece daha derin ilgi alanlarına odaklanabilirler. Çevreleri içedönükleri çok etkiler, uyaranların çok olduğu yerlerde sistemleri iyi çalışmaz. Evden ayrılmak vites değiştirme hissi uyandıracağından, içedönük çocuklara önceden haber vermek iyi olur: "Ryan, on beş dakika sonra evden çıkacağız." Zaman zaman, uygun olduğunda içedönük çocuğunuzun bakıcıyla, bir yakınınızla ya da yeterince büyükse tek başına kalmasına izin verin.

Evden çıkmak için motive olmak içedönükler için zordur ve bu sosyal hayatlarını ciddi anlamda etkiler. İçedönük çocuğunuzu bazen kendine rağmen evden çıkarmak gerekir. Bu bir pazarlık konusu olabilir. "Bu sabah evde kaldın, o yüzden öğleden sonra benimle John Amca'ya gelmeni istiyorum. Gitmek istemediğini biliyorum ama eminim kuzenin Libby'yle eğleneceksin." Dönüşte gezinizin nasıl geçtiğini sorun. "Sana söylemiştim" demek isteseniz de kendinizi tutun. "Bazen bir şeylere karar vermek zor oluyor, değil mi? Evde kalmak istediğini hissediyordun ama gidince sen de eğlendin." Bu tecrübe, çocuğunuz bir dahaki sefere dışarı çıkmaya direndiğinde onu motive etmek için işe yarayacaktır.



Çocuğunuz büyüdükçe ne kadar dışarı çıktığını, ne kadar süre kozasında kaldığını değerlendirmesine yardımcı olun. Çok fazla sosyal ilişki başını döndürebilir, ama uzun süredir evdeyse içedönük bir çocuk bile dışarı çıkması gerektiğini kabul eder. Herkes evde çok fazla zaman geçirdikten sonra sıkılır. Yine de içedönük bir çocuğa bunu hatırlatmanız gerekebilir.

## Ona nasıl arkadaş seçeceğini öğretin

İçedönük çocuklar hoşlarına giden nitelikleri gözlemleyebilir ve kendilerine uygun arkadaşlar bulabilirler. Çeşitli özelliklerde arkadaşlarının olmasını isteyebilirler. Farklı yaşlarda sahip olmak istedikleri arkadaş imajı değişebilir. Arkadaşlarıyla ilgili izlenimlerinizi söyleyin ve onunkileri sorun. "Sen ve Casey birlikte rol yaparak çok güzel oynuyorsunuz. Casey hayali dünyalar yaratmakta çok iyi." "Tanrım, Kevin'la uzay gemileri hakkında çok iyi sohbet ediyorsunuz. Ona söylediğin çoğu şeyi hatırlıyor. Buna dikkat ettin mi?" Bu tür bir konuşma, çocuğunuzun arkadaşlarını değerlendirmesine ve ileride kuracağı ilişkilerin altyapısını hazırlamasına yardımcı olur. İçedönükler bir ya da iki içedönük arkadaşla çok iyi geçinirler. İçedönük bir çocuk için en iyi arkadaş, benzer bir ritme sahip ve iyi sohbet edebileceği bir çocuktur. Büyüdükçe dışadönük bir arkadaşın onu dışarı çıkarması ve maceracı ruhunu desteklemesi harika olabilir. Diğer yandan, dışadönük bir arkadaşlayken içedönük bir çocuğun enerji seviyesine dikkat etmesi ve ihtiyaç duyduğunda oyunu bırakmak istediğini söylemesi gerekir. Etrafının çok fazla dışadönük çocukla sarılı olması, içedönük bir çocuk için tatmin edici olmayabilir, çünkü dikkat süreleri kısadır, uzun sohbetlerden hoşlanmayabilirler ve daha çok tartışmaya meyillidirler.

## Köprüler kurun

Bir arkadaşımın 8 yaşındaki oğlu Zane'i arabayla okula bırakıyordum. Yolda da bir hediyeyi bırakmak için bir başka arkadaşımın evinde durmam gerekti. Zane'e çok uzun kalmayacağımızı, sadece merhaba demek için birkaç dakikalığına uğrayacağımızı söyledim. "Yeni insanlarla tanışma konusunda pek rahat değilim. Yani çok yakın davranmayabilirim" dedi. Bunun sorun olmadığını söyledim. Bunu zaten biliyordum. Sonra arkadaşıma gayet yakın davranarak ona köpekleri hakkında bir sürü soru sorarak ve evindeki birçok şeye ilgi göstererek beni şaşırttı.



Daha sonra bunu düşündüğümde, Zane'in hissettiği rahatsızlık hakkında konuşmasının üstündeki baskıyı kaldıran ve onu rahatlatan paradoksal bir etkisi olduğunu fark ettim. Bu, Zane'e onu rahatlatan bir alan sağlamıştı. O endişesini ifade etti, ben de kabul ettim. Onun bu ifadesi, yeni biriyle tanışma konusundaki isteksizlik ile gerçekte onunla kurduğu etkileşim arasında bir köprü kurmuş oldu.

Yabancılarla tanışmak, içedönük çocuklar için zorlayıcı olabilir. İşte köprüler kurmanızı sağlayacak birkaç yöntem:

- Çocuğunuzu tutun (elini tutun ya da şefkatli bir şekilde dokunun) ve gergin olduğunu kabul edin. Onu rahatlatın.
- Yabancılarla konuşurken sıcak davranın ve çocuğunuzla temasınızı kesmeyin.

- Konuştuğunuz kişiye "Tim'in açılması biraz zaman alıyor" deyin.
- Hazır olmadan önce, arkadaşça davranması için onu zorlamayın.
- Mümkünse bir seferde karşılaşacağı yeni insan sayısını sınırlayın.
- Çocuğunuzun postacıyla, bakkalla, komşularla, tanıdıklarla karşılaşmasını sağlayın.
- Yeni insanlarla kısa, neşeli ve dostça buluşmalar ayarlayın.
- Çocuğunuzun sözünü bölmeyin. Onun adına konuşmak ile kendi adına konuşacağı zamanı sunmak arasında bir denge kurun. "Sen de bu televizyon programını seviyordun, değil mi?" gibi bir açılış yapabilirsiniz.

## Sosyal kabiliyetlerini takdir edin

Çoğu içedönük çocuk doğal olarak iyi bir dinleyicidir. Bu da arkadaşlık kurmak için gereken ilk kuraldır. İçedönüklerin güçlü ilişki kurma becerileri gerektiren kariyerlerde başarılı olmalarının nedeni de budur. İçedönük çocuğunuzun iyi bir "kulağı" olduğunu bilmesini sağlayın. Sizi dinlemesinden hoşlandığınızı söyleyin. Dinlediği ve hatırladığı şeyleri takdir edin. "Demek, Jack'in çileğe alerjisi olduğunu hatırlıyorsun." Onun bu yeteneğine iltifat edin. "İyi bir arkadaşsın" ya da "İnsanı öyle dikkatli dinliyorsun ki sanki kulaklarını sonuna kadar açıyorsun. Bu özelliğini çok seviyorum." Sorduğu soruları dikkate alın. İçedönük çocukların kavrayışı genellikle çok yüksektir.



Çocuğunuzun sağ beyinli mi sol beyinli mi olduğu genellikle sohbet sırasında anlaşılır. Daha ziyade sağ beyinli olan çocuklar duyguları daha iyi fark eder ve bunlara karşı duyarlı olurlar. "Arkadaşım Amber'ın muhabbetkuşuna ne oldu biliyor musun?" diye soruyor Carrie. "Daha *pet shop*'tayken aldığı bir mikrop yüzünden ölmüş. Amber belki yanlış bir şey yaptım, diye düşündü ama *pet shop*'taki adam öyle olmadığını söyledi ve ona bir kuş daha verdi. Yine de Al'i özlüyor. Adı buydu. Ona hamsterim öldüğünde aynı şeyleri hissettiğimi söyledim."

Sağ beyinli içedönükler çok yüksek bir duygusal zekâya sahip olabilirler. Kendilerini başka bir çocuğun yerine koyabilirler. Buna empati denir. Bu noktadan sonra onun duygu ve düşüncelerini algılayabilirler. Arkadaşları tarafından dinlendiklerini ve kabul edildiklerini hissederler. Arkadaşlık için birinin sizin bakış açınızı anlamasından daha önemli bir şey yoktur.

Eğer içedönük çocuğunuz o kadar iyi bir dinleyici değilse ve pek fazla empati kurmuyorsa, sol beyinli olabilir. Birtakım gerçekler hakkında konuşmaktan hoşlanıyordur. Onun duygusal becerilerini geliştirmesine yardımcı olabilirsiniz. Ona papağan gibi aynı şeyi tekrar etmeden duyduğunu yansıtarak dinlemeyi öğretebilirsiniz. Karşısındakinin duygularını ve meselenin esas noktasını anlamasına yardımcı olabilirsiniz. Baş başa olduğunuzda, insanların duygularını okumaya çalışın. "Sence Ashley nasıl hissediyor?" "Bana üzgün geldi." "Bana da. Sence neden üzgün olabilir?" "Sanırım köpeği hasta."

İçedönüklerde beyinlerinin sağ frontal lobunda çok gelişmiş bir duygusal sistem bulunur. Burası zihin okumanın ve duygusal zekânın merkezidir. Başkalarının neler hissettiğini kestirmek ve niyetlerini sezmek insanların en temel becerilerindendir. Ama kendi duygularının neler olduğunu bilme konusunda alıştırma yapmadıkça içedönüklerin bu sistemi çalışmayacaktır. Anne babalar "O hissi tahmin et", "O noktayı tahmin et" gibi oyunlarla çocuklarının duygusal antenini güçlendirebilirler. "Bakalım sana günümü anlatırken ne hissettiğimi ve anlattıklarım arasında en önemli noktayı tahmin edebilecek misin?" Bu oyunu sırayla oynayın. Gününüz hakkında ne hissettiğinizi ve en önemli noktanın ne olduğunu bulması için ona alıştırma yaptırın. Sonra aynı şeyi siz yapın. Buna terapide "hissetme deneyimi" diyoruz.



Aile bireyleriyle ya da arkadaşlarla birlikte olduğunuz bir sırada da bunu yapabilirsiniz. Andrew'un arkadaşı Ben'in gözleri pırıl pırıl parlıyor ve yeni Game Boy'u hakkında yüksek sesle ve hızlı hızlı konuşuyor. Andrew'un annesi "Tanrım, Ben'in gözlerinin nasıl parladığını ve ne kadar hızlı konuştuğunu görüyor musun? Yeni Game Boy'u onu çok heyecanlandırmış olmalı? Öyle değil mi, Ben?" "Evet, çok heyecanlıyım." Ben masanın etrafında dönüp durduğunu söylüyor. Hepsi gülüyor. Andrew ve Ben oyunlarına devam etmek için koşarak gidiyorlar. Bunun bir başka avantajı da Ben'in sesini duyurduğu için sakinleşmesi oluyor.

Çocuğunuza, farklı mizaçların çocukların davranışlarını ve konuşmalarını etkilediğini anlatın. Çocuğunuz bu farklı dillere uyum sağlayabilir ve "iki dilli" olabilir. Dışadönükler çoğunlukta oldukları için içedönük çocuğunuzun onları anlaması önemlidir. Bu ayrıca onları güçlendiren bir unsurdur. Diğer dili öğrenerek içedönük çocuğunuz dışadönüklerin nasıl düşündüğünü ve onlarla nasıl etkileşim kurabileceğini anlar. Dışadönükler ise bazı çocukların kendilerinden farklı olduğunu öğrenir. İki dilli olmak başkalarına karşı bakış açılarını genişletir. Ayrıca içedönüklerde görmezden geldikleri bazı olumlu yanları da kazanmalarını sağlar. Çocuğunuza içedönüklerin ve dışadönüklerin dilini öğretin.

**"İki dilli" olun: İçedönüklerin ve dışadönüklerin dilinde nasıl konuşulur?**

İçedönük çocuklarla konuştuğunuzda aşağıdakileri deneyin:

- Yumuşak bir sesle ve daha yavaş konuşun. Arada sırada duraklayın.
- Sessizliklere katlanın.
- Daha karmaşık cümleler kurun.
- Onları sıkıştırmayın.
- Çok fazla duyguyla bunaltmayın.



Dışadönük çocuklarla konuştuğunuzda aşağıdakileri deneyin:

- Hızlı konuşun.
- Daha kısa cümleler kurun.
- Öne doğru eğilin.
- Daha yüksek sesle konuşun.
- Mimiklerinizi kullanın.

İçedönük çocukları dinlerken şunlara dikkat edin:

- Dikkatinizi verin.
- Sözlerini kesmeyin.
- Dinlediğinizi yansıtın.
- Söylediği şeylerin düşünülmüş olduğunu anlayın.
- Gerektiğinde bir şeyleri açıklamasını isteyin ve cevabını bekleyin.

Dışadönük çocukları dinlerken şunlara dikkat edin:

- Hızlı bir geri dönüşte bulunun.

- Başınızı sallayın, gülümseyin, gülün.
- Sözlerini kesmenin sorun olmadığını bilin.
- İltifatlar edin.
- Söyledikleri şeyin bu konudaki son sözleri olmadığını bilin.

## Partileri en iyi şekilde atlatmak

*"Hayattan biraz anlayan ve deneyimi olan biri arkadaşlarıyla kalabalık halinde değil, teker teker çıkar."* –P. J. O'Rourke

Birkaç yıl önce torunum Katie'yi Chuck E. Cheese'de 4 yaşında bir çocuğun doğum günü partisine götürdüm. Doğum günü kızını görmek için etrafa bakındı. Görünürde yoktu. Sonunda bir masanın yanında büyük, kabarık kostümlü bir Chuck E. Cheese'le konuşan



### İçedönük çocuğunuzun hayallerinin peşinden gidin

Çocuğunuzun ilgi alanlarını desteklemek, onun sosyal hayatında büyük fark yaratır. Jed oldum olası filmlerden ve film yapımından etkilenmiştir. 5 yaşında son *Harry Potter* filminin yönetmenine mektup yazmış ve büyüdüğünde yönetmen olmak istediğini söylemiştir. Annesi bu çaylak Spielberg için harika bir doğum günü partisi planlar. Her davetli için korsan kostümleri hazırlar. Jed bir senaryo yazar ve tüm çocuklar rol alır. Jed'in anne babası oyunu kameraya çeker, kayıtları çoğaltır ve doğum gününden ayrılırken her çocuğa birer tane hediye ederler. Yeteneğinden dolayı Jed'e uygun fiyatlı bir kamera hediye ederler.

Jed bana *Finding Neverland* (Düşler Ülkesi) filmindeki üç kardeşi için bir oyun yazan Peter'ı hatırlatır. J. M. Barrie ondan öylesine etkilenmiştir ki Peter Pan için onun adını kullanır.

Bu, tipik bir anne babanın bir doğum günü için yapabileceği şeylerin çok üstünde olabilir. Ama önemli olan Jed'in annesinin çocuğunun bu ilgisini fark etmesi ve başkalarını da buna dahil etmesidir.

annenin yanına gittik. "Brianna nerede?" diye bağırdı Katie o gürültüde sesini duyurmak için. "Masanın altında" dedi annesi. "Çıkmıyor." "Olamaz" diye düşündüm. Bir doğum günü partisi felaketi daha.

Günümüzde çocukların doğum günü partileri çok büyük ve stresli bir olay haline geldi. Bazıları fazlasıyla süslü, çocuklar ve yetişkinlerle dolu ve hiç bitmeyecekmiş gibi olabiliyor. İçedönük çocuğunuzun doğum günü partisine hazırlanmasına yardımcı olun. Davetiye geldiğinde bunun hakkında konuşun. Eğer üst üste bir sürü doğum günü olacaksa ve kendini bunlara dayanacak kadar güçlü hissetmiyorsa, bir ikisini atlamasına izin verin. Eğer gitmeyi planlıyorsa, partinin tarihi için takvime bir çıkartma yapıştırın. Partiye katılacağınızı söylemek için telefon ettiğinizde kaç çocuğun olacağını ve ne gibi aktivitelerin yapılacağını öğrenin. Sonra bu bilgiyi çocuğunuza iletin ki zihinsel olarak kendini hazırlasın. Hediyeyi seçme ve paketleme konusunda çocuğunuzdan yardım alın ve kartı onun hazırlamasını isteyin. Böylece kendini olaya daha çok dahil olmuş hissedecektir. Bu arada pek çok içedönük çocuk hediye seçme işinde çok iyidir ve genellikle paketlemeyi de severler. 

Gün içinde parti hakkında konuşun. "Parti zamanı geliyor. Nasıl hissediyorsun?" diye sorabilirsiniz. "Seni endişelendiren bir şey var mı?" "Heyecanlıyım ama umarım fazla çocuk yoktur" diyor Reese. "Pekâlâ." "Eğer çok kalabalıksa ara sıra durup nefeslenmeyi unutma." Çocuğunuzun partiye gitmeden önce iyi dinlendiğinden ve karnının tok olduğundan emin olun. Rahatladıkça karnında kelebekler uçuşması ya da vücudunun kasılması gibi hislerin yok olacağını söyleyin. O hazır olana kadar etkileşim kurması için zorlamayın. Sizinle birlikte kenardan izleyerek partiye alışabilir. Biraz erken gidip ev sahibine ve çocuğa merhaba demek ve diğer misafirlerden önce orada olup ortama alışmak iyi olabilir. Çocuğunuza arada sırada karmaşanın içinden çıkmasını hatırlatın. Mutfakta yardım edebilir, sakin bir odaya girebilir, verandada biraz oturabilir. Eğer parti uzun sürecekse sonun kadar kalmak istemeyebilir.

Parti süresince orada olacaksanız, sadece açık ve dostça davranarak bile ona destek olabilirsiniz. Birkaç çocukla sohbet edebilirsiniz. Ardından çocuğunuz da katılır.

Eğer küçük yaştaki içedönük çocuğunuzun doğum günüyse

partinin küçük, basit, kısa ve sevimli olmasını sağlayın. Bir tema seçmesini, yiyecekler hakkında söz hakkı olmasını ve partinin hazırlanmasına yardım etmesini sağlayın. Hazırlık aşamasından daha fazla keyif alabilir. 7 yaşındaki Todd'un anne ve babası hem içedönük hem de dışadönük çocukları düşünerek doğum günü partisini planladı. Bahçede Örümcek Adam'lı bir trambolin vardı. Oturma odasına da dinozorlu oyuncaklar ve Legolar koymuşlardı. Dışarıda hoplayıp zıplamaktan yorulan içeri girip sakinleşebilirdi. Çocuklar parti boyunca içeri girip çıktı. İki içedönük çocuk uzun süre dinozorlarla oynadı. Bunlardan biri doğum günü çocuğunun kendisiydi.

İçedönük çocuklar büyüdükçe bir iki arkadaşlarıyla sinemaya ya da kumsal veya kayak gibi özel bir geziye gitmeyi tercih edebilirler. 8-9 yaşından itibaren çocuğunuz bir iki arkadaşıyla birlikte yatıya kalmak isteyebilir. Aile ve arkadaşlar için ayrı doğum günü kutlaması yapmayı düşünebilirsiniz. Bizim ailemizde genellikle küçük parti-



### Popülerlik efsanesi

Pek çok anne baba çocuklarının sadece bir iki arkadaşı olmasından endişelenir. "Daha çok arkadaşı olması gerekmez mi?" diye düşünürler.

Yapılan araştırmalar popülerlikle ilgili kabul gören çoğu düşüncenin yanlış olduğunu, sevilmek ile popüler olmak konularının tamamen farklı şeyler olduğunu gösteriyor. Pek çok farklı araştırmada, çocuklara kimlerin popüler olduğu ve kimleri sevdikleri sorulmuş. Araştırmacılar çocukların popüler çocukları belirleyebiliyor olmalarına şaşırmamışlar. Asıl şaşırtıcı olan, popüler çocukların pek sevilmiyor olmasıymış. Popüler çocuklara karşı hissedilen duygular genellikle korku ve kızgınlıkmış, çünkü arkadaşlık kurmak değil, güç uygulamak istiyorlarmış. Kötü, zorba ve sadece küçük bir grubun lideri olarak görülüyorlarmış. Bu, lisede popüler olan çocukların hayatlarının geri kalanında çok iyi noktalara gelemediklerini savunan araştırmayla örtüşüyor. Çünkü güç eriyip gider ama arkadaşlık kalıcıdır. Çocuklar yetişkin olduklarında başkala-

ler yapılır. Partiyi büyükanne, büyükbaba ve birkaç arkadaşla yaparız. Doğum günlerinin ve diğer özel günlerin tarihlerinde gayet esnek davranırız.

## İçedönüklerin flört etme rehberi

İçedönükler kendilerini kolayca korunmasız hissedebilen ve kişisel şeylere önem veren çocuklardır. Onların flört etme konusundaki hızları genellikle dışadönüklerden daha yavaştır. Bunun nedeni, kısmen yaşıtlarının baskısından daha az etkileniyor olmalarıdır. Bu erkek çocuklar için daha da geçerlidir. Araştırmalara göre, üniversite çağındaki içedönükler bile dışadönüklerden daha az flört eder. Ama biriyle çıkmayı erteliyor olsalar da bunu düşünüyorlardır ve gizli gizli hoşlandıkları biri olabilir. Çocuğunuzla dalga geçmeyin, birinden hoşlandığı ya da başka bir çocuk ondan hoşlandığı için onu



rıyla geçinebilmek için çarpıcı güç gösterilerinden daha fazlasına ihtiyaç duyarlar. Bunlar, dinlemeyi, empati kurmayı ve başkalarının bakış açılarına saygı göstermeyi bilmek gibi gerçek insani becerilerdir.

Bir başka araştırma ise "Eğer sevilmek istiyorsan, daldan dala konan sosyal bir kuş olman gerekir" efsanesini inceliyor. Araştırmalara göre sevilen çocuklar aslında sosyalleşmeye çoğu çocuktan daha az zaman ayırıyormuş. Çocukların asıl değer verdiği, kimin daha nazik olduğuymuş.

Başkalarıyla nasıl dostluk kuracağını ve sürdüreceğini, nasıl birlikte çalışacağını ve oynayacağını bilmek önemlidir. Ama bu, daha çok fark edilen ya da daha çok davet edilen olmak demek değildir. Popülariteyi gereğinden fazla önemsemeyin. Birkaç arkadaşı ve etkinliği destekleyin. Mesele nicelik değil niteliktir. Pek çok anne baba spora, eğitime ve diğer kurslara çok fazla yatırım yapar. Bunlar önemli olmakla birlikte, evde yapılan alıştırmaların, içedönük çocuğunuzun sağlam, temel ilişkiler kurmasında ne kadar önemli olduğunu unutmayın.

utandıracak şeyler söylemeyin. Olumlu bir davranış takının. "Hazır olduğunda eminim biriyle çıkmak senin de hoşuna gidecek." "Sence en iyi randevu nasıl olur?" Özgüveni yüksek içedönükler biriyle çıkma konusunda daha rahat olurlar. Saygılı bir diyalog oluşturun. Onun biriyle çıkma ve seks hakkındaki sorularına cevap verin. Anne babaları lisede çok popüler olan birçok içedönük çocukla tanıştım. Anne babalar yüksek beklentiler koyarak çocuklarını cesaretlendirdiklerini düşünüyorlardı. Ama genellikle anne babaları biriyle çıkmanın ne kadar kolay olduğundan söz ettikçe, içedönük çocukların daha çok morali bozuluyordu.

Ergenler genellikle deneyimlerini anne babalarıyla paylaşmak istemez ama aslında paylaşmaları çok güzeldir. İçedönük bir çocuk olan küçük kızımın büyürken çoğu arkadaşı erkekti ama 16 yaşına kadar kimseye ilgi duymadı. Bir gün onu arabayla alışveriş merkezine götürmemi söyledi. Hoşlandığı çocuğu görmemi istiyordu. Çok fazla konuşmamışlardı ama mektuplaşıyorlardı. Orange Julius standını geçtiğimizde "Tezgâhın arkasında çalışıyor, benden bir kafa boyu uzun, kahverengi tişörtü ve turuncu şapkası var. Ama çok dikkatli bakma, bizi görmesini istemiyorum" dedi. Standı geçip bakmıyor gibi yaparak bakmaya çalışmaktan gözlerimiz yorulduktan sonra "Onu gördün mü? Onu gördün mü?" diye sordu. "Sanırım, ama tarifine uyan yaklaşık beş çocuk vardı, hepsinde Orange Julius üniforması vardı! Ama sanırım onu gördüm ve gayet hoş görünüyor. İyi bir tercih olduğundan eminim." Kısa süre sonra gergin bir ilk randevu yaşadılar. Ve şu anda on beş yıldır evliler. Evet, iyi bir seçimdi.



Dışadönükler için bile biriyle çıkmanın en zor yanı, ona çıkma

**Potansiyel anne baba / ergen dinamikleri**

İçedönük çocuklar keyifli sohbet ettikleri ve yetişkin gibi davrandıkları için anne babalarının en iyi sohbet arkadaşları haline gelebilirler. Anne baba farkında olmadan bu arkadaşlığı kaybetmemek için çocuğunun birileriyle çıkmasını baltalayabilir. Buna dikkat edin.

teklif etmektir. Birilerini dansa ya da gazoz vs. içmeye davet ederek alıştırma yapabilirler. Oğlunuzu bir kızı evde film izlemeye davet etmesi için cesaretlendirin. Ortadan kaybolacağınıza söz verin. Ayrıca onunla beyin fırtınası yapıp rahat edeceği başka programlar yapmasına yardımcı olun. İçindeki eleştirmenin değil amigonun sesini dinlediğine emin olun. Ona herkesin reddedilebileceğini hatırlatın. Ayrıca randevulardan çekinen içedönüklerin ayaküstü konuşmakta pek iyi olmasalar da güzel sohbet ettiklerini hatırlatabilirsiniz. Güzel, uzun ilişkiler kurabilme becerisine sahiptirler. İçedönük çocuğunuz sizinle eşcinsel olduğunu konuşursa kendinizi tebrik edin. Bu, konuşması çok zor bir konudur ve size çok güveniyor demektir. Duygularını paylaşmasına yardım etmeye çalışın. Sadece hemcinsi olan bir arkadaşından hoşlandığını mı fark etti, yoksa uzun zamandır bu duyguları hissediyor muydu? İçedönüklerin yüzde onu eşcinseldir. Eşcinsel olmak bir çocuk için çok dışlayıcı olabilir; bu yüzden başka eşcinsel gençlerle tanışmasına yardımcı olun. Evinize gelmelerini teşvik edin. Çocuğunuzun eşcinsel olması size zor gelebilir, eşcinsel çocukları olan anne babaların olduğu bir gruba katılmanız işe yarayabilir.



İçedönük çocuklar biriyle çıkmayı ciddi bir iş olarak görür ve yüzeysel bir ilişkiden hoşlanmazlar. İlişkiler onlar için çok önemli olduğundan ayrılıklar da çok yıkıcı olabilir. Çocuğunuzun hislerine saygı gösterin ve bir kız arkadaşı ya da erkek arkadaşı kaybetmenin ne kadar acı verici olduğunu kabul edin. Nazikçe her şeyin yoluna gireceğini ve daha iyi ilişkileri olacağını hatırlatın. Uzun süren depresyonlara dikkat edin. Eğer bir ya da iki aydır kara kara düşünüyorsa, profesyonel bir psikoterapistle görüşmesini sağlayın. Hem kız hem de erkek içedönüklerde gördüğüm bir başka sorun, gerekli olduğu halde ayrılıktan kaçınmalarıdır. Çünkü kız ya da erkek arkadaşları hayatlarının merkezi haline gelmiştir. İçedönük çocuğunuzu biriyle çıkarken başkalarıyla da ilişkilerini sürdürmeleri için cesaretlendirin.

Sosyalleşmenin pek çok boyutu ve yolu vardır. Çocuğunuzun sosyal ilgi alanlarının ve endişelerinin farkında olursanız, arkadaşlıklarından zevk almasına ve grup içinde giderek daha rahat etmesine yardımcı olursunuz.

### Hayvan dostlar

Evcil hayvanlar çocuğunuzu rahatlatabilir, onun için iyi dost olabilirler. Hayvanlar sevmeyi ve sevilmeyi, sabrı, sorumluluğu öğretirken nasıl oynanacağını, hayattan nasıl zevk alınacağını gösterirler. Araştırmalara göre evcil hayvanları okşama stresi, gerginliği ve hastalıkları azaltır. Ayrıca bir yakını kaybetmek hakkında da değerli deneyimler kazanmalarını sağlarlar. İçedönükler genellikle kedi, köpek, fare, hamster, kuş ve balık gibi hayvanların sorumluluğunu almayı severler. Köpekler ve kediler kesinlikle iyi arkadaştır ve içedönükler için hayat boyu önemli olurlar.

Günümüzde anne babalar zaten çok meşgul olduklarından, çoğu evcil hayvanları fazladan sorumluluk ve masraf olarak görüyor. Sonuç olarak çoğu anne baba çocuklarına eskisi kadar evcil hayvan almıyor. Ama içedönüklerin evcil hayvana ihtiyaçları vardır. Sevgilerini göstermeye ihtiyaç duyarlar. Hayvanlar bir çocuğa güven verir, bir evcil hayvana sahip olmak güven duygusunu öğretir. Çocuğunuzla iyi ilişki kuracak bir hayvan seçin. Soğuk, gürültücü, dengesiz ya da gergin olmasın. İçedönük çocuğunuzun evcil hayvanıyla oynadığını ve ona baktığını gördüğünüzde çok mutlu olacaksınız. İçedönük çocuğunuzun hayvanını nasıl eğittiğini gördüğünüzde hayrete düşeceksiniz.



Konunun özü

- ✓ Günlük etkileşimlerinizde iyi sosyal beceriler öğretin.
- ✓ İçedönük ve dışadönük sosyal davranışların güçlü yanlarına dikkat çekin.
- ✓ İçedönük çocuğunuzu farklı ortamlara, partilere ve birileriyle çıkmaya hazırlayın.

# 14

# Dikenli yollar

## İçedönük çocuğunuzun anlaşmazlıklarla, zorbalarla ve diğer zorluklarla başa çıkmasına yardım edin

*"Bazı insanlar güllerin dikenleri olduğundan şikâyet eder; ben dikenlerin gülleri olduğu için şükrediyorum."* –Ambrose Karr

Arkadaşlıklar hayatlarımıza büyük bir zenginlik katar ama her ilişkinin zorlukları vardır. Bazen farklılıklar baş gösterir ve stresli de olsa, bunlar bir ilişkinin gelişmesine yardımcı olabilir. Ama farklılıklar etkili bir şekilde idare edilmediğinde, anlaşmazlıklara dönüşebilir. Genellikle bunun nedeni stres, yanlış anlaşılma, karşılanmayan beklentiler, ifade edilmeyen duygular, birbiriyle uyuşmayan ihtiyaçlar ya da çözüm bulma konusunda başarısızlıktır. Farklılıklara ve anlaşmazlıklara çözüm getirmek, içedönük çocuklara dünyayla baş etmeyi öğretir. Farklılıkları kabul etmeyi ve idare etmeyi öğrenerek başkalarıyla işbirliği yapma becerilerini geliştirirler.



İçedönükler ve dışadönükler anlaşmazlıklara farklı tepkiler verirler. Dışadönük biri bir anlaşmazlıkla karşılaştığında sinir sistemi ona savaş der. Hemen tartışmaya girmek ve harekete geçmek ister. Karşı taraf sessiz kalırsa, dediklerini kabul ettiğini düşünür. Çatışmalar dışadönüklerin adrenalin ve dopamin salgılamasına neden olur. Bu yüzden bazı dışadönük çocuklar kendilerini canlı hissetmek için kavgayı körüklerler.

Ateş altındayken içedönük birinin sinir sistemi geri çekil der. Anlaşmazlık hakkında konuşmadan önce üzerinde düşünmek ister. Sessiz kalabilir, çünkü hazır olmadan önce düşüncelerini ifşa etmek istemez. Araştırmalara göre anlaşmazlıklar, içedönüklerden çok fazla enerji götürür ve toparlanmaları için fazladan zaman gerekir. İçedönüklerin ve dışadönüklerin anlaşmazlıklar olduğunda neden zorlandıklarını anlamak kolaydır.

Çocuklara gerçekleri söylemek önemlidir. Bazı çocuklar nazik değildir. Huzuru seven içedönük çocuklar, diğerlerinin de uyum aradıklarını düşünürler. Yetişkin olduklarında bile bazı insanların neden saldırgan motivasyonları olduğunu anlamakta zorlanırlar. Gerçek şu ki, yaşıtlar arasında hayat her zaman sessiz sakin değildir. Herkes adil oynamaz. Bazı çocuklar iyi arkadaştır, bazıları daha az iyidir. Ayrıca arkadaşlıklar durağan şeyler değildir. Bazen bir arkadaş çekip gider ya da açık açık kötü davranır. Bazen arkadaşlıklar biter.

Herkes günün birinde reddedilir. İnsanlarla ilişki kurmak her zaman risklidir. Bazı riskler önemsizdir ama bazıları değildir. İçedönük çocuğun reddedilmenin normal ve sık rastlanan bir sosyal deneyim olduğunu anlaması önemlidir. Reddedilmenin olumlu bir yanı vardır. İnsanları iyi bir izlenim bırakmak, ilişkilerini ve kariyerlerini geliştirmek konusunda motive eder. Bazı içedönük çocuklar (özellikle sağ beyinli içedönükler) reddedilmeye karşı fazla hassas olabilirler. Bir kişiyle arkadaşlık etmek yanlış bir karar olsa bile onları reddetmemek için ellerinden geleni yaparlar. Bazı sol beyinli içedönükler reddedilmeye karşı o kadar gamsız olurlar ki, kibirli görünebilirler. Dışadönükler reddedilmeye karşı aşırı derecede hassas olabilirler ama davranışlarının başkalarını nasıl etkilediğini pek düşünmezler. Reddedilme deneyimlerinizi çocuğunuzla paylaşın. Böylece çocuğunuz bunun başa çıkılabilecek bir şey olduğunu, kendisinin de başa çıkabileceğini anlar.



İçedönük bir çocuğun, eğer bir çocuk onunla dalga geçer ve isim takarsa, bunun kendi hatası olmadığını anlaması çok önemlidir. İçedönük çocuklar başlarına gelen her şeyi içselleştirmeye ve kişiselleştirmeye eğilimli olduklarından, ilk yaptıkları "Yanlış bir şey yapmış olmalıyım", "Belki yeterince iyi değildim o yüzden benimle dalga geçiyorlar", "Bende kötü bir şey buluyorlar o yüzden bana kötü davranıyorlar" diye düşünmek olur. Çoğu içedönük aileleri ve arkadaşlarıyla olan birincil ilişkilerini çok önemserler; bu yüzden reddetme, alay etme, isim takma gibi şeyler canlarını acıtır. Ona, "Bazı çocuklar huzursuz oldukları için böyle davranırlar. Bu çok kötü bir şeydir" ya da "İncindiğini biliyorum ama geçecek, her şey yolunda" diyebilirsiniz. Kimse, insanlara nasıl davranacağını bilerek dünyaya gelmez. Hepimiz nasıl davranacağımızı öğrenirken bazı hatalar yaparız. Aslında tam da böyle öğreniriz.

Talihsizlik, içedönüklerin dışadönük bir kültürde yaşamak zorunda olmalarıdır. Daha önce de bahsettiğim gibi dışadönükler, başka dışadönükleri tercih ederler. Diğer dışadönükler onlara enerji verir. İçedönükler genellikle onlara yeterince enerji vermez. Neden olduğu tam olarak bilinmese de dışadönükler, içedönüklerin davranış şekillerinden rahatsız olur ve onları görmezden gelir ya da reddederler. Diğer yandan dışadönükler, içedönükler içlerine kapandığında ya da onlardan uzak durduğunda kendilerini reddedilmiş hissederler. İçedönük bir çocuğu tanımak için yeterince zaman ayırmazlar. Bu dinamik, içedönüklerin sosyal yaşantısına bir engel daha ekler.

## Anlaşmazlıklarla başa çıkmak

*"Gerçek dost, patronluk taslamaz."* –Chloe Cravens, 7 yaşında

Sosyal bağlar hassastır. İlişkilere değer vermek bu bağları koruyan en önemli şeydir. Bu yüzden içedönükler genellikle sevilirler. Değer verirler. Bu müşfik doğaları, uyumlu olma eğilimlerinin bir parçasıdır. Bazen içedönükler pasif olarak görülürler, çünkü kavga etmek yerine uyum sağlarlar. İçedönük çocuğunuz bazen esnek olmak bazen de olduğu yerde dimdik durmak gerektiğini öğrenmek ve aradaki farkı anlamak için yardımınıza ihtiyaç duyabilir.



Küçük yaşlarda bile içedönük çocuklar oyuncakların çekilip alınması ve diğer saldırgan hareketler karşısında genellikle dışadönüklerden farklı davranırlar. Çocuğunuza kendini ve eşyalarını korumasının iyi bir şey olduğunu hatırlatabilirsiniz. Örneğin saldırgan bir sınıf arkadaşı, içedönük bir çocuk olan Jared'a sert bir şekilde vurdu. Jared'ın babası onu daha önce böyle durumlar hakkında uyarmış ve yüksek sesle "Beni rahat bırak!" demesini söylemişti. Jared, öğretmenin onu duyacağını ve müdahale edeceğini biliyordu, bu yüzden kendini bu şekilde savundu. Diğer çocuk ona vurmayı bıraktı.

İçedönük çocukların nezaketin her durumda işe yaramayacağını öğrenmesi gerekir. Farklı çocukların farklı niyetleri ve motivasyonları vardır. Bazı çocuklar iyi birer arkadaş olmak isterler, bazıları oyun arkadaşı arar, bazıları takılacak birilerini, bazı çocuklarsa kendilerini daha güçlü hissetmek için çete olmak isterler. Etrafta yetişkinler yoksa ya da olup da ilgi göstermiyorlarsa oyun genellikle saldırganlaşır. Erkek çocukların itiş kakışlarıyla gerçekten kavgacı bir şekilde vurmalarının arasında çok ince bir çizgi vardır ve aniden birinden diğerine geçebilirler. Bir grup kız ise, bir dakika önce eğlenirken aniden içlerinden birini dışlayabilirler. Oyun düşmanca bir hal aldığında, çocuğunuza bu duyguyu okumayı öğretin. Ters bir ifade hızlı ve sebepsiz bir şekilde anlaşmazlığa yol açabilir. Bu duyguyu anlamak, oradan ayrılıp başka bir çocukla oynamak ya da başka bir gruba katılmak gerektiğini söyler.

İçedönük çocuğunuza anlaşmazlıkların hayatın bir parçası olduğunu hatırlatın. Bunlara çözüm bulmak, sanki bir sırrı çözmek gibi eğlenceli olabilir. Anlaşmazlıklarla başa çıkmanın ilk adımı, diğer çocuğun neye kızdığını dinlemektir. "Ah, Kaptan Kanca olmak mı istiyorsun?" Çoğu içedönük çocuk fazla uyumlu olup, "Tamam, Kaptan Kanca olabilirsin" der. Bu, bazen sorun değildir ama sürekli tekrarlanırsa çocuğun zorbalığa maruz kalması anlamına gelir. Çocuğunuzun kavgalar sırasında kendine güvenmesinin ve kararlı olmasının en



iyi yolu evde ona iyi örnek olmaktır. Araştırmalar sosyal olarak kendine güvenen çocukların hem kendi istek ve endişelerini hem başkalarınınkini düşünerek uzlaşma sağlayabildiklerini ve nedenlerini açıklayabildiklerini gösteriyor. "Ben önce şu hain denizciyi iskeleden aşağıya göndereyim, sonra sen Kaptan Kanca olabilirsin. Bu arada, istersen beklerken timsahın karnındaki saatin sesini çıkarabilirsin."

Çocuğunuzla okulda yaşadığı anlaşmazlıklar hakkında konuşun. "Megan, Jade'in yetenek yarışmasında bizimle olmasını istemiyor. Ama ben de onu dışarıda bırakmak istemiyorum." Çocuğunuzun duygularını onaylayın. Düşüncelerini diğer çocuklara açıklarken söyleyeceği şeyin alıştırmasını yapmasında ona yardımcı olun. İçedönükler genellikle bu adımı atlar.

## Sıkıntılı ve stresli

*"Delilik aynı şeyi tekrar tekrar yapıp farklı bir sonuç beklemektir."* –Rita Mae Brown

Sosyal ortamlardaki kavgalar ve anlaşmazlıklar gibi pek çok du-

### Denenmiş kavgasavarlar

İçedönük çocuğunuza aşağıdaki basit adımları öğreterek saldırgan çocukları etkisiz hale getirmesini sağlayın:

**Şunları yap:**

1. Empati kurarak diğer çocuğu neyin rahatsız ettiğini anla.
2. Kendini diğer çocuğun yerine koy. "Ah, demek benim kartlarımı görmek istiyorsun."
3. Gerilimi azaltmak için uzlaşmayı teklif et. "Kartlarıma bakmana izin vereceğim. Elimden çekmek yerine istemen yeterli."
4. İki çocuk da sakinleştikten sonra tartışma konusunu konuşmak iyi bir fikir olabilir. "Geçen gün çok sinirliydin. Bunun hakkında konuşmak ister misin?"

**Şunları yapma:**

1. Saldırgan bir çocuğu mantık yürütmeyle ikna etmeye çalışma, hele de sinirliyken.
2. Söylediklerinin aksini iddia etme ve onun bakış açısının dışından bakarak tartışma.
3. Endişelerini küçümseme ve onunla dalga geçme.



rum çocukları stresli hale getirir. İçedönük çocuklar ile dışadönük çocukların stres karşısında verdikleri tepkiler farklıdır. Çocuğunuzun bir anlaşmazlığı çözmek için yardıma ihtiyacı olup olmadığını anlamak için aşağıdaki işaretlere dikkat edin.

**İçedönük çocuğunuz stresliyse:**

- İçine kapanır ve problemleri görmezden gelir.
- Konuşmaz.
- Direnir ya da pasif davranır.
- Bunalmış ya da bir yere takılıp kalmış gibi hisseder.
- Sertleşir.
- Huzursuzlanır.

- Kendini suçlar.
- Fiziksel olarak yorgundur ve kasları gergindir.

**Dışadönük çocuğunuz stresliyse:**

- Başkalarını ya da durumu suçlar.
- O anda konuşmak ister.
- İş konusunda obsesif kompülsif hale gelir.
- Durup düşünmez.
- Hastalanır ve bedensel şikâyetleri olur.
- Savunmacı ve sinirli olur.
- Kaygılı ve üzgün olur.

Hem içedönük hem dışadönük çocuklar stresli olduklarında, onlarla konuşarak dengelerini kazanmalarına yardımcı olun. Öfke, üzüntü, obsesif hareketler, konuşmama, mizah duygusunu kaybetme gibi işaretler gördüğünüzde, onları strese sokan bir şey olup olmadığını sorun. En azından o zaman sıkıntılı olduğunu fark eder. Olumsuz duyguları kabul etmek onları azaltmanın en hızlı yoludur. Dışadönükler savaş modunu sessize alabilir, içedönüklerse çekildikleri yerden dışarı çıkabilir. Çocuğunuz dengesini geri kazandığında, onu strese sokan şeyin ne olduğunu sorun. Stres onu aşağı çekmeden önce bunu fark edip bir şey yapıp yapamayacağınıza bakın. Ayrıca sakinleşmesine yardım etmek için aşağıdaki ipuçlarını da kullanabilirsiniz.



**İçedönük çocuğunuzun stresle başa çıkmasına yardım etmek:**

- Ona konu hakkında düşünecek zaman verin.
- Hissettiği sıkıntının ve yorgunluğun çözülmemiş bir anlaşmazlıktan kaynaklandığını anlamasına yardımcı olun.
- Ona düşünce ve duyguları hakkında rahatça konuşabileceği bir alan sunun.
- Sabırlı olun. Düşüncelerini ifade etmesi zaman alabilir.
- Rahatlamasına yardım edin. Bedeni ve konuşma becerisi de gerilmiş olabilir.

**Dışadönük çocuğunuzun stresle başa çıkmasına yardım etmek:**

- Konu hakkında konuşması için ona izin verin.
- Pek çok meseleyi dert ediyor olabilir. Konuştukça en önemlileri ortaya çıkacaktır.
- Dinlemek üzere yanında olun. Olan biteni hemen konuşmak isteyecektir.
- Konuştukça düşünceleri değişirse şaşırmayın. Söylediği hiçbir şeyin o konudaki son sözü olduğunu düşünmeyin.
- Ona hareket edebileceği bir alan verin. Bu düşünmesini kolaylaştırır.

## İnsan davranışlarını tanımak

İçedönük çocuğunuza insanların türlü türlü olduğunu ve bu türleri nasıl anlayacağını küçük yaştan itibaren öğretmek önemlidir. İçedönükler dedektif olmayı öğrenebilir, gözlem becerilerini ve kararlılıklarını farklı insan davranışlarını anlamak için kullanabilirler. Bu onların sosyal becerilerini geliştirir. İçedönük çocuğunuzun bir oyun arkadaşıyla birlikte olmanın nasıl olduğunu düşünmesine yardımcı olun. Eğlenceli bir çocuk mu? Güvenilir mi? Paylaşmayı biliyor mu? İşbirliği yapıyor mu? Sır saklıyor mu? Çocuğunuzun kendini iyi hissetmesini sağlıyor mu? Onunla oynadıktan sonra çocuğunuz yorgun ama mutlu mu, yoksa gerçekten ama gerçekten bitkin mi düşüyor?



Çocukların ve yetişkinlerin nasıl davrandığı konusunda sık sık konuşun. Bazen yetişkinler başkalarının nasıl davrandığı konusunda konuşmamak gerektiğini, çünkü bunun eleştiri ya da dedikodu olduğunu düşünürler. Böylece, sanki herkes aynıymış ve her davranış kabul edilebilirmiş gibi davranırlar. Öte yandan, içedönük çocuklar insanların davranışlarındaki nüansları algılarlar. İnsanlarda gördükleri şeylerin anlamlı gelmesi için bu gerçekliklerinin kabul edilmesi gerekir. Yüz ifadeleri, duygusal dalgalar, beden dili gibi sözsüz iletişimle fark ettikleri şeyleri dinleyin ve onu onaylayın. Bu, onların insanları değerlendirme becerisini güçlendirir.

Arkadaşlarınızın ve aile üyelerinin tepkileri hakkında yüksek sesle düşünün: "Edna Teyze bugün bir şeye kızmış olmalı. Hiç böyle huysuz olmazdı." Sonra buna nasıl tepki verdiğinizi ifade edin: "Genellikle onu ziyaret etmek hoşuma gider ama bugün fazla kalmasam iyi olur." İçedönük çocuğunuzun yaşadığı deneyimi paylaşmasına izin verin: "Ashley çok canlı ama sanki onunla konuşmak seni biraz yoruyor. Dinlemekte zorlanıyor, çok yüksek sesle konuşuyor ve iki dakikada bir sözünü kesiyor. Bu seni rahatsız ediyor mu?" Eğer çocuğunuzun fikri sizinkinden farklıysa, buna saygı duyun. Düşüncelerini etkilemeye çalışmayın, sadece çocukların hangi davranışlarından hoşlanıp hangilerinden hoşlanmadığını fark etmesine yardımcı olun.

İçedönük çocukların, başkalarının onların mizacına nasıl tepki verdiklerini anlamalarına yardımcı olun: "Hemen cevap vermediğin için Brad senin hâlâ bu sorunun üstünde düşündüğünü bilemeyebilir. Hâlâ onun yanında olduğunu anlamasını nasıl sağlayabilirsin?" İçedönükler kendi kafalarının içinde yaşamaya eğilimlidir. İnsanların üzerinde dedektiflik oynamak onları zihinlerinin içinden çıkarıp daha rahat bir gözlem alanına taşır.



## Zorbalara engel olmak

*"Kendine saygısı olana kimse zarar veremez; onun üstünde kimsenin delemeyeceği bir zırh vardır."*

**–Henry Wadsworth Longfellow**

Zorbalar, hiç şüphesiz çocuklukta sosyal hayatın en kötü yanıdır. Her yerdedirler ve her zaman beklediğiniz yerden çıkmazlar. Tipik, iriyarı, sinirli ve kavgacı kötü çocuklar da vardır, sessiz sakin ve yalnız olanlar da... Şişman, zayıf, kız, erkek, akıllı ya da akılsız olabilirler. Hepimiz bunlardan biriyle mutlaka karşılaşmışızdır. Üçüncü sınıfta yaşıma göre ufak tefektim ve Audrey adında bir kız –böylece adını hatırladığımı da fark etmişsinizdir– arkamdan koşar, beni belimden tutar ve havaya kaldırırdı. Beni aşağılamak için de oyun alanındaki çocuklara "Bakın, ne kadar güçlüyüm" diye seslenirdi. Bir keresinde onu tekmeledim, bağırdım ve beni indirene kadar çırpındım. Beni kolay lokma sanıyordu ama beklediğinden daha dirençli çıktım. Böylece o güç gösterisinin bir kıymeti kalmadı. Beni bir daha halter niyetine kullanmadı.

Çocuğunuz kendini evde, okulda ve evden okula giden yolda güvende hissetmelidir. İçedönük çocuklar grup içinde olmak yerine, daha çok kendi başlarına olduklarından daha kolay zorbaların hedefi haline gelirler. Geçmişte çocuklara zorbaları görmezden gelmelerini ve onlara iyi davranmalarını söylerdik. Bu, zorbalarla başa çıkmak için iyi bir yol değildir. İşe yaramaz. İçedönük çocuğunuzun zorba uzmanı olmak için yardıma ihtiyacı vardır. Eğer çocuğunuza zorbalık ediliyorsa arkanıza yaslanıp oturmayın, harekete geçin.

Anne baba olarak yardım etmek için pek çok şey yapabilirsiniz. Öncelikle iyi örnek olun. Evde şiddete ve saldırganlığa şahit olan çocuklar zorba ya da zorbalık mağduru olabilir. Çocuğunuza

### Çocuğunuzun zorbalığa maruz kaldığını gösteren işaretler

*"Benim sorunlarımdan biri her şeyi içselleştirmem. Öfkemi gösteremiyorum. Onun yerine tümör üretiyorum."* –Woody Allen

Çoğu çocuk anne babalarına zorbalığa uğradığını söylemez. Bunu utanç verici, hatta (eğer içlerindeki eleştirmen sürekli çalışıyorsa) rezil bir şey olarak görürler. Ve çoğunlukla kendilerini suçlarlar: "Galiba yanlış bir şey söyledim, neden bilmiyorum, sonra Jimmy ve yanındakiler beni rahatsız ettiler ve öğle yemeği paramı aldılar. Sanırım çenemi kapalı tutmalıydım." Aşağıdakiler içedönük çocuğunuzun bir zorbayla uğraştığının işaretleridir:

- Depresif ve diken üstünde olması
- Okulda sorunlarının olması
- Eşyalarının kaybolması, kıyafetlerinin yırtılması
- Öğle yemeği yememesi (öğle yemeği parası çalınmış olabilir)
- Kâbus görmesi, yatağını ıslatması
- Eve sebebini açıklamadığı yara berelerle gelmesi
- Sık sık hastalanması

karşı asla küfür etmeyin ya da alaycı konuşmayın. İkincisi, çocuğunuza zorbalığı kendi başına çözemeyeceğini açıklayın. İlk caydırıcı unsur bir yetişkinin otoritesidir. Eğer çocuğunuz bir zorba tarafından tehdit edildiğini hissediyorsa öğretmenlerden, koçlardan ve okulda bulunan diğer anne babalardan yardım isteyebilir. Üçüncüsü, başkasına zorbalık eden bir çocuk görürseniz, ona durmasını söyleyin.

Bir de McGruff Safe Houses adında harika bir zorbalık karşıtı program var. İnsanlar evlerine ve dükkânlarına işaretler asıyorlar ve eğer bir çocuk evden çıktığında ya da eve dönerken zorbalıkla karşılaşırsa, bunlara sığınabiliyor. Eğer yaşadığınız bölgede böyle bir program yoksa, okulunuzda bir tane başlatmayı düşünebilirsiniz. Öğretmenlerin ve diğer okul çalışanlarının eğitimi de çok önemlidir, çünkü çoğu öğretmen zorba davranışı profilini bilmez. Okulların öğrencilere herkese saygı göstermek ve zorbalığa maruz kalan öğrencileri desteklemek gerektiğini söyleyen bir mesaj göndermesi gerekir. Diğer öğrenciler, zorbalık edilen öğrencinin hakkını korumak için cesaretlendirilmelidir. İdeal olan, okulların net davranış beklentileri ve zorbalığa karşı cezalar belirlemesidir.



Zorbalar, kişinin kendine güvenini vampirlerin kan emmesi gibi emerler. Başkalarını kötü hissettirerek kendilerini iyi hissederler. Çeşitli taktikleri vardır: Vurur, yumruklar, tekmeler, dalga geçer, iter, çeker, böbürlenir, sataşır, tehdit eder, eziyet eder, aşağılayıcı dedikodular çıkarır, hakaret eder, can sıkar, dedikodu yapar, incitir, hırpalar, numaralar yapar, korkutur, zor duruma düşürür, çimdikler, şiddet uygular. Zorbalar çabuk sinirlenir. Öyle olmadığı halde başkalarının davranışlarını düşmanca ve kişisel olarak algılarlar.

Günümüzde bazı bilimsel araştırmalar kimi çocukların zorbalığa doğuştan yatkın olduğunu gösteriyor. Bu çocukların saldırganlık seviyeleri doğuştan yüksektir ve korkuları azdır. Eğer bu çocuklar şiddete maruz kalırlarsa, zorbaya dönüşebilirler. Tahmin edeceğinizin tersine zorbalar arkadaşsız değildir. Aslında, genelde popüler liderlerdir. Diğer çocuklar onların heyecan verici, eğlenceli ve pek çok harika fikirle dolu olduklarını düşünürler. Genellikle gruplar üstünde güç uygularlar, çoğunlukla da *cool* grup üzerinde, bu da etki alanlarını artırır ve onları başa çıkılması imkânsız hale getirir. Yine de içedönük çocuğunuzun kurban durumuna düşmemek için kullanabileceği stratejiler vardır.

**Çocuğunuzu zorbalara dayanıklı hale getirin**

- Çocuğunuza, bir zorbayı nasıl fark edeceğini öğretin. İpuçları: Zorbalar insanı tedirgin etmek için çok yakınında durur, yüksek sesle konuşur, dalga geçer, bir gün iyi ertesi gün kötü davranabilirler.
- Ona bazı çocukların zorba olduğunu ve herkesle arkadaş olmak zorunda olmadığını açıklayın.
- Hiçbir zorbalığa müsamaha gösterilemeyeceğini açıklayın. Çocuğunuza uğradığı saldırgan davranışı daima bir yetişkine söylemesi gerektiğini anlatın.
- Çocuğunuzun bir iki arkadaşı olmasını sağlayın. Zorbalar yalnızları seçer.
- Eğer çocuğunuz bir şeyde çok başarılıysa zorbalar onu kıskanabilir. Onun başarısı zorbanın kaybeden gibi hissetmesine neden olur.
- Çocuğunuza iyi arkadaşların nasıl, zorbaların nasıl davrandığını açıklayın.
- Çocuğunuza, zorbanın zalim sözlerini, bakışlarını, hareketlerini umursamamayı ve özgüvenini kaybetmemeyi öğretin. Onlara zorbalığın olgun olmayan bir davranış olduğunu ve zorbaları altında bez olan büyük bebekler olarak gözünün önüne getirmesini söyleyin. Duygularını incitmelerine izin vermek zorunda değil. Ona şunu söyleyin: Zorbalar senin kötü hissetmeni ister, bunu yaparak onun tatmin olmasına izin verme. Çocuk içsesi üzerinde çalışabilir: "Benim duygularımı incitemezsin. Senin kendini büyük hissetmen için kendimi küçük hissetmeyeceğim." İçsesleri onların müttefiki olduğunda çocuklar daha güçlü görünür.
- Çocuğunuza, zorba gruplardan uzak durmasını söyleyin.
- Çocuğunuza, eğer onu rahatsız eden bir zorba varsa, polis merkezi, postane, kütüphane ya da güvenilir yetişkinlerin olduğu başka bir yere doğru yürümesini söyleyin.
- Çocuğunuzun sahip olduğu özgüveni güçlendirecek karate gibi savunma sanatı kurslarına katılmasını sağlayın. Dik durmak,

kendinden emin görünmek, saldırgan çocukların gözünün içine bakabilmek ve kendine güvenerek yürüyebilmek, onun zorbaların hedefi olma ihtimalini azaltır.

- Evde rol yaparak zorbalarla başa çıkma konusunda alıştırma yapın. Çocuğunuza zorbanın gözünün içine bakarak, "Kes şunu!" ya da "Yapma. Eğer devam edersen seni şikâyet edeceğim" demeyi öğretin. Ona bağırmaktan çekinmemesini söyleyin. Tedirgin oluyorsa bağırsın.
- Okul müdürüne çocuğunuza zorbalık yapıldığını söyleyin. Pek çok okulda zorbalık karşıtı programlar uygulanmaktadır.



**Ekrandaki içedönükler**

Filmler, çocukların sosyal mücadelelerini ve başarılarını güçlü ve anlaşılır şekilde tasvir edebilir. Kendilerinden biraz büyük çocuklarla ilgili filmler izlemesi, çocuğunuza sosyal olarak bir sonraki dönemeçte ne olduğunu gösterir. Kısa süre önce 8 yaşındaki torunumla birlikte dört çocuğun büyüme sıkıntılarını anlatan *Stand By Me* (Benimle Kal) adlı filmi izledim. Filmdeki tüm çocukların hayatı zordu. Ana karakter Gordie, zeki ve kitapsever bir gözlemciydi. Gruba iyi ve pratik tavsiyelerde bulunuyordu. Chris de dışadönük, biraz sert ama iyi bir liderdi. Gordie ve Chris yaşadıkları maceralarda gruba liderlik ediyor, tehlikeli durumlara ve zorbalara rağmen grubu bir arada tutuyordu.

Daha büyük yaştaki içedönük çocuklar için –biraz üzücü de olsa– iyi bir film olan *My Dog Skip*'tir (Köpeğim Skip). Willie Morris, arkadaşı olmayan içedönük bir çocuktur. Babası onu anlamaz ama annesi anlar ve ona doğum gününde bir köpek alır. Köpek Skip ona arkadaş edinmeyi –hatta zorbalarla bile baş etmeyi– öğretir. Bir başkası da *My Girl* (Kız Arkadaşım) adlı filmdir. İçedönük arkadaşlar olan Vada adında bir kız ve Thomas J. adında bir çocuk hakkında dokunaklı bir filmdir. Vada çok fazla acı çekmiş olağandışı bir kızdır. Duyguları hakkında açık davranır. Öğretmenine

- Çocuğunuza zorbayı açığa çıkarmanın iyi bir şey olduğunu söyleyin. Bu zorbanın gücünü azaltır.
- Çocuğunuza korkmanın ve sinirlenmenin normal olduğunu ama zorbanın karşısında ağlamamaya çalışmasını söyleyin. (Zorbanın istediği de budur.) Sakin kalması ve yürüyüp gitmesi daha iyidir.
- Çocuğunuzla aynı yoldan eve dönen çocuklara yolda yürürken ya da servisten inerken sağlıklı atıştırmalıklar ikram edin ve onlarla dostça sohbet edin. Zorbalar genellikle anne babası onlara nazik davranan çocuklara eziyet etmez.

âşıktır. Duygularıyla kendine has yöntemlerle başa çıkar.

*Digging to China*, alkolik annesi ve ergenlik çağındaki ablasıyla yıkık dökük bir motelde kaotik bir hayat yaşayan içedönük Harriet hakkında harika bir filmdir. Harriet erken yaşta olgunlaşmış ve çok yaratıcı bir kızdır ama arkadaşı yoktur. Tatlı ve zihinsel olarak yavaş gelişen bir çocukla arkadaş olur. Yetişkinler onların ilişkisini yanlış yorumlar.

Dikkat ettiğinizde, çoğu filmin ana karakterinin içedönük olduğunu görürsünüz. Çocuk edebiyatında da böyledir. Genellikle içedönükler tarafından yazılırlar. İçedönüklere iyi örnek olması için genellikle içedönüklerin yaşadıkları zorluklar ve çözüm yolları işlenir. Bu filmler ayrıca içedönükleri başka çocukların ve yetişkinlerin dünyalarına götürür. Görsel olarak öğrenme becerileri yüksek olanlar, genelde bu filmlerden yeni fikirler edinebilirler.

Çocuğunuzla birkaç gün sonra izlediğiniz film hakkında konuşmak iyi olur. Özellikle yukarıdaki gibi, ilişki sorunları, kayıplar, farklılıklar ve zalimlikler gibi acı verici konuları işleyen filmler hakkında konuşmak önemlidir. Torunum zorbalıktan şimdiden payını almıştı. Onunla zorbalar, bazı çocukların neden lider olduğu, grup içinde nasıl ilişki kurulduğu gibi konular hakkında ilginç bir sohbetimiz oldu. Torunum *Stand By Me* filmini izledikten sonra "Arkadaşlar, çünkü birbirlerine sahip çıkıyorlar, kavga etseler de barışıyorlar" dedi.

**Elektronik zorbalık**

İnternet üzerinden yapılan zorbalıklar, özellikle ergenlik çağında giderek artmakta ve şaşırtıcı denecek sayıda çocuğu etkilemektedir. Tiffany adında özel bir okulun altıncı sınıfına giden ve internet üzerinden zorbalığa maruz kalan genç bir kızla çalıştım. O ve arkadaşı Nic kavga ettikten sonra Nic, öfkesini göstermek için onun resimleriyle ve bir sürü acımasız ifadeyle dolu bir internet sitesi yapmıştı. Okulda tanıdığı herkese bu siteyle ilgili e-postalar gönderdi. Tiffany utanıyordu, çünkü Nic ile olan kavganın suçlusunun kendisi olduğunu düşünüyordu. Sonunda okuldaki diğer çocuklar sitede yazılanlara inanıp onun yüzüne bakmamaya başladıklarında durumu annesine anlattı. Annesi, Nic'in anne babasıyla konuştu. Onlar da site hakkında bir şey yapmayacaklarını söylediler. Tiffany öyle perişan haldeydi ki, anne babası onu bana getirdi.

Ne yazık ki internet üzerinden yapılan tacizler giderek daha yaygın hale geldi. Ama bu konuda da yapılabilecek şeyler var. Bunu ciddiye alın ve internet servis sağlayıcınıza bildirin ve hukuki yollara başvurun.



## Umut ışığı

*"Doğru zamanda yapılan bir hata, yanlış zamanda akıllılık etmekten iyidir."*

–Carolyn Wells

Farklılıklar ve çatışmalar kaçınılmazdır. Diğer yandan her çarpışma yeni bir şey öğrenmek için bir fırsattır. Çatışmaları görmezden gelmek, yerine onlarla başa çıkabilecek çözümler bulmayı öğrenmek içedönük çocukların daha kabiliyetli ve özgüvenli yetişkinler haline gelmelerini sağlar. İçedönüklerin hayatın zor alanlarıyla başa çıkmalarını sağlayacak beceriler edinmesini sağlamak inanılmaz derecede faydalıdır. Onların karmaşık sosyal sorunlar karşısında yaratıcı çözümler bulabileceklerini anladıklarını görmek, anne babalar için mutluluk vericidir. İçedönükler, bazı çatışmaların harcanan enerjiye değdiğini öğrenecektir. Güller, dikene değer.

## Konunun özü

- ✓ İnsanın olduğu yerde çatışma vardır.
- ✓ Çatışmalar, ilişkileri geliştirmek için birer fırsattır.
- ✓ İçedönükler çatışmalarla başa çıkmak ve zorbaları engellemek için harcanan enerjiye hazırlıklı olmayı öğrenebilirler.

# Sonsöz

## Bitirirken düşündüklerimiz

*"Ben bir çocuğun hayatında fark yarattığım için dünya farklı bir yer olabilir."* –Forest E. Witcraft

Her çocuğun mizacında, anne babası için besleyip büyütmesi kolay ya da zor olabilecek yetenekler vardır. Dışadönük bir çocuğun becerileri yüzeye daha yakın olabilir. Biraz günışığı, su ve azıcık gübreyle çiçek açarlar. Dışadönük anne baba için en büyük zorluk, onu doğru ve tutarlı bir şekilde budamaktır. İçedönük çocuk ise tam tersidir. Onun yeteneklerini görmek daha zor olabilir. Anne babalar bunları nasıl açığa çıkaracaklarını öğrenmek zorundadırlar. İçedönüklerin büyüyüp gelişmesi için "tam olarak doğru" bakıma ihtiyaçları vardır. Budama konusunda da yavaş olunmalıdır.



Bu kitabı okurken mizaç hakkında gözümüzün gördüğünden çok daha fazla unsur olduğunu öğrenip şaşırmış olabilirsiniz. İçedönük bir çocuğa anne babalık etmenin kendine has bazı zorlukları vardır. Çünkü anne babaların öncelikle dışadönük bir kültürün içinde büyümüş olmanın getirdiği önyargılarla yüzleşmeleri gerekir. Kalıba uymayan bir çocuğa anne babalık etmek kolay değildir. İçedönük çocukların zamana, anlayışa ve sabra ihtiyaçları vardır. Bu kitap içedönük çocuğunuza hayatın her alanında yardımcı olmanız için gereken araçları size sağlayacaktır. Bunlardan en önemlileri içedönük çocuğunuzun güçlü özelliklerini ve özgüvenini geliştirecek stratejilerdir. Mizaç hayat boyu sürer. Büyüdükçe gelişecek bir özellik değildir. Bu nedenle çocuğunuzun kendi mizacını kabul etmesine, bununla dış dünyanın sosyal ve enerjiye dayalı talepleri arasında bir denge kurmasına yardımcı olmanız, onun geleceğini daha aydınlık bir şekilde görmesini sağlar.

## İçedönük çocuğunuzun size ihtiyacı var

*"Dünyada tek bir kişi olabilirsiniz ama bir kişi için dünyaya bedelsiniz."* –Mac Anderson ve Lance Wubbels

Günümüzün telaşlı dünyasında kendinizi bazen önemsiz hissedebilirsiniz. Eğer şanslıysanız ve içedönük bir çocuğunuz varsa onun için dünyaya bedel olduğunuzu kendinize hatırlatın. Bu, tüm çocuklar için geçerli olsa da içedönük çocuklar için iki kat önemlidir. Çünkü fazla göstermeseler de içedönükler asıl aile içindeki duygusal ilişkilere güvenirler. Onların size ihtiyaçları vardır. İçedönük çocukların yeteneklerini geliştirebilmek için anlamlı ilişkiler kurmaları gerekir. Sizinle iyi bir ilişki kurmaları, gizli güçlerini ortaya çıkarmanın anahtarıdır.

Şunu asla unutmayın: Siz içedönük çocuğunuz için çok önemlisiniz.



## İçedönük çocuğunuz sizden gerçekten ne ister?

İçedönük çocuğunuzun ihtiyaçlarını net olarak anladığınızda, ona anne babalık etme konusunda kendinize güvenmeniz daha kolay olur. Neye odaklanacağınızı bilmek ve çabalarınızı o tarafa yöneltmek, daha az enerji harcayarak sizi daha çok tatmin eden sonuçlar almanızı sağlar. Ayrıca günlük kararlarınızı verirken sağlam bir temel üzerinden hareket edersiniz. En geniş anlamda, çocuğunuzun asıl ihtiyaçları sevgi ve desteğinizdir. İçedönük çocuğunuzun mutlu ve başarılı olmasını sağlamanın on yöntemine daha yakından bakalım.

### 1. Zaman

Çocuk için sevgi demek Z-A-M-A-N demektir. Zaman, çocuğunuzla sağlam bir bağ kurmanızın için gerekli hammaddedir. Gelişigüzel bir şekilde zaman geçirmek, zaman geçirmek değildir. Birlikte zaman geçirmek için plan yapmalısınız. Çocuğunuza vakit ayırmanız onun ihtiyaç duyduğu bağı oluşturur. Elbette sizi binbir farklı yöne çeken talepler vardır. Çoğu anne baba hiç şüphesiz günün daha uzun olmasını ister. Ama çocuğunuzla geçireceğiniz güzel an-

### Tuzağa düşmeyin

Çocuğunuz ister içedönük ister dışadönük olun, anne baba olmak çok fazla enerji ister. Kendi enerji rezervlerinizi dolu tutmanız gerektiğini unutmayın. Kendinize vakit ayırmanız bencillik değildir. Hatta ara sıra kendi pillerini doldurmayan anne babalar çocuklarına yardım edemezler.

Aşağıdaki yolları kullanarak kendinize nasıl iyi bakacağınızı planlayın:

- Bedeninizi sağlıklı tutun.
- Fiziksel ve zihinsel rahatlama sağlayan bazı yöntemler öğrenin.
- Kendinizi yetişkinlerle vakit geçirmekten mahrum etmediğinize emin olun.
- Zihninizi temizleyin. On dakika karanlık bir odada dinlenmeyi, meditasyon yapmayı, güzel bir roman ya da hoşunuza giden bir şeyler okumayı, küvete girmeyi ya da rahatlatıcı müzikler dinlemeyi deneyin.
- Organize olun. Biliyorum kolay değil ama karışıklık enerjinizi emer.
- Romantizm ateşini canlı tutmaya çalışın.



ları kaçırırsanız, bunlar asla geri gelmez. İçedönük çocuğunuzla geçirdiğiniz zamanı öncelik haline getirin. Hem onun için hem de fevkalade bir çocuğu tanıma şansını kaçırmamak için...

## 2. Güven

Çocuğunuzu sadece kendiniz olarak etkileyebileceğiniz düşüncesi korkutucu gelebilir. Ama öyledir. Siz çocuğunuzun birincil rol modelisiniz. Eğer dürüst değilseniz çocuğunuzun da dürüst olmasını bekleyemezsiniz. Eğer ona verdiğiniz sözleri tutmuyorsanız o da aynısını öğrenecektir. Kendileri yalan söylemekten hiç çekinmeyen ama çocuğunun yalan söylemesinden şikâyet eden ve bu ikisi arasında hiçbir bağ kurmayan çok fazla anne babayla çalıştım. İçedönük çocuklar sizin söylediklerinize dışadönüklerden daha çok itibar ederler. Sadece yalanları yakalamakla kalmaz, verilen sözleri de hatırlarlar. Bu nedenle onlara karşı dürüst olmak mutlak surette önemlidir. Yalan söylemek ilişkileri aşındırır ve çocuğun başkasına güvenmesini imkânsız hale getirir.

**3. İstikrar**

İçedönük çocukların istikrara ihtiyacı vardır. Öngörülebilir ve sağlam bir ortamda içedönük çocuğunuzun günlük hayatında harcayacağı enerji daha azdır. Onun dünyasının ne kadar sağlam ve güvenli olacağı size bağlıdır. Eğer siz beklenmedik şekilde davranırsanız onun dünyası da kaotik bir hal alır. Eğer sizin ruh halinizin nasıl olduğu ya da nerede olduğunuz konusunda endişeleniyorsa, asıl işine yani büyümeye harcayacak dikkati ve enerjisi kalmaz. İstikrar sağlamak ona sağlam bir temel sunmaktır.

**4. Potansiyeline güvenmek**

İçedönük çocuğunuzun dünyasında bir öğrenci olun. İzlemeyi,

dinlemeyi ve fark etmeyi öğrenin. Ne zaman kızgın ya da bitkin hissettiğini anlayabiliyor musunuz? Haftaya önemli bir ödev teslim edecekse bundan haberiniz var mı? Nelerden hoşlanıp nelerden hoşlanmadığını biliyor musunuz? İçedönük çocuğunuzun ilgi alanlarını ve yeteneklerini fark etmesine yardımcı olun. İçedönük çocukların çok yüksek bir potansiyeli vardır. Onu yakından tanıyarak kendininkini keşfetmesine yardımcı olun.

**5. Yavaş tempo**

Kendiniz için olmasa bile içedönük çocuğunuz için yavaşlayın. İçedönükler baskı altında olmadıkları bir alana girdiklerini hissetmeden ne düşünebilir ne de konuşabilirler. Mümkün olduğunca yavaş ve sabırlı bir tempoya ihtiyaçları vardır. Telaşlı ve yoğun bir atmosfer, içlerindeki, oksijeni emer. Stresin hayatınızı yönetmesine izin vermeyin. Yavaşladığınız zaman içedönük çocuğunuzun sizinle daha çok şey paylaştığını fark edeceksiniz.

**6. Kararlılık**

İçedönükler doğuştan kararlıdır. Siz de ona örnek olarak onun bu değerli özelliğini destekleyebilirsiniz. "Tanrım, patronum çok sinirimi bozmuştu. Bırakıp gitmek istedim. Ama iki gün sonra ikimiz de sakinleştik ve konuştuk. Benim bakış açımı anladı. Ona farklı yaklaşabildiğim için mutluyum." Çocuğunuzun azmini fark edin ve takdir edin: "Salıncakta sıranın sana geldiğini üç kez söylemen hoşuma gitti. Sonunda hakkını aldın."

**7. Zorluklara karşı cesur olma**

İçedönük çocuğunuzun zorlukların hayatın bir parçası olduğunu anlamasına yardımcı olun. Yanlış kararlar verdiğinde bunların sonuçlarına katlanmasına yardımcı olun. Bir denge kurun. Yaptıklarının sonuçlarıyla yüzleşmesine engel olmayın, ama ezilmesine ve sert davranışlara maruz kalmasına da izin vermeyin. Karşılaştığınız engelleri ve bunların üstünden atlayarak altından sürünerek, etrafından dolaşarak nasıl geçtiğinizi anlatın. "Bu işte birlikteyiz" tavrıyla anlatılan "ben de..." hikâyeleri içedönük çocuklarda çok etkilidir. Kendi sorunlarınızın iyi bir şekilde üstesinden gelirseniz, içedönük çocuğunuz da gelir.



**8. Hataları kabul etme**

Eminim kimsenin mükemmel olmadığının farkındasınızdır. Hataları kabul etme ve özür dileme konusunda iyi bir örnek olarak ona müthiş bir miras bırakmış olursunuz. Ama içedönük çocuklar bir şeyler yanlış gittiğinde suçu üstlerine alma ve kendilerini suçlamaya eğilimlidirler. Bu yüzden, bir şey onun suçu olmadığında çocuğunuzu buna inandırmanız çok önemlidir. Kendi hatalarınızı, başarısızlıklarınızı, hayal kırıklıklarınızı kabul etmeniz, içedönük çocuğunuza herkesin hata yapabileceğini öğretir. Hepimiz hata yaparak öğreniriz.

**9. Teşvik**

İçedönük çocuğunuzun ne zaman ihtiyaç duysa sizin orada olacağınızı hissetmesi gerekir. Sadece işler yolunda giderken değil, her zaman... Neyi hedeflediğini bilin ve ona ulaşmasına yardım edin. Yaşadığı sıkıntıları onunla paylaşın ve başarılarını destekleyin. Seçeneklerini görmesine ve önceliklerini belirlemesine yardımcı olun.

Tatmin duygusu hak edilerek kazanılır. O yüzden zihninde parıldayan şeyin ne olduğunu bulmasına yardımcı olun ve sağlam ilişkiler kurmasını destekleyin. Hedefiniz, onu olgun bir yetişkin olarak yetiştirmek olsun.

**10. Keyif**

Çocuklarıyla ilişkilerinde keyif almayan anne babaları görmek beni hep üzer. Elbette zaman zaman hayatımızdaki herkes bizi yorar. Ama bana öyle geliyor ki, hayatta hiçbir şey çocuğunuzun elini tutmakla, onun uyumasını izlemekle, gözlerine bakıp apayrı, eşsiz bir insan olduğunu görmekle karşılaştırılamaz. Tüm çocuklar muhteşem yaratıklardır. İçedönükler kendi algılarıyla uyum içinde olduklarından şaşırtıcı sezgilere, mizah dolu bakış açılarına ve yaratıcı çözümler bulma yeteneğine sahiptirler. İçedönük çocuklar onlara duygularınızı açmanızı çok severler. Onlarla oynayın ve sık sık yanınızdan geçip giden mucizeleri görmenizi sağlamalarına izin verin. Yorgun bile olsanız, sizden dinlemenizi, bakmanızı, paylaşmanızı istediklerinde onları başınızdan savmayın. Gerçek hayat, anlarda yaşanır. Bu hayati anların kayıp gitmesine izin vermeyin.



## Düşüncelerinizi öğrenmek isterim

*"Çocuğunuzun eşsizliğinin tadını çıkarın."* –LaVonne Neff

Umarım bu kitabı okuduktan sonra içedönük çocuğunuzu, belki kendinizi ve diğer aile üyelerini daha iyi anlarsınız. Sizin de düşüncelerinizi dinlemek isterim. MartiLaney@theintrovertadvantage.com adresinden bana ulaşabilirsiniz. Sizin de içedönük çocuğunuzla olan deneyimlerinizi öğrenmek isterim. İçedönük çocuğunuzun kıymetini bilin. O bir armağandır.

# Ek

## Bazen içedönüklükle karıştırılan sendrom ve bozukluklar

İçe dönüklük –özellikle çocuklardaki içedönüklük– uzmanlar tarafından bile yanlış anlaşılabilir. Bu nedenle bazen içedönük çocuk başka çocukluk problemleri ve teşhisleriyle etiketlenebilir. Bunların neler olduğunu bilmek, çocuğunuza daha iyi yardımcı olmanızı ve yanlış teşhislerin tuzağına düşmekten kaçınmanızı sağlar.

İşte içedönüklükle karıştırılan bazı sendromlar ve bozukluklar:

**Duyu bütünleme bozukluğu:** Yeni keşfedilen bu sorunu yaşayan çocuklar yüksek seslerden, dokunulmaktan, bazı kıyafetlerin kumaşlarından, kirli ellerden ve bazı yiyecekleri yemekten ciddi anlamda rahatsız olabilirler. Ya da tam tersi tepkiler verip dokunulmaya, gürültüye ve duyusal uyaranlara aşırı ihtiyaç duyabilirler. Duyu bütünleme bozukluğu hem içedönük hem dışadönük çocuklarda görülebilir. Prematüre doğumla ilişkilendirilir ve genetik bir tamamlayıcısı da olabilir. İçedönük çocuklar için duyusal deneyimler çok önemli olsa da aynı acı verici yoğunluk seviyesinde değildir.



**Aşırı hassasiyet:** Her çocuğun rahat ettiği bir ortam vardır. Bu, Goldilocks'un "ne çok fazla ne çok az" prensibi gibidir. Aşırı hassasiyeti olan çocukların rahat ettikleri aralık çok dardır. Her şey tam olarak doğru olmalıdır, yoksa kendilerini hiç iyi hissetmezler. Nüfusun yüzde 15-20'sini etkileyen bu durumun genetik öğeleri olduğu ve kötü muamele edilen ailelerde arttığı düşünülmektedir. Aşırı hassasiyeti olanların çoğunluğu içedönüktür. Yalnızca yüzde 30'u dışadönüktür. Bu, bir üst üste gelme durumudur. İçedönük çocuklar çok fazla dışsal etkiden uzak dururlar. Öte yandan, içedönüklerin duyusal algılara aynı şekilde tepki verecekleri söylenemez.

**Dikkat Eksikliği Bozukluğu – Dikkat Eksikliği ve Hiperakti-**

**vite Bozukluğu:** Dikkat Eksikliği Bozukluğu ya da Dikkat Eksikliği ve Hiperaktivite Bozukluğu olan çocuklar konsantre olmakta, dikkatlerini vermekte, görevlerini bitirmekte zorlanırlar. Dürtüsel, dalgın ve akılları başka yerde gibidir. Eğer bir çocuk hiperaktifse –sürekli hareket halindeyse– dikkat eksikliği ve hiperaktivite bozukluğu (DEHB) eğer hiperaktivite yoksa, dikkat eksikliği bozukluğu (DEB) var denir. Çocukların yüzde 5'inin bu aralıkta olduğu tahmin edilir. Araştırmalara göre bu genetik ve çevresel etkilerin kombinasyonunun sonucudur. İçedönük bir çocuk içe bakışı nedeniyle dikkatsiz olarak görülebilir. Genellikle dışadönüklere DEHB, içedönüklere DEB teşhisi konur.

**Otizm ve Asperger sendromu:** Bu sendromlarda, iletişim ve başkalarıyla ilişki kurma problemleri ve tekrarlanan davranışlar gibi bir grup semptom görülür. *Yağmur Adam* filminde Dustin Hoffman otizmi olan bir adamı canlandırmıştı. Otistik çocuklar yaşlarına uygun arkadaşlıklar kurma ve empati gibi becerilerden, başkalarıyla bir şeyler paylaşma ve iletişim kurma isteğinden yoksundurlar. Diğer yandan, sayıları sıralama ve görüntü işleme gibi bazı alanlarda özel yetenekleri olabilir. Çocuğun zihinsel fonksiyonları daha yüksek olduğunda, Asperger sendromu teşhisi konur. Araştırmalar beynin birçok alanının etkilendiğini gösterir ama bunun nedenleri ya da tedavisi konusunda çok az bilgi vardır.



İçedönük çocuk sosyalleşmekten uzak durduğu için anne babası otizmden şüphelenebilir. Son zamanlarda otizm ve Asperger sendromuna medyada fazlaca yer verildiği için bana bu konuyu danışan pek çok anne baba oldu. Ama içedönüklük ve otizm çok farklı konulardır. İçedönüklerin normal sosyal ilişkileri olur, anne babaları ve yaşıtlarıyla güçlü bağlar kurabilirler. İçedönükler sallanma ya da başını vurma gibi tekrarlayan davranışlar göstermezler. İçedönüklerin de herhangi bir sayı listesini hatırlamak gibi olağanüstü özellikleri yoktur.

**Sosyal anksiyete ve diğer anksiyete bozuklukları:** Sosyal anksiyetesi olan çocuklar için sosyal durumlar dehşet vericidir. İnsanlarla ilişki kurmak isterler ama felç olmuş kadar çok rahatsızlık duyarlar. İçlerindeki olumsuz duyguları destekleyecek olumsuz tepkiler arar ve bulurlar. Bu onların günlük hayatlarını sürdüremez hale getirir. Diğer yandan, içedönük bir çocuk kendi iç mekânını yaratabileceği durumları tercih eder. Bunun onun özgüveniyle ya da başkalarıyla geçinme becerisiyle ilgisi olmayabilir. Tüm anksiyete türleri kısırdöngü halinde giderek artan endişe ve gerginlikle kendini gösterir. Diğer yandan, içedönük çocuk mutlaka sessiz ya da yalnız olmak isteyecek diye bir şey yoktur.

Aslında dışadönükler anksiyeteye içedönüklerden daha fazla eğilimlidirler. Çünkü anksiyete, sinir sisteminin sempatik yolaklarında tetiklenir. Diğer yandan, dışadönükler sinirli ya da heyecanlı olmaktan keyif alabilirler. Tam tersi, içedönükler az miktardaki anksiyeteyi bile rahatsız edici bulurlar.

# Teşekkür

Yaratıcı her iş zordur. Özel bir yemek pişirmek, bir film yapmak, bir kitap yazmak veya içedönük ya da dışadönük bir çocuğu büyütmek için zaman ve adanmışlık gerekir. Ve işbirliği olmadan yaratıcı bir şey ortaya çıkamaz. "Tencereye bakarsan bir türlü kaynamaz" deyişinin aksine bir kitabın pişmesi için bir sürü şefin aylar, hatta yıllar boyunca emek vermesi gerekir. Bu yüzden Workman Publishing ailesindeki tüm aşçılara, kendi aileme, arkadaşlarıma ve danışanlarıma bu fokurdayan karışıma katkıda bulundukları için çok teşekkür ediyorum.

Ayrıca, pek çok bilimsel tencereden gözünü ayırmayan (çoğu içedönük) tüm araştırmacılara teşekkür ediyorum. Onların inceleyecek ve üstünde duracak yeni sorular bulma becerilerine saygı ve minnet duyuyorum. Beyin üzerinde yaptıkları araştırmalar içedönüklük ve dışadönüklük çizgisinin fiziksel gerekçelerini anlamamızı sağladı. Umarım bu anlayış, içedönük çocukların sürekli karşılaştığı kalıplaşmış yargıları değiştirir.

Son olarak, içedönük çocuklara yeni bir gözle bakmak isteyen tüm anne babalara, öğretmenlere ve rehberlere çok teşekkür ediyorum.

Anne Baba Akademisi
Bilinçli Bebek
O ne istediğini bilir, yeter ki dinleyin
Bebek stresi... Ağlama krizi... Uyku sorunu...
Aletha J. Solter
DK DOĞAN KİTAP

Anne Baba Akademisi
Çocuğum Yemek Yemiyor
Israr etmeyin, birlikte eğlenin
Emzirme... İştahsızlık... Kilo sorunları...
Carlos González
DK DOĞAN KİTAP

Anne Baba Akademisi
Çocuğunuzla Birlikte Büyümek
Bebekten ergene her yaşta çocuğu olan ebeveynler için...
Çocuğunuzla ilişkinizi bir savaş olmaktan çıkarıp özgür ve keyifli bir deneyime dönüştürün.
Naomi Aldort
DK DOĞAN KİTAP

Anne Baba Akademisi
SARIL BANA ANNE
Çocukluk ve ilk gençlik çağında özgüvenin gelişimi
Mutlu bir çocukluk için ipuçları
Maria Luisa Ferrerós
DK DOĞAN KİTAP